Franz Hügel

Zur Geschichte, Statistik und Regelung der Prostitution

Verlag
der
Wissenschaften

Franz Hügel

Zur Geschichte, Statistik und Regelung der Prostitution

ISBN/EAN: 9783957004567

Auflage: 1

Erscheinungsjahr: 2015

Erscheinungsort: Norderstedt, Deutschland

Hergestellt in Europa, USA, Kanada, Australien, Japan
Verlag der Wissenschaften in Hansebooks GmbH, Norderstedt

Zur

Geschichte, Statistik und Regelung

der

PROSTITUTION.

Social-medicinische Studien

in ihrer

praktischen Behandlung und Anwendung

auf

WIEN

und andere Grossstädte.

Nach amtlichen Quellen

Dr. Fr. S. Hügel,

Director des Kinder-Kranken-Institutes im Bezirke Wieden in Wien; des Doctoren-Collegiums der medicinischen Facultät, des niederösterr. Gewerbe-Vereines und der k. k. zoologisch-botanischen Gesellschaft in Wien, des deutschen National-Vereines für Handel und Gewerbe in Leipzig, des Vereines der grossherzoglich Baden'schen Medicinal-Beamten zur Förderung der Staats-Arzneikunde, der deutschen Gesellschaft für Psychiatrie und Physiologie zu Neuwied wirkliches — des ärztlichen Vereines in München, der Gesellschaft für Natur- und Heilkunde in Dresden correspondirendes Mitglied; *Membre titulaire de l'Institut d'Afrique*, und Inhaber der k. k. österreichischen grossen goldenen Gelehrten-Medaille etc. etc.

WIEN 1865.

Druck und Verlag der typograph.-literar.-artist. Anstalt

(L. C. Zamarski & C. Dittmarsch).

Vorrede.

Da die Prostitution unter jene Uebel zählt, welche die Grundlagen der Gesellschaft allmälig unterwühlen, glaubten wir durch eine wissenschaftliche Erörterung ihres Wesens, — ihrer Geschichte, — ihrer Berechtigung und ihrer Massregelung — den sittlichen und sanitären Interessen der Gesellschaft einen nicht unwichtigen Dienst zu leisten.

Die zahlreichen Arbeiten, welche über die Prostitution veröffentlicht wurden, haben entweder blos ihre Geschichte, — ihre localen Sonderverhältnisse, — die Einzelnprostitution, — oder das Bordellwesen besprochen, aber der Vorführung einer, den Zeit- und Culturverhältnissen entsprechenden „**Organisirung der Prostitution**" nach einem positiven Formulare entweder gar nicht, oder nur höchst unzulänglich gedacht.

Die Einseitigkeit dieser Arbeiten entsprang aus verschiedenen Ursachen, als: aus der Vernachlässigung gründlicher historischer Studien; — aus der politischen Unfreiheit einzelner Autoren, die wegen ihrer ämtlichen Stellungen mit officiellen Brillen arbeiten zu müssen vermeinten; — aus der mehr frömmelnden als frommen Auffassung gewisser zur Beurtheilung dieser heiklen Frage gar nicht berufenen Coterien; — aus der Sucht blinder Nachbeterei, derentwegen Viele an den barockesten Ansichten blos desshalb festgehalten, weil ihnen der Modergeruch der Altherkömmlichkeit anhaftete; — aus der mehr oder minder unrichtigen Beurtheilung der Menschennatur überhaupt und der modernen socialen Verhältnisse insbesondere; — aus der unmännlichen Scheu Einzelner, in einer allerdings manche Schattenseiten darbietenden Angelegenheit mit selbstständigen Urtheilen offen hervorzutreten; und endlich aus dem Mangel eigener, durch die Autopsie an Ort und Stelle gewonnener Erfahrungen. — Den befangenen Anschauungen einzelner Regierungen und Regenten, — clericalen Einflüssen, — der Pression localer climatischer Verhältnisse, — der Indolenz der Bevölkerungen, — dem Verfalle oder der Zunahme der Sittenreinheit muss es zumeist zugeschrieben werden, dass man die Prostitution bald mit einer unchristlichen Härte verfolgte, — bald äusserst mangelhaft massregelte, — bald ganz sich selbst überliess.

Da die Geschichte der Prostitution zeigt, dass die Idee, sie auszurotten, eine utopische sei, und dass die Prostitution zwar ein U e b e l , aber leider bei der heutigen Organisation der Gesellschaft auch ein B e d ü r f n i s s ist, so kann es sich ihr gegenüber nur mehr um ihre die sittlichen und sanitären Interessen der Bevölkerung möglichst schützende M a s s r e g e l u n g handeln.

Wir haben unsere Abhandlung mit einer gedrängten „**Geschichte der Prostitution**" begonnen, überzeugt, dass nur auf dieser Basis die Aufstellung richtiger Principien für ihre Organisirung gelingen könne. Der Ansicht huldigend, dass locale Verhältnisse auf den jeweiligen Stand der Prostitution einen wichtigen Einfluss ausüben, haben wir, ohnerachtet des vorliegenden kargen historischen Materiales, mindestens „**eine Skizze zur Geschichte der Prostitution in Wien**" mittheilen zu sollen geglaubt.

Gleichwohl wissend, dass Wien dermalen gerade nicht der günstigste Boden für eine baldige Realisirung unserer obgleich wohlgemeinten Rathschläge in Sachen der Prostitutions-Regulirung sein dürfte, haben wir es doch für unsere Pflicht gehalten, für dieselben ohne alle Reserven einzustehen. Hat die Presse das Recht und die Pflicht, die Menschen über alle ihre Angelegenheiten aufzuklären, so versündigt sie sich gegen die Gesellschaft, wenn sie selbst den Irrglauben brauen helfen wolltc, es gebe für sie Angelegenheiten, deren Besprechung unter ihrem Niveau stünden. Die Presse kann an Würde und Ansehen nur gewinnen, wenn sie ohne Scheu alle geheimen Gebrechen der Gesellschaft ausforscht, beleuchtet, und die Mittel zu ihrer Beseitigung angibt. Da aber gerade die Prostitution ein Gebrechen ist, durch welches die Moralität und das Gesundheitswohl der Bevölkerung ernstlich gefährdet werden, so darf sich die Presse keines Landes des Stillschweigens oder einer Befangenheit in einer so folgenreichen Angelegenheit schuldig machen. Die französische und die englische Presse kennen derlei Reserven nicht, beide haben von jeher ihre Schuldigkeit gethan.

Gibt es gleichwohl noch hie und da Schwachköpfe, oder dem Muckerthume fröhnende Individuen, welche die mit der Prostitutionsfrage sich beschäftigenden Schriftsteller verlästern und verketzern, so haben letztere doch in der Anerkennung, welche die intelligenteren Kreise ihren Bemühungen bisher überall zollten, eine sie weitaus befriedigende Genugthuung gefunden.

Jene servilen Coterien aber, die so gerne eine zweite Aufführung des Don Quixotischen Mühlenkampfes durch ihre stetige Anfeindung der Bordell-Concessionen zum Besten geben möchten, mögen es sich stets gegenwärtig halten, dass man die Prostitution nicht beseitigt, wenn man sie durch die Aufhebung oder Nichterrichtung von Bordellen unsichtbar macht, versteckt, aus einigen wenigen concessionirten Häusern auf alle Strassen drängt und so den ganzen socialen Körper vergiftet! Uebergehend zur „Regelung der Prostitution" haben wir vorerst ihre „Nothwendigkeit" mit Benützung historischer und statistischer Daten, von welchen die letzteren, insoferne sie über Wien Aufschlüsse geben, über Auftrag des k. k. Polizeiministeriums uns zugemittelt wurden, dargethan; — hierauf alle jene „Massregeln" angegeben, durch welche diese Regelung erfolgreich bewerkstelligt werden kann; — und

unter diesen die „D u l d u n g" der gewerbsmässigen Prostitution;
— die Errichtung eines „S a n i t ä t's b u r e a u's;" — die „E i n-
r e g i s t r i r u n g" der öffentlichen Mädchen; — und die „C o n-
c e s s i o n i r u n g v o n B o r d e l l e n," als die wirksamsten
bezeichnet.

Bei der Besprechung der Bordelle haben wir ihre Etymo-
logie, Classification, Geschichte und Statistik mitgetheilt, die
gegen sie erhobenen Einwände widerlegt und auf die Nothwendigkeit ihrer Errichtung hingewiesen. Um den von uns vorgeschlagenen Massnahmen eine positive administrative Unter-
lage zu schaffen, haben wir ein den heutigen Zeitverhältnissen
angepasstes „P r o s t i t u t i o n s - R e g l e m e n t": für die geduldete Einzelnprostitution und das gesammte B o r d e l l-
w e s e n angeschlossen.

Schliesslich haben wir noch der Ermittlung der Quellen der
syfilitischen Ansteckungen beim Civile und Militär, — der
Ueberwachung der Schiffsmannschaften, — der Beseitigung der
Ursachen der Prostitution, — der Errichtung von Anstalten zur
Rehabilitation der Prostituirten und zum Schutze der bedrohten
weiblichen Unschuld, — so wie der Pflege der Prostitutions-
Statistik, als weiterer die Regelung der Prostitution beeinflus-
sender Massregeln Erwähnung gethan.

W i e n, im September 1864.

Der Verfasser.

Zur Geschichte der Prostitution.

I.

Zur Geschichte der Prostitution im Allgemeinen.

Die Prostitution der alten und neuen Zeit ist nach Rabutaux*) unter vier Hauptformen, welche verschiedenen Lebensepochen der Völker entsprechen, aufgetreten, nämlich: als primitive, — als gastfreundschaftliche, — als religiöse — und als legale Prostitution.

1. Die primitive Prostitution. — Im Naturzustande, wo die Menschen genöthiget waren, sich zur gegenseitigen Vereinigung aufzusuchen, kannte man nur eine regellose, blos dem Instincte folgende Vermischung der Geschlechter. So lange das Weib nur den Regungen ihres Herzens oder ihrer Sinnlichkeit folgte, gab es noch keine Prostitution. Mit dem Tage aber, wo sich das Weib, verlockt von dem Reize dargebotener Geschenke, preisgab, begann die primitive Prostitution. Die primitiven Völker, deren Geist noch von einer so tiefen Ignoranz gefesselt wurde, dass sie nicht einmal die Grundelemente des Guten und Bösen zu unterscheiden vermochten, waren ganz dazu angethan, die primitive Prostitution zum Durchbruche gelangen zu lassen. Die Weiber gaben sich in dieser Epoche der Barbarei, die noch jeder Religion und Gesetzgebung ermangelte, für ein Stück Wildpret, für einen Fisch, für eine schöne Vogelfeder, für einen Barren glänzenden Metalles u. s. w. der rohen Sinnesbegierde der Männer hin. Diese urwüchsige, alles Raffinements baare Prostitution war aber weder die Folge einer Pression noch eines sclavischen Zwanges wie später, sondern der Ausdruck einer freien Selbstbestimmung, wozu der Geschmack oder die Habgier die Frauen antrieb.

---

*) *M. Rabutaux, de la prostitution en Europe, depuis l'antiquité jusqu'à la fin du XVI. siècle. Paris, 1851.*

2. Später, als sich die Menschen zu Familien und Völkerschaften gliederten, und das Bedürfniss nach dauernden Verbindungen erwachte, bildete sich das Dogma der Gastfreundschaft, und unter seinem Walten die gastfreundschaftliche Prostitution. Die Ehemänner traten den Fremden ihre Frauen ab, die, an diesen Gebrauch gewöhnt, denselben aus Neugierde, Gewinnsucht, oder in der Hoffnung durch ihre Umarmungen eine edle Nachkommenschaft zu erhalten, ihre Gunst gerne verwilligten.

Nach den damaligen Culten der Indier, Egypter und Griechen herrschte nämlich der Glaube, dass die Götter die Sterblichen zeitweilig unter Menschengestalt besuchten. Es konnte daher der Fremde vielleicht ein Brahma, ein Osiris, ein Jupiter gewesen sein. Wir erwähnen hier nur die Liebesabenteuer des Zeus, Mars und anderer Götter.

3. Die religiöse Prostitution, welche fast gleichzeitig mit der gastfreundschaftlichen herrschte, entstand mit der Gründung der verschiedenen Culten, deren einige Ausgeburten der gröbsten Unsittlichkeit waren. Wir erinnern an den Dienst der Venus, des Bacchus, des Priapus, der Isis; — und an die Mysterien von Lampsaka, Babilon, Paphos und Memphis; — an das schmachvolle Treiben an den Pforten der Tempel, — an die monströsen Idole, mit denen sich die indischen Jungfrauen prostituirten; — und an die schmachvolle Tactik, welche die Priester unter den Auspicien ihrer unreinen Gottheiten übten. Bei allen heidnischen Culten hatten die Frauen auf den Gottesdienst entweder als Priesterinnen, oder als die Opfer der Götter einen grossen Einfluss. Wie das leichtgläubige Volk bei dem Eintreten erschütternder Naturerscheinungen zur Besänftigung des Zornes der Götter verschiedene Gegenstände auf ihre Altäre legte, so opferten auch die Frauen diesen Idolen ihre Schamhaftigkeit, die Mädchen ihre Unschuld. Die religiöse Prostitution bildete gewissermassen den Kern gewisser Culten, welche ihre Uebung verlangten oder mindestens duldeten.

4. Die legale Prostitution, unter welcher man die nach bestimmten Gesetzen geregelte Preisgebung versteht, wirkte auf die Gesellschaft weit nachtheiliger als die religiöse, die im Schatten der Altäre und geheiligten Wälder geübt wurde, weil sie vor aller Augen, und ohne des Vorwandes einer öffentlichen Nothwendigkeit ihre Orgien feierte.

Die Gesetzgeber, betroffen von den Nachtheilen der legalen Prostitution, trachteten sie wohl in bestimmte Gränzen zurückzudrängen, aber sie konnten sie doch nicht bis in jene geheiligten Asyle verfolgen, welche ihr die heidnischen Culten bei gewissen Festen gewährleisteten.

Ursprung und Ausbreitung der Prostitution bei den Völkern des Alterthumes. — Die ersten Spuren der Prostitution machten sich in Chaldäa, jener alten Wiege des menschlichen Geschlechtes, bemerkbar. Hier findet man schon die Rudimente der gastfreundschaftlichen und der religiösen Prostitution. Die Erstere zeigte sich in jenem Theile von Chaldäa, der im Norden an Mesopotamien, Letztere in jenem Theile, welcher an Arabia deserta gränzte. Durch die von Nimrod (J. d. W. 1402) vollzogene Fusion dieser beiden chaldäischen Provinzen, welche das babilonische Reich am Euphrat begründete, entstand eine Vermischung der Ideen, der Sitten und Racen der beiden Völkerschaften, und schliesslich eine Verquickung der gastfreundschaftlichen mit der religiösen Prostitution, welche Letztere den Cultus der Venus von Melitta adoptirte.

In Babilon*) (440 J. v. Ch. G.) musste sich jede Eingeborne einmal im Leben in dem Tempel der Venus einem Fremdling hingeben. Die Frauen, welche sich in diesen Tempel begaben, mussten dort so lange verweilen, bis ihnen ein Mann ein Geldstück unter dem Ausrufe: »ich rufe die Göttin von Melitta an!« vor die Füsse warf. Sobald sie das Geld aufgelesen und auf den Altar der Venus geopfert hatten, mussten sie sich den Geldgebern preisgeben. Nach Strabo sollen die Priester des Venustempels sich häufig selbst dieser weiblichen Opfer bemächtigt haben. Schon der Profet Baruch, der 200 J. vor Herodot lebte, hat in dem Briefe Jeremias an die Juden dieser schimpflichen babilonischen Gebräuche Erwähnung gethan. Dieses öffentliche Schauspiel der Prostitution war die Ursache, dass Babilon der Schauplatz der entartetsten Prostitution wurde. Nach Quintus Curtius**) gaben in Babilon die Mütter ihre Töchter, die Männer ihre Weiber für Geld preis, und Frauen

---

*) Herodot's Geschichte, 1. Buch, §. 199.
**) *Quintus Curtius, libr. V., Cap. I.*

aus den besten Ständen gaben Bankette, bei welchen sie im nackten Zustande mit den geladenen Männern verkehrten.

Von Babilon aus verpflanzte sich der Cultus der Venus von Melitta nach Asien, Afrika, Egypten und Persien.

In Armenien errichtete man der Venus Anaitis einen Tempel, der mit mehreren Gebäuden in Verbindung stand. In diesen Gebäuden befanden sich die Priesterinnen der Venus, welche zum Genusse für die diesen Tempel besuchende Männerwelt bestimmt waren. Hier huldigte man einem doppelten prostitutionellen Cultus, die Männer fröhnten dem Cultus der Venus, die Frauen dem des Adonis, der später zum Cultus des Priapus entartete.

Bei den Phöniziern feierte man den Cultus der Venus Astartis in den Tempeln zu Sidon, Heliopolis und Aphaca. Die Statue der Astarte stellte die Venus und den Adonis dar. Bei den zu Ehren dieser Doppel-Göttin zur Nachtzeit abgehaltenen Festen, verkleideten sich die Männer in Frauen und umgekehrt, wobei unter Anleitung der Priester die scheusslichsten Ausschweifungen bei dem Schalle musikalischer Instrumente verübt wurden. Nach Eusebius war es bei den Phöniziern ehrenvoll seine Töchter den Fremden preiszugeben, eine Sitte, der man bis in's vierte Jahrhundert unserer Zeitrechnung huldigte. Von Phönizien aus wurde der Venuscultus durch Ascalon nach der Insel Cypern verpflanzt und dort zwanzig Venustempel errichtet, wovon jene von Paphos und Amathus die berühmtesten waren.

In Amathus lustwandelten noch 200 J. v. Justinian die Mädchen am Ufer des Meeres, wo sie sich den ankommenden Fremden für Geld preisgaben. — In Sicca-Veneria auf karthagischem Gebiete war der Venustempel Succoth-Benoth (Mädchenzelt) ein bei den Prostituirten sehr beliebtes Asyl.

Von Cypern aus verpflanzte sich der Venuscultus über alle Inseln des Mittelmeeres nach Griechenland, Italien und nach allen jenen Gegenden, wohin die Phönizier Handel trieben.

In Klein-Asien hatte man Venustempel zu Zela und Comana im Pontus, zu Corinth, zu Susa und Ecbatana in Medien. — Am meisten war die religiöse Prostitution unter den Lydiern verbreitet. Bei den lydischen Armeen gab es eine Menge von Tänzerinnen und musicirenden Frauen, die in der Liebeskunst besonders erfahren waren und in Prostitution machten.

Die Perser feierten in Gegenwart ihrer Frauen und Töchter während ihrer Gastmähler die zügellosesten Orgien mit liederlichen Dirnen, bei welchen endlich auch diese vom Wein und der lärmenden Musik erhitzt, schliesslich durch die wollüstigen Pantomimen der feilen Tänzerinnen so aufgereizt wurden, dass sie sich in Gegenwart ihrer Väter, Männer, Brüder und Kinder gleichfalls auf das schamloseste preisgaben. Die persischen Könige hatten Tausende solcher musicirenden und tanzenden Beischläferinnen in ihrem Gefolge. Parmenio, ein General Alexander des Grossen, fand nach der Schlacht bei Arabella im Gefolge des besiegten Darius 330 Prostituirte. Als eine Specialität des Venuscultus in Kleinasien verdient das »Auferstehungsfest des Adonis« d. i. die Feier der zum Unvermögen herabgesunkenen, aber neuerdings wieder erstarkten männlichen Zeugungskraft, erwähnt zu werden. Während dieses Festes wurde die Statue des mit neuer Kraft erstandenen Adonis vor dem Venustempel mit Blumen bekränzt, worauf sich die Frauen und Mädchen um Geld preisgaben.

In Egypten fröhnte man dem Cultus der Isis und des Osiris. Die egyptische Religion vergötterte unter der Isis und dem Osiris die erzeugende und befruchtende Kraft der Erde. Ihre Symbole waren die geschlechtlichen Organe des Adonis und der Venus. Die egyptischen Frauen, indem sie sich um Geld preisgaben, begingen damit keinen religiösen Act, sondern übten einfach nur legale Prostitution. Nach Herodot pilgerten nach Bobastis zu dem Feste der Isis über siebenhunderttausend Menschen, um sich dort in der Dunkelheit unterirdischer Räume den entmenschtesten Ausschweifungen zu überlassen. Die Egypter waren derart sinnlich, dass sie selbst die Leichname junger Frauen schändeten.

Noch unter den Ptolomäern (300 J. v. Ch. G.) spielten die Courtisanen in Egypten eine grosse Rolle. Die Ptolomäer Philadelphius, Evergetes und Philopator hielten sich zahlreiche Maitressen.

Die Juden huldigten schon zu Noah's Zeiten der gastfreundschaftlichen Prostitution (Genesis). Spuren der legalen

Prostitution findet man schon zur Zeit der Patriarchen, also schon 2100 J. v. Ch. G. Einen Beweis dafür liefert eine Erzählung Moses (Gen. XXXVIII, 15): »Juda, einer der Brüder Josefs, hatte zwei seiner Söhne, Herr und Onan, mit einer gewissen Thamar verheiratet. Beide starben kinderlos, und Juda wollte seinen dritten Sohn Sela nicht mehr mit der Witwe verheiraten, weil er sie für unfruchtbar hielt. Thamar sann desshalb auf ein Mittel, um sich an ihrem Schwiegervater zu rächen. Sie erfuhr, dass ihr Schwäher hinaufgegangen war gegen Thimmath, um dort seine Schaafe zu scheeren; sie legte ihre Witwenkleider ab, nahm einen Mantel, und setzte sich mit verhülltem Angesicht auf die Strasse, wo Juda vorübergehen musste. Als der ankommende Juda die Verschleierte sah, hielt er sie für eine Prostituirte und bat sie um eine Gunstbezeugung. Sie sagte: Was gibst du mir dafür? und er versprach ihr einen Ziegenbock. So gib mir bis zur Erfüllung deines Versprechens ein Unterpfand. Und Juda gab ihr seinen Ring, seine Armspange und seinen Stock. Thamar gab sich dem Juda hin, entfernte sich hierauf und zog ihr Witwengewand wieder an. Als Juda an den bezeichneten Ort den Ziegenbock sendete, um seine Pfänder zurückzuerhalten, bedeutete man dem Boten: Es befände sich hier keine Prostituirte. Nach mehreren Monaten erfuhr Juda, dass seine Schwiegertochter schwanger sei, worauf er befahl, sie als Ehebrecherin zu verbrennen. Aber Thamar schickte zu ihrem Schwiegervater und hiess ihn kommen. Als er erschien, zeigte sie ihm seinen Ring, seine Armspange und den Stock, und sagte: ›Der Besitzer dieser Gegenstände ist der Vater meines Kindes.‹ Juda, sein Unrecht einsehend, verzieh der Thamar.« — Schon damals sah man verschleierte jüdische Prostituirte an den Landstrassen, die sich dem ersten Besten um Geld preisgaben. Viele dieser Lustmädchen waren Ausländerinnen. Moses hatte den Jüdinnen die Prostitution (Deuteronomion XXIII., 17., 18), und den ausländischen Prostituirten den Aufenthalt in den Städten verboten. In dem Leviticum (cap. XIX) verbot er den hebräischen Töchtern die Preisgebung, und in dem Exodus (cap. XXII) bei Todesstrafe die fleischliche Vermischung mit Thieren. Von der Höhe des Sinai verkündete er unter Donner und Blitz die Gebote: »Du sollst nicht Unzucht treiben.« »Du sollst nicht begehren deines Nächsten Weib.« — Moses, überzeugt, dass alle Strafgesetze gegenüber den heftigen geschlechtlichen Leidenschaften seiner Nation erfolglos bleiben würden, gestattete ihnen desshalb den Umgang mit ausländischen Prostituirten. Aus Gesundheitsrücksichten verhängte er über die Beiwohnung mit menstruirenden Frauenspersonen die Todesstrafe, und über syfilitische Individuen die Verbannung. — Durch die Vermischung des israelitischen Volkes mit den Moabitern, Amonitern, Kanaanitern und Syriern verbreitete sich der Cultus der scheusslichen Idole »Moloch und Baal Phegor« unter demselben, obgleich Moses im Leviticum Cap. 20, und im Deuteronomion Cap. XXIII die Ausübung dieses Cultus mit der Todesstrafe belegte. Der Moloch- und Baalcultus war eine blosse Nachahmung des Cultus der Venus und des Adonis. Die Priester des Baal waren Jünglinge (nach der Vulgata Effeminati, — Kedeschim genannt), welche in dessen Tempel Päderastie trieben. Diese »Effeminati« entstanden bei Gelegenheit als eine ansteckende Krankheit, die unter den egyptischen Frauen herrschte, in Folge deren die Männer den Umgang mit den Frauen mieden. Nach dem Verschwinden dieser Krankheit mischten sich auch Frauen (Kedeschoth) unter die Effeminati, die sich gleichfalls um Geld preisgaben. Noch unter Roboam (980 J. v. Ch. G.) trieben die Hebräer diesen Götzendienst, der erst unter Josaphat nach der Vertreibung der Effeminati aufhörte. Die unter Moses begonnene religiöse Prostitution liess noch unter den Makkabäern (150 J. v. Ch. G.) deutliche Spuren vermerken. Die reichen Israeliten besassen übrigens häufig Beischläferinnen: so hatte Simson seine Delila; Gideon, Ephraim und David Concubinen, und Salomon, nachdem er den Götzendienst der Venus Astarte und des Moloch in Jerusalem eingeführt und ihnen Tempel und Statuen errichtet hatte, nebst seinen 700 Frauen noch 300 Concubinen. Unter Salomon war die Prostitution privilegirt. Das 5. und 7. Capitel der Sprichwörter Salomon's rollen über den damaligen Zustand der Prostitution ein schaudererregendes Bild auf.

Die Prostitution in Griechenland. — Bei den Griechen reicht der Ursprung der religiösen Prostitution bis zur Entstehung des griechischen Paganismus hinauf. Griechenland bekannte sich zu den heroischen Zeiten zum Cultus der Venus und des Adonis, der sich über die Inseln des Archipelagus und von diesen nach

Korinth, Athen und das ganze jonische Land verpflanzte. Die banale Richtung dieses bei den rohen Asiaten üblichen Cultus verlor übrigens durch die Fortschritte der griechischen Civilisation bedeutend an ihrem chaldäischen und phönizischen Ursprunge; ohne dass sie desshalb eine sittlichere geworden wäre. Bildete gleichwohl die religiöse Prostitution bei den Griechen keine Einkommensquelle für die Priester, so fröhnten sie doch noch fortan einem unsittlichen Ritus. Die Griechen nannten die Venus als Personification der Prostitution »Pandemos.« Nach Socrates hatten die Griechen zwei Liebesgöttinnen, nämlich eine himmlische »Urania«, und eine menschliche »Pandemos«, von denen der Cultus der Ersteren keusch, jener der Letzteren unsittlich war.

Die Fremden, namentlich die rohsinnlichen Asiaten, die sich in Griechenland aufhielten, fanden an dem verfeinerten griechischen Venus-Cultus keinen Geschmack. Sie brachten Massen ausländischer Sclavinnen in's Land und opferten sie der Venus Pandemos, damit sie in ihrem Tempel als »Hierodulen« Dienste leisteten. Da aber diese Dienerinnen ausser ihrem Tempeldienste auch noch nebstbei der Prostitution oblagen, entwickelte sich nach und nach auch unter den griechischen Bewohnern ein lebhafter Hang zur Prostitution. Die Venus Pandemos hatte in Griechenland zahlreiche Tempel, wie zu Athen, Theben, Böotien, Megalopolis, Arkadien, Ephesus, Samos, Magnesia u. s. w. In dem Tempel dieser Göttin zu Corinth verweilten über 1000 Hierodulen, welche die Städtebewohner und die Seefahrer auf das unbarmherzigste ausplünderten.

Um sich der Huld dieser Göttin zu versichern, opferte man ihr in ihrem Tempel junge Mädchen.

Als Xenophon von Korinth zu den olympischen Spielen reiste, versprach er der Venus 500 Hetären (Lustmädchen) zu opfern, wenn er als Sieger zurückkehren sollte.

Die Courtisanen feierten die Venus Pandemos durch Gastmähler, welche man »die kleinen Mysterien der Ceres« nannte. Bei diesen mehrere Tage und Nächte andauernden Festen versammelten sich ihre Gönner, um sich mit ihnen unter Schmaus, Tanz, Gesang und Musik der exorbitantesten Debauche hinzugeben.

In den Tempeln der Ceres zu Eleusis weihten die älteren Courtisanen die jüngeren in die Geheimnisse des Venus-Cultus ein.

Nachdem **Solon** bemerkte, dass sich die Priester der Venustempel durch die Besuche der Fremden ausserordentlich bereicherten, entschloss er sich, auch zur Befriedigung der sinnlichen Bedürfnisse der Eingebornen ein Etablissement zu gründen. Er errichtete ein grosses Bordell (Dicterion), kaufte für dasselbe auf Staatskosten im Auslande Sclavinnen an, erhob es zu einer Staatsanstalt, bestimmte eine billige Taxe für die Besuche, publicirte eine eigene Hausordnung, unterwarf es der Oberaufsicht eines Beamten, und stellte es unter den Schutz der Venus - Pandemos. Unter ihm wurde somit in Griechenland zuerst die legale Prostitution inaugurirt. Die Lustmädchen wurden aber von dem Verkehr mit der übrigen Bevölkerung ausgeschlossen, sie durften gewisse Stadttheile nicht betreten, bei öffentlichen Festen nicht erscheinen, keine gerichtlichen Ansprüche erheben, verloren ihre Geburtsrechte und mussten bestimmte Kleider tragen. — Als nach Solon's Tode die Gesetzgebung milder wurde, drängten sich die Courtisanen alsbald in die bessere Gesellschaft.

Unter **Hippias** und **Hyparchus** sah man (530 J. v. Ch. G.) bei den öffentlichen Festen die Courtisanen Athens schon an der Seite der Matronen Platz nehmen. — **Lykurg**, der nach der Politik des **Aristotes**, nur den Männern die Enthaltsamkeit vorschrieb, kümmerte sich wenig um das Treiben der Weiber.

In Athen überwachte der Areopag das Treiben der Prostitution. Obgleich die Courtisanen eine Steuer (pornicon telos) zahlten, mussten sie doch auf den Titel: „Bürgerin" verzichten. Die Courtisanen bildeten in Athen eine förmliche Corporation, die nach bestimmten Statuten und Reglements ihre schmachvolle Industrie betrieb, aber als solche nach **Alciphron** gegenüber dem Gesetze auch solidarisch verpflichtet war. Dies war der Fall, wenn sie junge Leute zur Verschwendung, zur Vernachlässigung republicanischer Dienste, zur Ruchlosigkeit oder Gotteslästerung verführten. Nach und nach stieg das Ansehen der Courtisanen in Athen immer mehr, in ihren Salons wurden Akademien und Reden in Gegenwart eines **Socrates**, **Xenophons**, **Alcibiades**, **Platos** u. a. m. über den Geschmack, die Anmuth, die Weisheit, die Staatskunst u. s. w. gehalten. Der Einfluss der vornehmen Maitressen in Athen, Sparta und Korinth wurde endlich so bedeutend, dass selbst die vereinte Macht der Religions- und Staatsgesetze eine Aspasia und Phryne, die der Ruchlosigkeit wegen angeklagt worden waren, nicht zu verurtheilen vermochte.

Athen hatte mehrere Classen von Prostituirten als: 1) Dicteriaden (Bordellmädchen); — 2) Auletriden (Flötenspielerinnen); — und 3) Hetären (Freundinnen).

Die Dicteriaden gaben sich in den Dicterien *) preis. — Die Auletriden, welche die öffentlichen Feste besuchten und sogar in die Familien drangen, stachelten durch ihr bei den Griechen so sehr beliebtes Flötenspiel, ihren Gesang und ihre Tänze, die Sinnenlust der Männer auf. — Die Hetären waren gewöhnliche Buhlerinnen, die mit ihren Reizen verschiedentlichen Handel trieben. Wegen ihres feinen Benehmens, ihres Aufwandes und ihrer hervorragenden Bildung aber besassen sie eine ausgewählte Clientel. Die Dicteriaden durften die Bordelle vor Sonnenuntergang nicht verlassen, die Hetären hielten sich in der Vorstadt Keramion, die gemeinen Courtisanen im Pyräus und vor den Stadtmauern auf. Nachts durfte sich keine Prostituirte im Innern der Stadt blicken lassen. — Nachdem das grosse Dicterion nicht mehr genügte, wurden noch mehrere Dicterien in den Strassen des Pyräus und der Vorstädte errichtet. Ihre Aushängschilder markirten die Attribute des Priapus. Ausser den Dicterien gab es noch eine Menge von Schänken, deren Besitzer Courtisanen beherbergten. Die griechischen Courtisanen mussten geblümte Stoffe, Goldschmuck und Blumenguirlanden in den Haaren tragen. Die Uebertretung dieser Kleiderordnung wurde mit einer Geldstrafe von 1000 Drachmen (circa 1000 Frcs.) geahndet. Die Hetären, welche die Strasse besuchten, promenirten mit fliegendem Haar, fast ganz enthülltem Busen und einem den übrigen Körper nothdürftig verhüllenden Gazeschleier. Die griechischen Hetären färbten sich das Haar (mit Safran) blond, und schminkten sich roth (mit der in Essig aufgelösten Wurzel

---

*) Man hiess die Bordelle Griechenlands Dicterien zu Ehren der Pasiphaea, des Weibes des Königs Minos von Kreta (Dicté), welche sich in dem Bauche einer Kuh von Erz einschloss, um daselbst die Umarmungen eines veritablen Stiers geniessen zu können.

der Akanthis), und weiss (mit Bleiweiss). Viele von ihnen hielten sich eigene Maler (πορνογραφοι), um ihrem Gesichte einen bezaubernden Ausdruck zu verleihen.

Als später auch die Vermehrung der Staatsbordelle nicht mehr genügte, gab man ihre Errichtung frei. Sämmtliche Bordelle waren unantastbar, man betrachtete sie als Asyle, in denen sich der Bürger unter dem Schutze der öffentlichen Hospitalität unangefochten aufhalten konnte. Sobald ein Gast ein Dicterion betreten, hatte er keinen Namen und keinen Charakter mehr, er war unverletzlich, denn man vermeinte, dass Jeder in dieser Beziehung nur sich selbst verantwortlich sei. Solon liess sein Dicterion in der Nähe des Tempels der Venus Pandemos erbauen, um damit anzuzeigen, dass dessen Gäste unter ihrem Schutze ständen. Die Entlohnung der griechischen Lustmädchen wechselte zwischen einem Obolus (3 ½ Sous) und 8000 Drachmen (circa 8000 Frcs.). Die Courtisanen der Cabarete gaben sich mit einem Stück Brod, einem Krug Wein u. s. w. zufrieden.

Wie schlecht man alt gewordene Celebritäten unter den Courtisanen entlohnte, erhellt daraus, dass der Preis für eine Umarmung der Phryne von Thespis, der Lais, der Glycere, welche Könige, Dichter, Feldherrn u. s. w. zu ihren Füssen gesehen, in ihren vorgerückteren Jahren auf einige Francs herabsank. Die vornehmen Hetären erschienen öffentlich mit einer reichen Cortège von Sclavinnen und Eunuchen, in Seide und Gold gehüllt, in prächtigen Sänften liegend.

Die meisten Courtisanen bereiteten Liebestränke. — Die lesbische Liebe (geschlechtliche Befriedigung des Weibes durch ein Weib) war unter den Courtisanen häufig, man hiess sie Tribaden (τριβας — gegen die Natur). Ausser den Prostituirten zählte man in Griechenland zahllose Concubinen, welche von verheirateten Männern selbst im Hause gehalten wurden.

Demosthenes sagt in seiner Rede gegen die Courtisane Neraea in dieser Beziehung Folgendes: „Für unsere sinnlichen Vergnügungen ausser Haus haben wir Courtisanen (Εταιρας), zu unserer häuslichen Bedienung Concubinen (παλλακιδες), zur Erlangung legitimer Kinder Gemalinnen.“ Die sogenannten „guten Freundinnen“ nahmen bei den Griechen den Ehrenplatz an der Tafelrunde der Prostitution ein; sie waren es, die

vorzugsweise die Ehefrauen verdunkelten, die eine reiche Clientel
von Hofmachern zählten, und auf die politische Bildung und die
Fortschritte der Civilisation einen nachhaltigen Einfluss ausübten.
Sie theilten sich in zwei Classen: 1) die „Philosophinnen," die
in ihrer Cortège die gelehrte Welt hatten, ihren Jargon nach-
ahmten, und sich Studien hingaben, und 2) die „Häuslichen",
welche mehr durch ihre Schönheit, als durch ihren Geist die
Gesellschaft fesselten. Die Athener zogen diese Frauen ihren
legitimen Gattinnen vor, weil das was den Hetären ein Prestige
verlieh, für die Ehefrauen eine Schande gewesen wäre, — und weil
das, was den Frauen zum Ruhme gereichte, bei den Hetären für
eine Lächerlichkeit gehalten worden wäre. Die Hetären waren
die Repräsentantinnen des Vergnügens, die Ehefrauen jene der
Pflicht. Die atheniensischen Ehefrauen verliessen selten das
Haus, sie erschienen weder bei den öffentlichen Spielen, noch in
den Theatern, sie mussten einfach gekleidet und verschleiert auf
den Strassen erscheinen, sie hatten eine geringe Bildung, sprachen ihre Sprache schlecht, besassen kein Raffinement und keine
Politesse, es war ihnen alle Mode fremd, und sie konnten daher
unter diesen Bewandtnissen ihren Männern nur Kälte und eine
geringe Achtung einflössen. Die griechischen Hetären hingegen erschienen bei allen religiösen Ceremonien, bei den öffentlichen Spielen, bei den kriegerischen Uebungen und scenischen
Repräsentationen in prachtvollen Gewändern, mit halb nacktem
Busen und unverhülltem Kopfe, sie bildeten das Auditorium bei
den Sitzungen der Tribunale, bei den oratorischen Kämpfen,
bei den Verhandlungen der Akademien; sie wurden von den
Künstlern Phidias, Apelles, Praxiteles und Zeuxis ver-
herrlicht, und gaben einem Euripides, Aristophanes u. a. m.
vortreffliche Motive zu theatralischen Dichtungen. Ein grosses
Verdienst erwarben sich die Hetären dadurch, dass sie die bei
den Griechen so sehr überhand genommene Knabenliebe ausser
Mode brachten.

Die sogenannten „Philosophinnen" stellten die Prostitution unter den Schutz der Philosophie, und hielten den Cultus
des Hetärismus über drei Jahrhunderte aufrecht. Sie stellten in
ihrem Systeme der Prostitution vier Hauptformen auf, als: die
lesbische, — die socratische, — die cynische, und die

epicuräische Liebe, als deren Repräsentanten sie die Sapho, den Socrates, Diogenes und Epicurus bezeichneten.

Sapho repräsentirte die Frauenliebe; — Socrates die geistige Liebe; — Diogenes die physische Liebe, — und Epicurus die verfeinerte wollüstige Liebe. Fast alle grossen Griechen wurden von den Philosophinnen in's Schlepptau genommen, wie die Dichter: Sophocles, Meneander und Antagoras; die Redner: Aristophanes, Hyperides, Cephale und Euthias; die Moralisten: Aristotes, Nicrates, Isocrates u. a. m.

Die Prostitution in Rom. —

Schon die Urvölker Italiens huldigten der durch die Egypter, Phönizier und Griechen nach Sicilien und Italien verschleppten religiösen Prostitution. Bestehen auch keine schriftlichen Documente, welche den Ursprung dieser Form der Prostitution kenntlich machen, so ersieht man doch aus den Abbildungen der in den etrurischen Gräbern aufgefundenen Vasen, dass schon lange vor Roms Gründung die religiöse Prostitution in Italien bestanden habe. Auf diesen Vasen sieht man Darstellungen der nämlichen Opfer, welche die Jungfrauen zu Babilon, Tyrus, Korinth u. s. w. der Venus dargebracht hatten. Es ist zweifellos, dass die primitiven italienischen Völkerschaften dem Venuscultus huldigten, aber die ursprünglichen Namen und Attribute der von ihnen verehrten Göttin sind unbekannt. Ausser der religiösen Prostitution trieb man auch die gastfreundschaftliche in den nahe gelegenen Wäldern und Gebirgen.

Dies war der Stand der Prostitution vor der Gründung Roms, während noch Romulus und Remus von einer Wölfin gesäugt wurden. Nach dem Geschichtschreiber Valerius war aber diese angebliche Wölfin eine berüchtigte Courtisane, die Geliebte des Hirten Faustulus, Namens Acca Laurentia, die man „lupa" (Wölfin) nannte.

Während des Bestandes der einfachen römischen Republik bewährten die Römer die Reinheit ihrer Sitten, da die Institution der Ehe, welche von den Römern hochgehalten wurde, keine Form der Prostitution, welche sie insgesammt verdammten, emporwuchern liess. Dies beweisen die zu Gunsten der geraubten Sabinerinnen erlassenen Gesetze, nach denen die Frau die Mitbesitzerin aller Güter und Ehren des Mannes gewesen, den Vortritt vor dem Manne genoss, und die Männer, die in Gegenwart ihrer Frauen unsittliche Gespräche führten, oder nackt vor ihnen erschienen, mit der Todesstrafe bedroht wurden. In dieser Epoche gab es bei den Römern noch keine anderen Prostituirten als die Ehebrecherinnen.

Ausser den Ehen der Patricier und der Plebjer gab es aber doch schon damals noch eine dritte Form der Ehe *„per usucapion"*, die ein privilegirtes Concubinat darstellte. — Mit dem Eintreten der asiatischen Kriege wurden alle Elemente der geschlechtlichen Ausschweifungen in Rom entfesselt, denn die mit Beute reich beladenen Eroberer verschleppten die empörenden Sitten der Asiaten sammt ihren Venusculten in ihr Vaterland.

Durch die Einführung der religiösen Prostitution nahmen die geschlechtlichen Excesse in Rom so ausserordentlich zu, dass man sich nicht scheute dem scheusslichen Cultus der Isis zu huldigen, und die Lupercalischen Feste, die man noch 500 Jahre v. Ch. G. feierte, so wie die Floreal-Feste abzuhalten, bei welchen die Prostituirten, angethan mit einer weiten Toga, unter der sie nackt waren, öffentliche Aufzüge hielten. Im Circus angekommen führten sie, nachdem sie sich gänzlich entkleidet hatten, unter dem Gejohle des Volkes allerlei unsittliche Productionen aus, während denen sich nackte Männer in ihre Mitte stürzten, um im Beisein des Volkes mit ihnen die scheusslichsten Orgien abzuhalten.

Der älteste Tempel der Venus in Rom war jener der Venus Cloacina, ausser diesem erstanden in den 12 Regionen der Stadt noch mehrere andere Tempel zu Ehren der Venus, wie jene der Venus Placida, Genetrix, Verticordia, Erysina, Victoria, Volupia u. s. w.

Die römischen Venustempel wurden nicht wie die griechischen durch empörende Acte der Debauche besudelt. Die römischen Venustempel waren überhaupt zur Uebung der Prostitution gar nicht eingerichtet, denn sie wären so klein, dass nur der Altar, die Statue der Venus, die zum Dienste nöthigen Instrumente und die Priester untergebracht werden konnten. Unter Julius Cäsar, der sich seiner Abstammung von der Venus rühmte, wurden im ganzen römischen Reiche Venustempel errichtet. Obgleich die Römerinnen bei den Festen der

Venus eine sehr reservirte Haltung beobachteten, nahmen sie doch keinen Anstand, mehreren unmoralischen Culten untergeordneter Gottheiten, wie jenen des Cupido, Priapus, Mutinus u. s. w. beizuwohnen, und ihnen nicht nur in den häuslichen Foyers, sondern auch an den Strassenecken, wo sich ihre Statuen befanden, zu opfern.

Nachdem die Sitten Griechenlands und Asiens in Rom immer mehr Eingang gefunden, vermehrte sich daselbst die Zahl der Prostituirten dergestalt, dass sie die der Hetären Athens und Korinths weit übertraf. Um diesem Unfuge zu steuern, sah man sich genöthigt, die legale Prostitution zu toleriren und sie durch die Inscription, durch Bordelle und eigene Prostitutionsgesetze zu regeln. Frauenspersonen, die Prostitution treiben wollten, mussten sich bei den Aedilen einschreiben lassen, um den auf die Unzucht gesetzten schweren Bestrafungen zu entgehen. Durch die Einschreibung erhielten sie die Bewilligung zur Ausübung der Prostitution (*licentia stupri*).

Da der Ehebruch empfindlich bestraft wurde, liessen sich selbst verheiratete Frauen aus den besten Ständen bei den Aedilen eintragen. Nur wenige der römischen Prostituirten besassen die Schönheit und geistige Bildung der griechischen Hetären; die meisten dienten nur zur rohen Befriedigung. Nach Ulpius gab es in Rom eine Gassenprostitution (*questus*) und eine sesshafte Prostitution (*scortatio*) mit einer fertigen Clientel. In Rom trieben ausserdem viele griechische Tänzerinnen und Flötenspielerinnen, Spanierinnen, Jonierinnen und Syrierinnen Prostitution. Die eleganten Prostituirten, die von Freunden (*amasii*) unterhalten wurden, und sich weder in den Lupanarien, noch auf den Strassen sehen liessen, übten einen grossen Einfluss auf die Sitten, Künste, Wissenschaften und das ganze Leben der Patricier. Die Grossen Roms besuchten derlei Prostituirte mit besonderer Vorliebe, zeigten sich aber mit ihnen nie öffentlich. Die reicheren unter diesen Courtisanen liessen sich in Sänften (Bettwagen), deren es zweierlei gab, als: *busternae* (von Maulthieren getragene Cabinete) und *lecticae* (von Menschen getragene Cabinete) tragen. Die Prostituirten, welche sich der letzteren bedienten, hiessen *Sellariae*. In diesen Wagen lagen die Courtisanen halbnackt, nur von einem Gazeschleier bedeckt, seitwärts, begleitet von Sclavinnen, welche sie mit Pfauenfedern anfächelten, und gefolgt von einer Cortège von zahlreichen Eunuchen. Diese eleganten Freudenmädchen brauchten sich bei den Aedilen nicht einschreiben zu lassen und hiessen „anonyme Prostituirte."

In Rom gab es aber auch männliche Prostituirte. Die meisten vornehmen Römer waren Päderasten *(praedicones)*, die sich zu diesem Vergnügen junge Sclaven mit weiblicher Gesichtsbildung hielten. Man hatte sogar Bordelle, in denen nur männliche Prostituirte gehalten wurden.

Die Zeit der Errichtung von Bordellen in Rom kann nicht bestimmt werden; gewiss ist es, dass 180 Jahre v. Chr. G. der Aedile Mancinus, als er in einem Bordell pflichtgemässe Nachschau hielt, von Bordellmädchen mit Steinwürfen verjagt wurde. Ausser den Bordellen wurde auch in den Cabarets, Tavernen und Bädern, welche in der Nähe des *macellum magnum* und der *castra peregrina* sich befanden, Prostitution getrieben. Wir enthalten uns hier einer näheren Beschreibung der römischen Bordelle, weil wir selbe bei der „Geschichte der Bordelle" mittheilen werden. Nach römischen Gesetzen konnten der Prostitution überwiesene Individuen über ihr Eigenthum nicht eigenmächtig verfügen, weder etwas erben noch testiren, kein öffentliches Amt bekleiden, keine Klage bei Gericht anbringen, nicht als Zeugen auftreten, bei öffentlichen Festen nur ausnahmsweise erscheinen, und keine Vormundschaft über ihre Kinder übernehmen. — Der Magistrat hatte über Prostituirte das Recht über Leben und Tod. Die heimliche Prostitution wurde wie die öffentliche bestraft. Von ihren Herren zur Prostitution gezwungene Sclavinnen und freie Frauen, welche die *licentia stupri* erhalten hatten, unterlagen keiner Bestrafung. Gegen die Päderastie hatte der Senat ein eigenes Gesetz: „*lex scantinia*" erlassen. Die schimpflichen Strafen auf den Ehebruch veranlassten die häufigen Einschreibungen der verheirateten Frauen; denn die Ehebrecherinnen wurden zur zwangsweisen Prostitution in den Bordellen verurtheilt und dort der rohen Willkür des Pöbels preisgegeben. Dieser schleppte sie unter den rohesten Beschimpfungen in eines der Bordelle, wo er ohne Schonung seine thierischen Lüste an ihnen befriedigte. Das Loos entschied, wer den Anfang bei diesen Orgien machen sollte. Dieser Act wiederholte sich so oft, bis die arme Unglückliche ihren Geist aufgab. Diese grässliche Strafe, welche noch 500 Jahre v. Chr. G. vollzogen wurde, erzeugte eine auffallende Verminderung der Ehen, wesshalb sie später abgeschafft und die Bestrafung des Ehebruches der Willkür des beleidigten Ehegatten überlassen wurde.

Unter Caligula mussten die Prostituirten eine **Abgabe** (*vectigal ex capturis*) entrichten, die, obgleich unter Theodosius und Valentinian abgeschafft, später wieder eingehoben wurde. Den Prostituirten war eine gewisse Tracht vorgeschrieben: sie mussten eine Haube, eine blonde Perrücke, eine kurze Tunica, eine Toga, die vorne offen war und die nackten Schenkel sehen liess, tragen (*togatae*), durften sich aber keiner Halbstiefel (*soccus*), wie die Matronen, bedienen. Ueber der grünen Toga trugen sie einen kurzen weissen Mantel (*amiculum*), der nicht unter die Taille reichte und auf der linken Schulter mittelst einer Agrafe befestiget war. Ihre Coiffüre bestand aus einem färbigen Kopfbande. Ausser dem gewöhnlichen trugen sie noch drei verschiedene Arten von Kopfputz, nämlich: die Tiara, die persischen, die Mitra, die asiatischen, und die Nimba, die egyptischen Ursprungs waren. Diese Kleiderordnung wurde mannigfaltigen, theils gesetzlichen, theils willkürlichen Abänderungen unterworfen. Die Ueberwachung der Prostitution war den Aedilen anvertraut. Die ausserordentlichen Ausschweifungen der Römer erzeugten zahlreiche syphilitische Erkrankungen, die sich besonders zur Zeit, als nach der Besiegung Antiochus des Grossen von Syrien (187 Jahre v. Chr. G.) der asiatische Luxus durch den Proconsul Cnejus Manlius nach Italien und Rom verpflanzt wurde, vermehrten.

Wegen der häufigen syphilitischen Ansteckungen und der Weigerung der Aerzte, diese zu heilen, ergaben sich die Römer mit einer besonderen Vorliebe unnatürlichen geschlechtlichen Befriedigungen. Die Weigerung der Aerzte, syphilitische Kranke zu heilen, bestimmte den Kaiser Antoninus Pius, in Rom und allen Städten des Reiches Volksärzte (*archiatri populares*) zur unentgeltlichen Heilung der Syphilitischen anzustellen.

Mehrere christliche Kaiser, überzeugt, dass die Unzucht unausmerzbar sei, versuchten es, der Ausbreitung der Prostitution durch die Verhängung harter Strafen über die Verführer der Jugend entgegenzutreten. Constantin, Theodosius d. J., Valentinian und Justinian bestraften sie mit dem Staupenschlag, der Confiscation des Vermögens, der Zwangsarbeit in den Bergwerken, ja selbst mit dem Tode.

Theodosius d. J., Valentinian und Justinian befahlen die Aufhebung der Bordelle, und belegten Personen, welche den Prostituirten ein Asyl boten, mit empfindlichen Geldstrafen. Unter Augustus und seinen Nachfolgern erreichte die Sittenlosigkeit und das Raffinement in der Debauche nahezu ihren höchsten Grad, wozu namentlich die ausserordentlichen geschlechtlichen Excesse der römischen Imperatoren viel beitrugen. Augustus, obgleich ein Feind des Ehebruchs, war doch ein Verehrer der ausgelassensten Orgien, zu denen nur Jungfrauen zugelassen wurden. — Julius Cäsar, der sich durch die Waffen, die Politik und seine Gesetzgebung eine so grosse Achtung errang, war ein bekannter Verführer vornehmer Ehefrauen, wie der Posthumia (Gattin des Servus Sulpicius), der Lolia (Gattin des Aulus Gelianus), der Tertullia (Gattin des Marcus Crassus), der Marcia (Gattin des Cnejus Pompejus), der Servilia (Mutter des Brutus), der Eunoe (Gattin des Königs von Mauretanien), der Cleopatra (Königin von Egypten) u. a. m.

Octavianus und Tiberius standen, was die geschlechtlichen Excesse anbelangt, mit Cäsar auf einer Stufe. — Caligula, der im Palaste der Cäsaren für seine Person ein Bordell einrichtete, war nebstbei ein besonderer Verehrer der Päderastie. — Claudius, Nero, Galba, Vespasian, Titus, Commodus, Heliogabalus und Diocletian, mit dem die Geschichte der römischen Prostitution abschliesst, waren insgesammt abscheuliche Wollüstlinge.

Hiemit enden wir unsere geschichtlichen Beiträge zur Prostitution bei den alten Völkern und Staaten. —

Mit dem Erscheinen der Christusreligion, die über die Enthaltsamkeit und die Keuschheit so hochwichtige Lehren verkündete, stürzten die heidnischen Gottheiten und ihre Tempel, durch welche man die Unkeuschheit förmlich inaugurirt hatte.

Der göttliche Meister, entrüstet von dem Anblicke jenes schimpflichen Handels, der von den Gewalthabern im Innersten des Tempels getrieben wurde, verjagte endlich nebst anderen auch die unzüchtigen Käufer und Verkäufer aus demselben, aber er verzieh dagegen der büssenden Magdalena. Diese göttliche Vergebung der Sünden, ein der heidnischen Gesellschaft bisher ungekanntes, mit ihren bisherigen moralischen und civilen Gesetzen in offenem Widerspruche stehendes Ereigniss, erfüllte die Herzen der Sterblichen mit so freudigen Hoffnungen, dass selbst die Lasterhaften nach den Tröstungen dieses neuen, so sehr versöhnlichen Cultus begehrten. Zahlreiche Prostituirte verliessen von nun an ihren unkeuschen Lebenswandel, indem sie sich zum Christenthume bekehrten. Die Legende ist voll von reumüthigen Magdalenen, die, von der Hand des Erlösers berührt, sich einem reineren Lebenswandel zuwandten. Haben auch die Heiden zum Christenthume übergetretene Jungfrauen, wie eine heilige Agnes, Euphemia, Theodotis, Denise u. a. m. zur Bordellstrafe verurtheilt, so wurde dennoch durch den Christianismus die gastfreundschaftliche und religiöse Prostitution der Heiden allmälig ausgerottet. Die Institution der christlichen Ehe, auf moralischeren Grundlagen, als jene der Griechen und Römer errichtet, war ganz dazu angethan, über die Prostitution ein Verdammungsurtheil auszusprechen. Die Apostel bezeichneten die Prostitution als ein wesentliches Ingredienz des Heidenthumes, und Paulus verfolgte sie in seinen Briefen an die Römer, Korinther und Thessalonier mit einer unerbittlichen Strenge. Traten gleichwohl die Evangelisten schonender gegen die Prostitution auf, so hielten doch wieder die Kirchenväter und die Concilien an den von dem Apostel Paulus aufgestellten Principien unerschütterlich fest. Während der ersten drei Jahrhunderte hatte der Christianismus einen harten Kampf mit der Prostitution zu bestehen. Die Kirchenväter eiferten die Gläubigen zur Bewahrung der Keuschheit an, und verhängten über deren Verächter strenge Kirchenstrafen. Die Gesetzgebung der ersten christlichen Kaiser über die Prostitution war von jener ihrer Vorgänger wenig verschieden, denn auch sie betrachteten die Prostitution als das beste Mittel zur Vermeidung des Ehebruches und der Verführung der Mädchen.

Weder in dem Theodosianischen noch Justinianischen Codex findet man Gesetze, welche auf die Unterdrückung der Prostitution abzielen. Die christliche Kirche, von ihren Mitgliedern die grösste Reinheit der Sitten beanspruchend, konnte der legalen Prostitution weder eine Berechtigung noch eine Duldung zugestehen, sie verdammte vielmehr alle unter den Namen „*fornicatio*" zählenden Arten der Prostitution. Durch das ganze Mittelalter hindurch, von der Zeit des heiligen Hieronymus bis zur Zeit des heiligen Thomas, von dem Concil von Elvire im Beginn des vierten Jahrhunderts, dessen Canones Alles enthalten, was die Kirchenlehrer gegen die Prostitution vorgebracht, bis zu dem von Mailand *(sub lit. 65 de meretricibus et canonibus)* gegen das Ende des 16. Jahrhunderts, eiferte die Kirche ununterbrochen gegen alle unehelichen fleischlichen Genüsse. Die Concilien haben sich übrigens dennoch vielfältig mit der Regelung der Prostitution beschäftigt. So hielt z. B. bei dem Concil von Basel (1431) ein Mitglied desselben vor den versammelten Vätern eine Rede *), in der er die Mittel bezeichnete, durch welche die Prostitution in die gebührenden Schranken zurückgewiesen werden könnte. Das unter Carl Borromäus in Mailand (1565) abgehaltene erste Provinzialconcil hat sich gleichfalls in demselben Sinne über die Prostitution ausgesprochen. Nachdem sich auch die Kirche von der Unmöglichkeit der Ausrottung dieses socialen Uebels allmälig überzeugte, nahm sie, wie es aus den Verhandlungen mehrerer Concile hervorgeht, gegen dasselbe eine versöhnlichere Haltung an, so dass eine von ihr gewissermassen nachgegebene Duldung der Prostitution innerhalb des Gesetzes ziemlich bemerkbar wurde.

Der durch ein Jahrhundert wirksame Theodosianische Codex erlitt in Sachen der Prostitution durch den im Jahre 535 v. Chr. G. veröffentlichten Justinianischen Codex nur unbedeutende Abänderungen, und blieben die Bestimmungen des letzteren bis in's Mittelalter massgebend.

Bei den Galliern, die sich einer besonderen Sittenreinheit befleissigten, gab es eine religiöse Prostitution, wie dies aus der Religion der Druiden hervorleuchtet. Die Druiden waren gewissermassen die Cultusminister der Gallier. Prostituirten sich gleichwohl bei ihnen einzelne Frauenspersonen, so wurden derlei

---

*) D. Ph. Löwe, die Prostitution aller Sitten und Völker. Berlin 1852.

Unzuchtsfälle so geheim gehalten, dass die Schuldigen schwer zu ermitteln waren. Eigentliche Lustmädchen gab es bei den Galliern nicht. Die Gallier durften keine Geschändete ehelichen. Vorkommende Unzuchtsfälle und Ehebrüche verurtheilten die Druiden.

Bei den Gallo-Romainen zeigte sich ursprünglich eine Wiederholung der römischen Zustände der Prostitution. Nach der römischen Occupation aber, welche eine Umgestaltung aller socialen Verhältnisse hervorrief, begann auch bei ihnen die Herrschaft der legalen Prostitution.

Bei den Celten, die bekanntlich eine besondere grosse Verehrung für die Frauen hatten, kannte man die Prostitution nicht.

Die Germanen verwiesen ursprünglich die Prostituirten des Landes, und alle Bewohner der Tribus hatten das Recht, eine solche zu steinigen. Die Kuppelei war ihnen fremd. In der Gesetzgebung der Barbaren finden sich mannigfaltige Strafbestimmungen über die Prostitution. Nach den salischen und gothischen Gesetzen wurden die Prostituirten des Landes verwiesen. —

Unter dem Gothen Theodorich*) wurden jene, die zur Prostitution anreizten oder ihr ein Asyl gewährten, mit dem Tode bestraft. — Nach den ripuarischen Gesetzen musste jeder Verführer eine Geldstrafe von 50 Sous erlegen. — Das wisigothische Gesetz verbot die Prostitution bei strengen Strafen. Das Decret Recarede's**), welches als der Codex über die Prostitution bei den Barbaren angesehen werden muss, enthielt folgende bemerkenswerthe Bestimmungen: Jede Prostituirte wird des Landes verwiesen, aber noch vor dem Antritte des Exiles öffentlich mit 300 Peitschenhieben bestraft. — Jede rückfällige Prostituirte erhält 300 Peitschenhiebe, worauf sie einem Armen, der ihre Moralität überwachen musste, als Sclavin geschenkt wird. — Eltern, die ihre Töchter zur Prostitution ausnützen, erhalten hundert Peitschenhiebe. — Dienstboten, die sich

---

*) *Imperatorum etc. recessus, constitutiones etc. a Melchiore Goddarto, 1713 tom. III. p. 21. art. XXXIX.*
**) *Lex. Visig. lib. III, tit. IV, cap. XVII.*

prostituiren, erhalten 300 Peitschenhiebe und müssen von den Dienstgebern entlassen werden. — Dienstgeber, die diese Entlassung nicht bewerkstelligen, erhalten 300 Peitschenhiebe. — Dienstgeber, die aus der Preisgebung ihrer Dienstboten einen Nutzen ziehen, erhalten 300 Peitschenhiebe. — Richter, welche die über Prostituirte verhängten Strafen nicht in Vollzug setzen, erhalten 100 Peitschenhiebe, und müssen nebstbei noch 30 Sous als Strafgeld entrichten.

Bei den Franken, die lange Zeit hindurch die Reinheit ihrer Sitten bewahrten, kannte man weder die religiöse, noch die legale Prostitution. Unter Clovis, der nach seinem Uebertritte zum Christenthume die Götzen seiner Vorfahren stürzte, gestattete die Kirche den Franken inmitten der Fusion der Racen und ihrer Sitten, sich eine Frau oder eine Concubine zu nehmen, ein Zugeständniss, das sie auch dem Clerus zuerkannte. Die Franken, welche es nicht duldeten, dass sich der Clerus in die Geheimnisse ihres Familienlebens einmischte, bekümmerten sich so wenig um dessen Zugeständnisse, dass sie sich mehrere Frauen und Concubinen, welche sie in den Gynäceen ihrer Häuser einlogirten, hielten. Die Merovinger und Carlovinger unterhielten besonders reich bevölkerte Gynäceen, die im 10. Jahrhunderte verschwanden. Unter den Königen der ersten Linie nahmen diese Concubinate immer mehr zu. Anfangs ignorirte die Kirche diese Missbräuche, und noch unter Papst Leo dem Heiligen fand das Concubinat vor dem canonischen Tribunale Gnade. Bis auf Carl den Grossen achtete man das Concubinat der Ehe gleich, und eine Concubine konnte sogar als Ehebrecherin angeklagt werden, weil das Gesetz, Concubinats-Heiraten gestattete. Die Concubinate der Franken waren Ehen auf die linke Hand oder sogenannte Halbehen. Dieser Stand der Dinge dauerte durch 3 Jahrhunderte. Die erste Königslinie lag der Concubinate und der Nichtachtung der Ehe wegen mit der Kirche in einem beständigen Kampfe. — Carl der Grosse, dieser weise und glorreiche Monarch, diese mächtige Stütze der Kirche, der sich selbst vier legitime Frauen und sechs Concubinen hielt, war der Erste, welcher in seinen Capitularien*) die Prostitution

---

*) *Baluze, Capitul. t. I, p. 342 De mist. Palatii.*

in Frankreich verpönte. Er befahl, dass Jene, welche eine Prostituirte beherbergten, diese nackt auf den Marktplatz tragen sollten, wo sie mit Ruthen durchgepeitscht wurde; eine Praxis, die schon bei den Persern üblich war *). In einem Capitulare vom Jahre 805 verbot er den Ehebruch, die Fornication, die Sodomie und andere Unkeuschheiten bei schweren Strafen. Von Carl dem Grossen an bis auf Ludwig VIII., also fast durch vierthalb Jahrhunderte trifft man auf keine weiteren legislatorischen Bestimmungen gegen die Prostitution. In dieser Periode der Kriege, der Invasionen und tiefgehenden socialen Umwälzungen, breitete sich die Prostitution immer mehr aus, und sie gewann besonders um das Jahr 1000 gigantische Dimensionen, weil der damalige Aberglaube bezüglich eines bevorstehenden Unterganges der Welt und dem Anfange des Reiches des Antichrist, zu einer letzten Befriedigung der sinnlichen Lüste anregte. Aber auch die unnatürlichen Befriedigungen des Geschlechtstriebes mehrten sich damals in erschreckender Weise, obgleich nach dem „Pönitentiale von Angers" über diese Laster schwere Kirchenstrafen verhängt worden waren. Die ausserordentliche Zunahme der anomalen geschlechtlichen Excesse im 12. Jahrhunderte bewogen das Gouvernement den Kreis der legalen Prostitution auszuweiten. — Ludwig IX. (1226) war vorerst bestrebt die Prostitution durch die Waffen der Religion und der christlichen Nächstenliebe zu bekämpfen. Auf sein Geheiss stellte der Erzbischof von Paris, Guillaume de Saligny in einer Versammlung der Prostituirten diesen das Schändliche ihres Lebenswandels vor, worauf viele in die ihnen dargebotenen Zufluchtsstätten „*maisons de Chartières*" später „*maisons de filles Dieu*" genannt, eintraten. Nach seiner Rückkehr von Palästina jedoch erliess der fromme König (1254) eine Ordonnanz, welche die gänzliche Ausrottung der Prostitution anordnete. Um die Vollziehung dieser Anordnung in Paris zu erleichtern, wies Ludwig aus seiner Privatcasse die nöthigen Gelder zur Aufnahme von 200 reuigen Prostituirten in das Kloster der „*Filles-Dieu*" an. Durch die strenge Ausführung dieser Ordonnanz gaben die allseitig verfolgten öffentlichen Mädchen ihr freies Benehmen scheinbar auf, und

---

*) *Plutarch, in Vita Artaxerxis.*

simulirten jenes achtbarer Frauenspersonen, ein Manöver, durch welches sie nur noch begieriger von den ausschweifenden Männern verfolgt wurden.

Da jedoch bald nach dem Erlasse dieser Ordonnanz die heimliche Prostitution ausserordentlich überhandnahm, sah sich Ludwig der Heilige veranlasst, noch innerhalb Jahresfrist diese Ordonnanz zu desavouiren, und in einer neuen den öffentlichen Mädchen die Betreibung der Prostitution in bestimmten Strassen der Stadt zu gestatten. Hiermit war die Duldung der öffentlichen Mädchen von einem Könige ausgesprochen, der durch seine Gesetze, hohe Weisheit, Frömmigkeit und seine Heiligsprechung durch die Kirche berühmt war. An dem Hofe der Könige von Frankreich fungirte sogar zur Schlichtung der Prostitutionsangelegenheiten des Hofes ein oberster Schiedsrichter, welchen man »Marschall der Freudenmädchen« *(le Roi des ribauds)* nannte. Dieser Functionär, dessen Ernennung in das Zeitalter Carl des Grossen fiel, wurde erst unter Franz I. beseitigt*). Philipp der Kühne (1272), Carl V. (1368), Carl VI. (1381), Heinrich VI. (1424), Carl VII. (1425) und Ludwig XI. (1462) bestätigten insgesammt die von Ludwig dem Heiligen im Jahre 1256 erlassene Ordonnanz. Nach einer Ordonnanz des *Prevôt* von Paris vom Jahre 1360 war es den öffentlichen Mädchen bei Confiscation ihres Eigenthums verboten, auf ihren Kleidern Gaze, Seide, Perlen, Silber oder graues Pelzwerk zu tragen, eine Ordonnanz, die das Pariser Parlament im Jahre 1426 bestätigte. Im Mittelalter hatte die Prostitution in Frankreich die grösste Ausbreitung erlangt. Zum Glücke bildete sich um diese Zeit (1371) das Ritterwesen *(Chevalerie)*, welches durch die reinen Inspirationen seiner metaphysischen Liebe der materiellen einen mächtigen Damm entgegensetzte. Man errichtete die sogenannten „Liebeshöfe“, diese graziösen Tribunale der Galanterie, um die weiteren Ausschreitungen der Ribauderie aufzuhalten. Das Ritterwesen bändigte die sinnlichen Leidenschaften, es gründete die Tugend aus Achtung gegen sich und Andere, es war so

---

*) *Gonge de Lonquemare, Eclaircissements sur le Roi de Ribauds. Paris, 1748.*

zu sagen das Piedestal der zarten Bewunderung und der Thron
der Ehre, auf welchen es das Weib setzte. Das Princip des Ritterwesens bestand in der sittlichen Erhebung des weiblichen
Geschlechtes, das durch die Prostitution auf die niederste Stufe
der Sclaverei herabgesetzt war. Die aus den angesehensten Personen zusammengesetzten Liebeshöfe verhängten über die Schuldigen nur metaphysische Urtheile. Ohnerachtet der Einflüsse der
damaligen verderbten Poesie wurde die Prostitution durch das
Ritterwesen erheblich vermindert. Nach dem Verfalle des
Ritterwesens (1400) nahm die Prostitution dergestalt
zu, dass es schien, die Gesellschaft werde einer allgemeinen Auflösung entgegen gehen. Im Jahre 1374 gestattete der Prevôt von Paris die Errichtung der „clapiers“, einer Art
von Bordellen *), in denen die öffentlichen Mädchen nicht schlafen,
sondern nur den Tag über Visiten empfangen durften. Unter
Carl VI. (1380) wurden diesen Bordellen bestimmte Quartiere
der Stadt angewiesen. Unter Heinrich II. (1558) und Carl IX.
(1579) wurde den öffentlichen Mädchen der Aufenthalt in den
Cabarets, Tavernen, Barbierstuben u. s. w. untersagt. Nach dem
Art. 101, der grossen Ordonnanz Carl IX. vom Jahre 1560
wurde die Aufhebung der Bordelle und die Ausrottung der Prostitution neuerdings befohlen. Zu dem Erlasse dieser Ordonnanz
haben die heftige Ausbreitung der Syphilis und die wiederholten
Aufforderungen des Protestantismus viel beigetragen. Nach
Saint-Foix *(Essais historiques sur Paris)* vermehrten sich nach
dieser Ordonnanz die Prostituirten, die geheimen Bordelle und
die Kupplerinnen sogleich in auffälliger Weise. Während die
französischen Könige ununterbrochen gegen die Prostitution
eiferten, gaben sie sich selbst den ärgsten Ausschweifungen hin,
wie Heinrich II., Carl IV., Heinrich III., Heinrich IV.,
Franz I. u. a. m.

Dies war der Stand der Prostitution in Frankreich bis zur
Entstehung der Republik. — Um diese Zeit herrschte die Prostitution am ungebundensten. In Paris trieben sich die Freudenmädchen fast halb nackt, und mit entblössten Busen auf den Strassen
herum. Die Polizei sah diesem zügellosen Treiben ruhig zu,

---

*) *Delamare Ordonn. du prevôt de Paris, 17 mars 1374, et 20 juin 1395.*

denn sie nützte die Buhlerinnen zur Spionage und zur Erheite-
rung der Soldateska aus.

Das Palais Royal, in welchem die Freudenmädchen eine
grosse Anzahl von Gemächern bewohnten, wurde bald das erste
Bordell der Welt. Die zurückgekehrten Bourbonen hoben allmälig die Privilegien der Prostituirten auf, und die Julirevolution
vertrieb endlich die lasterhaften Insassen aus dem Palais Royal.
Um diese Zeit entstand in Frankreich die legale Prostitution,
die zur Stunde in keinem anderen Staate so vortrefflich geregelt
dasteht. Die Grundelemente dieser Regelung bilden die Einregistrirung der öffentlichen Mädchen unter der gleichzeitigen Duldung der Bordelle, auf die wir bei der Geschichte der Bordelle
zurückkommen werden. Die legale Prostitution hat dermalen
in Frankreich ihren Codex, ihre Usancen, ihre Gebräuche, ihre
Privilegien, ihre corporativen Institutionen, ihre eigene Sprache,
sie macht einen integrirenden Theil der Organisation des socialen
Körpers aus und bildet dessen *parties secrètes*.

In Italien trat die Prostitution im Mittelalter so ungebunden
wie in Frankreich auf, obgleich auch hier, wie dort, die Justiz die
Prostituirten unablässig verfolgte.

In Neapel stammen die ersten Gesetze gegen die Prostitution aus der Zeit Roger's I. und II. (1072 — 1127) und
Wilhelm's I. und II. (1154—1169). In der ersteren Zeit wurden
nach diesen Gesetzen Frauenspersonen, welche Männer verführten, als Ehebrecherinnen behandelt und mit der Abschneidung der Nase, später aber mit Peitschenhieben und einem Brand-
male auf der Stirne bestraft. — Müttern, die ihre Töchter ver-
kuppelten, wurde die Nase abgeschnitten. — Personen, welche
Liebestränke verkauften, wurden wenn ihr Gebrauch schädliche
Folgen hatte, mit dem Tode bestraft. — Carl von Anjou (1266)
bestätigte die Gesetze seiner Vorfahren über die Kuppelei. —
Ferdinand I. (1458) verhängte über alle Prostitution die Todesstrafe und belegte Jene, welche den Prostituirten Asyle gewährten, mit hohen Geldstrafen. Im Jahre 1507 mussten alle Prostituirten die Stadt innerhalb 10 Tagen unter Androhung der Galeerenstrafe verlassen. Im Jahre 1577 schickte man jene,
welche Prostituirte beherbergten, 3 Jahre auf die Galeere *). Man

---

*) *Pragmaticae, edicta etc. tit. LXXXVII. De meretricibus, prag. III et V.*

errichtete zur Ueberwachung der Prostitution einen eigenen Gerichtshof *(Corte Gabella delle meretrici)*, mit dem Sitze in Neapel. Dieser Gerichtshof wurde aber im Jahre 1678 wegen seiner zahlreichen Uebergriffe wieder aufgehoben. Unter der Königin Johanna I. wurde ein Bordellreglement *) veröffentlicht, welches Rabutaux **), auf Grundlage der von Jules Courtet mitgetheilten Dissertation, für eine Mystification ausgibt. Aller strengen Verordnungen gegen die Prostitution zum Trotz nahm dieselbe aber in Neapel so überhand, dass man schon im 16. Jahrhunderte die legale Prostitution zu toleriren genöthigt war.

In Rom wurde durch eine Bulle Papst Benedict IX. vom Jahre 1033 *(Ducange V. Gynaeceum)* in der Nähe der Kirche des heiligen Nicolaus ein Bordell errichtet. Fünf Jahrhunderte später wurde unter dem Pontificate Paul II. für die Stadt Rom ein eigenes Prostitutions-Statut veröffentlicht, nach welchem unter Anderem Jene, welche ein öffentliches Mädchen zur Debauche verkauften, zum Verluste der bürgerlichen Rechte, und zu einer Geldstrafe von 200 Pfd. *(en monnaie de Province)* verurtheilt wurden. — Wer innerhalb 10 Tagen dieses Strafgeld nicht erlegte, dem wurde ein Fuss abgehauen ***). — Wer ein öffentliches Mädchen zur Unzucht zwang, wurde je nach ihrer Conduite und nach der Grösse der Unthat, mit der Amputation der rechten Hand, mit Gefängniss, Ruthenstreichen, und der Verbannung bestraft, oder mit einer Geldstrafe von 200 Ducaten belegt. — Personen, welche öffentliche Mädchen misshandelten, wurden, wenn sie aus dem Pöbel stammten, mit der Tortur, Peitschenhieben, und der Brandmarkung der Stirne; mit der Tortur und einem Jahr Gefängniss aber, wenn sie vornehmen Ständen angehörten, bestraft. — Papst Julian II. verwies nach einer Bulle vom Jahre 1510 die Prostituirten in bestimmte Quartiere der Stadt †). — Papst Leo X. revidirte das Prostitutions-Statut

---

*) Verordnung der Königin Johanna vom Jahre 1347, bei J. P. Frank, System de med. Polizei, Wien 1786. II. p. 43.

**) *M. Rabutaux, de la prostitution en Europe. Paris 1851 in 4.*

***) *Statuta et novae reformationes urbis Romae . . . . in sex libris divisa novissime compilata, Romae 1558, in fol. lib. III, cap. LIX.*

†) *Sabatier.*

Paul II. — Papst Clemens VII. verordnete, in der Absicht den Gewinn der öffentlichen Mädchen zu schmälern, dass nach ihrem Tode die Hälfte ihres Vermögens dem Convente „*de santa Maria de la Penitenza*" zufallen solle. — Der Marschall *(barisel)* von Rom, welcher das Prostitutionswesen überwachte, erhob von den Bordellinhabern eine Steuer *). — Die Päpste Julius III., Paul IV. und Pius IV. erneuerten in der zweiten Hälfte des 16. Jahrhunderts die Edicte über die Kleiderordnung der Prostituirten **). — Sixtus IV. erbaute ein Bordell und erhob von den Pächtern desselben eine bedeutende Steuer ***). — Sixtus V. ein grosser Feind der Prostitution, schaffte diese Steuer, welche auch die Päpste in Avignon erhoben, ab. — In Avignon wurde die Vorsteherin des Frauenhauses (Aebtissin) von dem Stadtrathe angestellt †).

Im Mittelalter besudelte die Lasterhaftigkeit Rom, wie zur Zeit der Renaissance. Zur Zeit der Renaissance findet man die Courtisanen der antiken Mode, von denen *Ninon de Lenclos* die Letzte war.

Mit Ausnahme des grossen nüchternen Michael Ange, hatte jeder Maler seine Fornarina, jeder Dichter seine Fiametta. Nach der Renaissancezeit, in jenem heroischen und chevalereskem Jahrhunderte, wo man sich dem Cultus alles Edlen mit so viel Enthusiasmus hingab, erhielt sogar die berühmte römische Courtisane Imperia ein Grabmal in der Kirche des heiligen Gregor des Grossen. Auf der Gedenktafel dieses Grabmales, von welcher durch die zahlreichen Ausbesserungen des Monumentes das Epitaphium verschwunden ist, bemerkt man nur noch den Neologismus „Cortisana". Das Grabmal einer Courtisane, gegenüber einem Altare, darf nicht als eine Huldigung des Lasters, sondern nur als die Durchführung des evangelischen Principes, der Vergebung der Sünden und als ein Zeichen der Indulgenz des römischen Clerus angesehen werden. Rom und Italien waren ausserdem lange der classische Boden des Cicis-

---

*) *Bourquelot*, *Mss. du seizième siècle. — Bibl. Nat. suppl. français, nᵒ 2036.*

**) *Labbe Sacrosancta Concilia, t. I, col. 1265, B.*

***) *Georg. Franci, tract. quo lupanaria ex principiis medicis improbantur. Heidelberg, 1674. §. 3. — Just. Lipsii, Opusc. T. II, de magnitudine Romana; libr. II. et VI.*

†) *Baluzzi, Vitae paparum Arenionensium notae; p. 810.*

beates, das eigentlich nichts anderes war, als eine häusliche Prostitution, bei welcher das Ehebett unter Zustimmung der Ehegatten geschändet wurde.

Die Prostitution wird in Rom wohl nicht tolerirt, aber auch nicht gemassregelt. Die Prostitution ist hier ganz der Willkür der Polizeiagenten überlassen, wodurch der Missbrauch autorisirt, eine strafbare Toleranz geübt, die Bestechung ermuntert, unnütze Verfolgungen eingeleitet und der geheimen Prostitution Thür und Thor geöffnet wird. Bei dem Mangel einer Regelung der Prostitution wucherten auch in Rom, wie allerorts, dieselben Uebel empor, als: eine üppige Ausbreitung der geheimen Prostitution, die Bildung geheimer Bordelle und Bestellhäuser, die Verführung von Mädchen aus achtbaren Familien und eine exorbitante Weiterverbreitung der Syphilis. Die Prostitution würde aber in Rom noch grössere Dimensionen angenommen haben, hätte man nicht, zur Vermeidung der Demoralisation noch unverdorbener Mädchen und zu Rehabilitation der bereits Gefallenen zahlreiche Institutionen gegründet. Auf diese Anstalten, sowie auf die Bordelle Roms werden wir noch zurückkommen.

In der Lombardie wurde nach dem im Jahre 1502 veröffentlichten sogenannten „Mailänder-Statut" dem Podestà die Justiz über das gesammte Prostitutionswesen übertragen [*]). Nach diesem Statute wurden die Bordelle in bestimmte Quatiere der Stadt verwiesen, — den Prostituirten die Promenade auf den öffentlichen Plätzen untersagt, — die Aeltesten der Pfarrbezirke verpflichtet die Prostituirten dem Podestà anzuzeigen, — der Verkauf und die Vererbung von Bordellconcessionen verboten und Contraventionen gegen das Statut mit Geldstrafen, Peitschenhieben, oder der Vertreibung aus der Stadt bestraft [**]).

Nachdem die Prostitution in der Lombardie im 17. Jahrhundert ihren Culminationspunct erreicht hatte, versuchte man es auch hier mit der legalen Prostitution und den Bordellen, deren eine grosse Zahl in Mailand, Padua, Mantua, Pavia, Bergamo, Florenz, Venedig, Lucca u. s. w. errichtet wurden [***]).

---

[*]) *Leges et statuta ducatus Mediolanens. II. pars, cap. XXVII.*

[**]) *Constitutiones domi Mediolan. etc. Mediolani, 1574 libr. IV tit. XV. De meretricibus et leonibus.*

[***]) *La Piezza universale ecc. Venise 1587 disc. CXXIV, pag. 815.*

In Venedig verschrieb die Republik schon im Jahre 1421 für das dortige in der Carampana gelegene Bordell, zum Schutze der Keuschheit der inländischen Töchter, Freudenmädchen aus dem Auslande. Die Taxe für einen Besuch in diesem Bordelle betrug 2 Thaler *). Nach dem Marquis d'Argens bildeten die Freudenmädchen Venedigs eine förmliche Zunft, die ihre eigenen Privilegien hatte. Die meisten öffentlichen Mädchen wohnten bei ihren Müttern, welche vorerst die Primitien der Jungfrauenschaft ihrer Töchter verkauften und sie nachher der Zunft der Courtisanen einverleibten.

In Genua **) hatte die geschlechtliche Ausschweifung im Beginn des 17. Jahrhunderts schon einen solchen Grad erreicht, dass die öffentlichen Mädchen wegen der Concurrenz, welche ihnen die geheime Prostitution bereitete, gänzlich aus der Stadt verschwanden. Die Haltung von öffentlichen Mädchen in den „Badestuben," wie sie in den übrigen Städten Italiens gebräuchlich war, hatte man in Genua (Jahr 1534) verboten ***).

Die genuesischen Bordellmädchen wählten sich sogar eine „Bordellkönigin," welche die Befolgung des Bordell-Reglements überwachen musste †).

In Spanien wurde die gewerbliche Prostitution und die Kuppelei unter Recarede (586—601), dem Sohne des letzten arianischen Königs im westgothischen Reiche, mit 300 Peitschenhieben und der Verbannung bestraft. — Prostituirte Sclavinnen wurden mit der Abschneidung der Kopfhaare und 300 Peitschenhieben bestraft, und mussten hierauf von ihren Herren aus der Stadt entfernt und verkauft werden. — Richter, welche in Prostitutionssachen parteiisch verfuhren, wurden zu 100 Peitschenhieben und zu einer Geldstrafe von 30 Sous verurtheilt. — Als nach dem Einfalle der Araber das Barbarenreich zerstob, verbreiteten sich auch ihre verderbten Sitten allmälig über die christliche Bevölkerung Spaniens.

Im Mittelalter wurden nach der Organisirung der Gemeinden, auf Grundlage der bis in's 11. Jahrhundert zurückreichen-

---

*) *Nicolo Doglioni delle cose notabili della città di Venezia, Venet. 1857 p. 23.*

**) *Lettres sur l'Italie.*

***) Spon, *Histoire de Genève I. 287.*

†) Spon, *uti supra.*

den „Municipal - Conseils" (Cortes), welche die Gesundheits-
polizei leiteten, so wie der im 15. Jahrhunderte erlassenen
„Municipal-Ordonnanzen," die Prostituirten und die Concubinen
gleichfalls strenge bestraft. In der im J. 1641 veröffentlichten
Sammlung der „Ordonnanzen von Huesca" wird einer Magistrats-
person „Vater der Waisen" erwähnt, welche die öffentlichen
Sitten zu überwachen und die Prostituirten aus der Stadt zu
schaffen hatte. Nach dem Codex *(las siete partidas)* König Alfons
des Weisen vom J. 1260 konnte Jedermann einen Kuppler
(alcahuete) der Justiz überliefern. — Hausbesitzer, welche ihre
Häuser zur Ausübung der gewerblichen Unzucht vermietheten,
wurden mit deren Confiscation bestraft. — Die Kuppler mussten
ihre Opfer freilassen, sie verheiraten, und ihnen den durch sie
bezogenen Gewinn als Mitgift übergeben, widrigenfalls sie mit
dem Tode bestraft wurden. — Männer, die ihre Frauen ver-
kuppelten und Personen, welche verheirateten Frauen oder
Mädchen Gelegenheit zur Debauche verschafften, wurden gleichfalls mit der Todesstrafe belegt. — Die Kirche verweigerte den
Kupplern die Tröstungen der Religion. — Alle diese Strafen
vermochten jedoch nichts gegen die zunehmenden Ausschreitungen der Prostitution.

Heinrich IV., König von Castilien, erliess (1469) zu Ocana *)
ein Gesetz, nach welchem Prostituirte mit 100 Peitschenhieben
und der Confiscation ihrer Kleider; Kuppler aber das erste Mal
mit 100 Peitschenhieben, das zweite Mal mit dem Exil, das dritte
Mal mit dem Aufhängen an einem Schnellgalgen bestraft wurden.

Carl I. erliess (J. 1552) zu Monzon **) eine auch von
Philipp II. im J. 1566 bestätigte Verordnung gegen die Prostitution, unter dem Titel: „Vermehrung der Strafen gegen
die Kuppelei", nach welcher den früheren Strafen noch die
Ausstellung am Pranger und die Galeerenstrafe hinzugefügt
wurde. Unter ihm wurden die Prostituirten für ehrlos erklärt,
und unbescholtenen Müttern das Recht, ihre ausschweifenden
Töchter zu enterben, zuerkannt. Ein Vater konnte aber eine

---

*) *Prohibicion de toner rufianes las mugeras publicas, y pena de estas y de ellos (Ley I. Enrique IV. en Ocana ano de 1469, pet. 22).*
**) *Aumento de pena á los rufianes, por Pragm. de 25. de nov. de 1552.*

liederliche Tochter, wenn sie bis zum 25. Jahre in seinem Hause gelebt, nicht enterben, weil man ihre Ausschweifung nur der schlechten Erziehung zuschrieb. — Dies war der Stand der Prostitution Spaniens im Mittelalter. — Mit dem Beginne des modernen Zeitalters verminderten sich wohl die Kupplerinnen, dagegen trat aber die „geheime Prostitution“ unter der Form der „Duegna“ (Ehrenwächterinnen) auf. Die Duegna stellte eine Art von häuslichen Unterhändlerinnen dar, welche die ihr anvertraute weibliche Jugend um Geld der Verführung preisgab.

In der zweiten Hälfte des 15. Jahrhunderts machte man endlich die Prostitution zu einem Zweige der Administration; es wurden in Andalusien, Malaga, Loja, Ronda, Salamanca, Alhama, Marabella, Granada u. s. w. Bordelle ausserhalb der Stadtmauern errichtet. Die legale Prostitution breitete sich von nun an allmälig über die meisten Städte des südlichen Spaniens und das Littorale der beiden Meere bis Valencia, Cadix und an die Gränzen Portugals aus. Das 37. Capitel der Gesetzsammlung der „Ordonnanzen von Sevilla“ (1526), welches über die Prostituirten *(mugeras barraganas y deshonestas)* und Concubinen handelt, theilt die in Spanien für die öffentlichen Mädchen vorgeschriebene Kleiderordnung mit.

Unter Philipp II. und III. gab es schon Bestellhäuser *(monasteres)*, deren Vorsteherinnen *(mayorale)*, wenn sie andere als Freudenmädchen aufnahmen, das erste Mal mit 50, das zweite Mal mit 100 Peitschenhieben, das dritte Mal mit der Abschneidung der Nase bestraft wurden. Nach den „Ordonnanzen von Granada“ (1539) und „Sevilla“ (1570) „über die Bordelle,“ wurden deren Vorsteher (Hausväter) bei einer Geldstrafe von 2000 *maravedis* und 100 Peitschenhieben verpflichtet, die pünctliche Einhaltung des Bordellreglements zu überwachen. Die Hausväter durften den Bordellmädchen, Krankheitsfälle ausgenommen, kein Geld leihen und sie nie über 8 Tage ununtersucht lassen. Anfangs mussten die Mädchen die ärztlichen Untersuchungen honoriren, unter Carl V. aber, welcher die revidirten Granader - Ordonnanzen „über die Bordelle und die Freudenmädchen“ als für das ganze Reich zu Recht bestehend erklärte, wurden sie von den Municipalitäten bezahlt. Das grösste, einer kleinen Colonie gleichende Bordell Spaniens hatte

Valencia. — Unter Philipp IV. wurde (10. Februar 1625) *) die Prostitution wieder verboten, und die Aufhebung der Bordelle angeordnet. Im J. 1696 vereinigten sich die Alcaden des Hofes und der Stadt Madrid, um sich über die Vor- und Nachtheile der Prostitution zu unterrichten; über die Resultate dieser Besprechung wurde jedoch nichts veröffentlicht.

Zu Ende des 18. Jahrhunderts (1795) überreichte Dr. Cabarus dem Friedensfürsten Manuel Gudoy ein Programm „über die Regelung der Prostitution", das, obgleich es den medicinisch-polizeilichen Anforderungen einige Rechnung trug, sich doch zu sehr mit der Verhängung von Strafen beschäftigte. — Als sich unter Ferdinand VII. die Syphilis in Spanien ungemein verbreitete, wurde auf die beste Beantwortung der Frage: „wie kann man der Weiterverbreitung der Syphilis am besten Einhalt thun?" ein Preis gesetzt. Man erledigte diese Frage durch die Stellung der Alternative: „die Prostitution entweder gänzlich zu verbieten und auf das strengste zu verfolgen, — oder gut eingerichtete und behördlich beaufsichtigte Bordelle zu errichten." — Im J. 1822 erschien ein von den Cortes ausgearbeitetes Programm, „über das öffentliche Gesundheitswohl," welches die Regelung der Prostitution und die Errichtung von Bordellen abermals bevorwortete.

Das spanische Gouvernement, der vielen fruchtlosen Versuche die Prostitution zu unterdrücken müde, überliess endlich die Prostitution ganz sich selbst. — Gegenwärtig herrscht die Prostitution in Spanien mit einer solchen Ungebundenheit und tief in alle Verhältnisse eingreifenden Verliederlichung, dass sie in dieser Beziehung nur von jener Englands übertroffen wird.

Seit zwei Jahren besteht in Spanien keine Beaufsichtigung der Prostitution. Allerdings wurde im J. 1854 behufs des Entwurfes eines Statutes „über die Regelung der Prostitution" nochmals eine Commission zusammengesetzt, allein es gelangte über die Arbeit derselben nichts in die Oeffentlichkeit. Die Polizei

---

*) *Prohibicion de mancebias y casas publicas de mugeras en todos los pueblos de estos Reynos (Ley VII. D. Felipe IV en Madrid, par prag. de 10. de febr. de 1623, en les cap. de reformation).*

schreitet gegenwärtig gegen die Prostitution nur dann ein, wenn sie die öffentliche Ruhe und Ordnung bedroht. Der spanische *Code pénal* enthält keine Bestimmungen über das Prostitutionswesen. In Madrid können die Frauen und Mädchen das Unzuchtsgewerbe unangefochten betreiben. Spanien hat wohl k e i n e privilegirten, aber eine Masse von geheimen Bordellen!

In E n g l a n d , namentlich in L o n d o n , waren die ersten Zufluchtsstätten der Prostitution „die öffentlichen Badestuben,“ deren Errichtung in die Zeit H e i n r i c h II. fällt. Die Badestuben London's befanden sich am rechten Ufer der Themse, in dem Flecken von Southwark, der erst im J. 1550 in den Rayon der Metropole einbezogen wurde. Das erste P r o s t i t u t i o n s - R e g l e m e n t , welches H e i n r i c h II. (1161) über Vorschlag des Hauses der Gemeinen und der Lords sanctionirte, wurde später von E d u a r d III. (1345) und H e i n r i c h IV. in der ersten Hälfte des 15. Jahrhunderts bestätigt. Nach diesem Reglement durften die Badeinhaber weder Religiose noch verheiratete Frauen beherbergen, Freudenmädchen gegen ihren Willen nicht zurückhalten, diese nicht nach Belieben ausgehen lassen, die Thore ihrer Locale an Sonn- und Feiertagen nicht offen halten; für eine wöchentliche Miethe von den Mädchen nicht mehr als 14 *pence* verlangen, sie nicht in Pension nehmen, ihnen keinerlei Gegenstände verkaufen, und verdächtig Erkrankte nicht bei sich dulden. Die Freudenmädchen der Bordelle durften von ihren Gästen nur dann ein Honorar beanspruchen, wenn ihre Gäste eine ganze Nacht bei ihnen geblieben waren. Die Badehäuser standen unter der Aufsicht des Lordmayors, der Polizeiofficianten und der Constabler und wurden diese Locale von ihnen jede Woche einmal visitirt. Im Beginne des 17. Jahrhunderts zählte S o u t h w a r k 18 solche Badestuben, die durch Aushängschilder kenntlich gemacht waren.

Heinrich VII. liess im J. 1506 die Badestuben schliessen, sie aber später wieder eröffnen. — Heinrich VIII. ordnete im J. 1546 neuerdings ihre Schliessung an. Dieser moralische Monarch liess sogar unter Trompetenklängen durch einen Herold von der Strasse aus die liederlichen Frauenzimmer zur Führung eines honneten und regelmässigen Lebens *(to keepe good honest* *rule)* auffordern *). Aus einer im Beginne des 17. Jahrhunderts von den Aldermen Londons entworfenen Enquête geht hervor, dass um diese Zeit die Prostitution schon in allen Quartieren der Stadt sehr um sich gegriffen haben musste. — Auch in England mussten in früheren Zeiten die Prostituirten ebenfalls Abzeichen ihres Standes tragen, wie dies einem Parlamentsbeschluss vom Jahre 1352 zu entnehmen ist. Die Könige Englands und die Grossen des Reiches, namentlich Heinrich VIII. hielten zur Unterkunft ihrer Kebsweiber eigene Gynaeceen, an deren Eingang nach Sabatier die Aufschrift: „Saal der Freudenmädchen des Königs" angebracht war. Im Allgemeinen war es aber doch im Mittelalter mit den Sitten in England weit besser als gegenwärtig bestellt, obgleich an den Höfen Heinrich I. — II., Richard I. und Eduard IV. ein hoher Grad von Sittenlosigkeit herrschte.

Gegenwärtig sind die Bordelle, deren Geschichte wir später mittheilen werden, in England allerdings gesetzlich verpönt, allein ohngeachtet dessen wird die Prostitution und das Kupplergeschäft in keinem anderen Lande so schmachvoll, so allgemein und so bestialisch wie hier betrieben. Der Grund dieser Anomalie liegt in den Bestimmungen der *Habeas-Corpus-Acte*, welche alles Einschreiten der Polizei rein illusorisch machen.

In Portugal war unter dem Könige Alphons V. (J. 1438) die Prostitution und die Kuppelei auf das strengste verboten **). Personen, welche junge Mädchen, Witwen, verheiratete Frauen oder Religiose zur Prostitution verleiteten oder ihnen Unterschleif gewährten, wurden in den ersten zwei Fällen mit Peitschenhieben und der Verbannung aus der Stadt, im dritten Falle mit der Confiscation ihres Vermögens und der Todesstrafe, im letzten Falle aber mit Peitschenhieben, der Confiscation ihres Vermögens und der Verbannung nach Brasilien bestraft. Individuen, welche zu einer dieser Strafen verurtheilt worden waren, mussten zeitlebens eine Coiffüre *(polaïna)* von rother Farbe tragen.

---

*) *John Stowe the Survay of London*, 1633, chap. *XLV, pag. 442, et 5.*
**) *John Stowe*, uti supra p. 553.

Wer einer Prostituirten gegen Bezahlung einen Unterstand gab, wurde öffentlich gestäupt; war das Individuum ein Mann, so wurde er obendrein noch nach Brasilien verbannt; war es eine Frau, so wurde sie in die Besserungsanstalt von Castro - Marin versetzt, nebstbei aber Beide verhalten dem Angeber 1000 Reis auszuzahlen. Nachdem man sich aber auch hier von der Erfolglosigkeit aller Strafbestimmungen gegen die Prostitution überzeugte, folgte man leider dem Beispiele Spaniens, indem man gleichfalls das Treiben der Prostitution jeder Massregelung entäusserte.

Nachdem die reinen Sitten der Germanen durch den häufigen Verkehr mit den Römern und den Bewohnern des heutigen Frankreichs immer mehr in Verfall geriethen, tauchte auch bei ihnen die Prostitution auf. Die Kenntniss des byzantinischen und morgenländischen Lebens, der steigende Handelsverkehr der Städte, der sich aus demselben entwickelnde Reichthum, die Ehelosigkeit des Clerus und die Ausschweifungen der adeligen Ritter und Herren trugen viel dazu bei, dass die Prostitution in Deutschland immer mehr an Ausdehnung gewann. Im 15. und 16. Jahrhunderte wurde namentlich in Süddeutschland ein Leben voll sinnlicher Genusssucht geführt. Nach der *Cardina* (Reichspolizeiordnung vom J. 1548 und 1577) und einigen Landesgesetzen wurde die Prostitution und die Kuppelei mit harten Strafen belegt, und jede ausssereheliche Vermischung nach Particulargesetzen an beiden Theilen mit den sogenannten „Unzuchtsgeldern" (Hurenbrüchen) bestraft. — In den meisten deutschen Gauen bestrafte man die Prostitution, je nach der Verschiedenheit der Polizeiordnungen, durch Untertauchen im Wasser, Gefängniss, Staupenschlag, Gassenkehren, Orts- oder Landesverweisung u. s. w., aber an eine Regelung der Prostitution gedachte man noch immer nicht. — Das canonische Recht verhängte über die Unzucht, als *delictum ecclesiasticum*, verschiedene Kirchenbussen, welche sich die Geistlichkeit nach dem Ermessen der Synodialgerichte gegen den Erlag bestimmter Geldsummen abkaufen liess. Bei dieser Sachlage kann es daher auch nicht befremden, dass bei Kirchensynoden und Reichsversammlungen, wie z. B. auf dem Constanzer Concil (1415) an 700 fahrende Dirnen erschienen, die in der unter Kaisers und des heiligen Reiches Freiheiten gestellten Stadt ihr Glück versuchten.

Die Bürgersleute und die Gewerke hielten in Deutschland lange auf die strengste Sittlichkeit. Gefallene Mädchen wurden empfindlich bestraft, kein zünftiger Handwerker durfte eine Gefallene oder ein Freudenmädchen heiraten, — uneheliche Kinder wurden für unehrlich erklärt und in keine makellose Zunft aufgenommen. Den Ehebruch und andere Fleischesverbrechen bestrafte man mit dem Tode. Diese strengen Sitten herrschten aber nur in den grösseren Reichsstädten, wo sie in dem damals so gewaltigen Zunftwesen eine mächtige Stütze fanden. Auf dem Lande, in den zahlreichen Ritterburgen und den Hoflagern der kleinen Fürsten wurde überall ein besonders ausschweifendes Leben geführt. Bei der lange fortbestandenen Sittenreinheit der Deutschen kann es nicht befremden, dass man schon im frühesten Mittelalter in allen deutschen Reichsstädten tolerirte und vollständig privilegirte Bordelle, über deren Geschichte wir noch ausführlicher berichten werden, errichtet hatte; denn in einer Epoche, wo der ausereheliche Beischlaf so sehr verdammt wurde, konnte man nicht umhin die Errichtung von Instituten zu begünstigen, durch welche die Ausbrüche der rohen Sinnlichkeit von den Familien ferne gehalten, und die Concubinate vermieden werden konnten *). Ausser den tolerirten und privilegirten Bordellen gab es noch Bordelle, welche die Municipalitäten errichteten und verpachteten, und solche, mit deren Gefällen ansehnliche Familien belehnt wurden. — In einigen Städten Deutschlands genossen die öffentlichen Mädchen besondere Privilegien, in anderen erhielten sie sogar das Bürgerrecht. Während in Nürnberg die Bordellmädchen eine ehrbare Zunft mit besonderen Rechten und Gebräuchen bildeten und sich z. B. jährlich eine von dem Magistrate beeidigte Bordellkönigin, mit dem Rechte der Verfolgung der Winkeldirnen, wählen durften; — während in einigen Städten die „freien Töchter" das Bürgerrecht erhielten, und bei Rathsmahlzeiten, öffentlichen Bällen, und Hochzeiten mit Blumensträussen erschienen, öffentliche Umzüge halten und einen Gildezwang ausüben durften, wurden sie

---

*) Die Prostitution in Berlin und ihre Opfer. 2. Auflage. Berlin 1846.

in anderen Städten zur Tragung gewisser Abzeichen verhalten, der Beaufsichtigung des Büttels unterworfen, und ihnen der Schindanger als Begräbniss angewiesen.

In die Bordelle durften keine verheirateten Frauen aufgenommen und Ehemännern, Priestern und Juden der Eintritt nicht gestattet werden. Im J. 1406 wurde in Nürnberg ein Jude aus der Stadt vertrieben, weil er sich in ein Frauenhaus eingeschlichen hatte. Das Verhältniss der damaligen Bordellmädchen zu den Wirthen war ungefähr folgendes: die Mädchen konnten die Bordelle verlassen wann sie wollten und hatten dem Wirthe blos die Kost und das Wochengeld zu erlegen; der Wirth durfte ihnen die Kost nicht aufdringen, sie konnten sich selbe auch selbst beschaffen; der Wirth musste die Dirnen freundlich behandeln und keine derselben, besonders während ihrer Periode oder der Schwangerschaft, zur Preisgebung nöthigen. In einigen Städten wurden die Bordellwirthe sogar beeidet, so musste z. B. der Frauenwirth von Würzburg es förmlich eidlich dem Magistrate angeloben: „der Stadt treu und hold zu sein, und Frauen zu werben" *).

Der Genuss der physischen Liebe scheint von der öffentlichen Meinung damals nicht so sehr verpönt gewesen zu sein, wie jetzt.

Den Hoflagern der Könige folgten ganze Schaaren von Freudenmädchen. Bei den Kriegsheeren standen die öffentlichen Mädchen wegen ihrer beträchtlichen Menge sogar unter einem eigenen Commando, in der Person des „Hurenwaibls," dessen Amt sehr ansehnlich und wichtig war **). Die Charge des Hurenwaibls war noch im dreissigjährigen Kriege üblich, er hatte aber damals schon viel an seinem Ansehen verloren, während er früher Obristensrang hatte. Sein Sold war im dreissigjährigen Kriege 1¼ Reichsthaler wöchentlich. — Herzog Alba's Heer hatte auf seinem Zuge nach' den Niederlanden 400 Lustdirnen zu Pferd und 800 zu Fuss in Compagnien eingetheilt und hinter ihren besonderen Fahnen in Reih und Glied geordnet. Jeder von ihnen war nach Verhältniss ihrer

---

*) Curiosität. IX. 401. In Genf wurde die Bordellkönigin von dem Magistrate ebenfalls in Eid und Pflicht genommen.

**) Leonh. Fronsperger's Kriegsbuch I. 87. 6, III. 65. 66.

Schönheit und ihres Anstandes der Rang ihrer Liebhaber bestimmt *). Mehrere Jahre vor der Reformation hatte sich der Verfall der Sitten bereits über ganz Deutschland verbreitet. Luther eiferte mit einer besonderen Heftigkeit gegen die Bordelle **). Man kann es der Reformation nicht absprechen, dass sie der damals so sehr gesunkenen Sittlichkeit nebst Anderem auch durch die Aufhebung des Cölibates wieder einigermassen aufgeholfen hat. Der später ausgebrochene dreissigjährige Krieg zerstörte jedoch wieder die sittlichen Errungenschaften der Reformation, die Unzucht brach von neuem über Deutschland herein, da alle Bande des Gesetzes und der Religion durch ihn zertrümmert wurden. Kaum hatte sich aber Deutschland von den unglückseligen moralischen Folgen dieses Krieges wieder in etwas erholt, so wurde durch das hereinbrechende sittenlose Zeitalter Ludwig XIV. in den deutschen Gauen neuerdings ein Zustand der Unsittlichkeit wachgerufen, der sich von jenem Frankreichs kaum unterschied. Die Winkelprostitution und das Concubinat nahmen in so ausserordentlichen Dimensionen zu, dass der eigentliche Zweck der Bordelle darüber beinahe verloren ging.

Am meisten hatte in Deutschland die Prostitution in Wien um sich gegriffen, es gab daselbst zwar keine privilegirten Bordelle, aber die Zahl der Winkeldirnen war ausserordentlich gross. Nächst Wien eifern gegenwärtig, was die Ausbreitung der Prostitution anbelangt, Berlin und Hamburg um den Vorrang. Ausser Berlin und Hamburg finden sich auch in den meisten an der See liegenden Städten, wie in Königsberg, Bremen, Rostok, Lübeck, Danzig, Stettin u. s. w. Bordelle. Nächst den Seestädten wuchert vorzüglich in den grossen Messplätzen, wie in Leipzig, Frankfurt u. s. w., in den Badeörtern, Universitätsstädten und den Städten mit starken Garnisonen, die Prostitution üppig empor.

Haben auch einzelne Städte Deutschlands, in denen das Panier des Quietismus und des Muckerthumes hochgehalten wird, keine Bordelle, so lässt dennoch in denselben die Prostitution

---

*) Brantome IV. p. 93.
**) Siebenkees, Materialien IV. 594.

wie z. B. in dem frommen München, das seiner Zeit auch privilegirte Bordelle hatte, und gegenwärtig einige geheime beherbergt, an Ausdehnung nichts zu wünschen übrig. Man vergesse es nicht, wo es keine tolerirte, gemassregelte Prostitution gibt, da überfluthet die geheime Prostitution, dieser unergründliche Sündenpfuhl, alle Classen der Gesellschaft. Ueberblickt man die Geschichte der Prostitution von den frühesten Zeiten bis auf unsere Tage, so bemerkt man, dass einzelne Gesetzgeber bei der Erlassung der Prostitutionsgesetze nicht zu selbstständigen und feststehenden Resolutionen gelangen konnten. Wir sehen daher, dass in einem und demselben Staate die Prostitution verboten, tolerirt, wieder verboten, und endlich ganz sich selbst überlassen wurde; — dass man die Prostituirten bald mit den schwersten Strafen belegte, bald unangetastet liess, oder selbst mit besonderen Privilegien regalirte.

Dieses stete Schwanken der Gesetzgeber, welches wir weder als ein Resultat ihrer individuellen Rathlosigkeit noch ihrer Ueberzeugung ansehen können, muss jedenfalls Einflüssen zugeschrieben werden, die als ausserhalb ihrer Persönlichkeit stehend, einen solchen legislatorischen Wirrwar zu Tage förderten. Wo die Gesetzgeber das leibhaftige und reale Wohl ihrer Unterthanen allein im Auge hatten, da war man auch der Tolerirung und Massregelung der Prostitution sicher; wo aber die Gesetzgeber, durch clericale Einflüsse gedrängt, das ideale über das reale Wohl der Unterthanen stellen zu dürfen oder zu müssen geglaubt haben, da konnte die Prostitution und ihre Regelung auch immer eines sie vernichtenden Anathemas gewärtig sein.

Wir bedauern es im Interesse der Menschheit, dass es eine gewisse Partei noch immer nicht begreifen will oder kann, dass durch die schutzzöllnerische Protection der weit gefährlicheren geheimen Prostitution das reale und ideale Wohl der Gesellschaft gleichzeitig, und zwar auf das empfindlichste beschädigt werden!

II.

Zur Geschichte der Prostitution in Wien.

So kärglich auch das Materiale ist, welches über die Geschichte der Prostitution in Wien vorliegt, so wird es daraus doch ersichtlich, dass man sich daselbst schon vor mehreren Jahrhunderten von der Nothwendigkeit einer Regelung der Prostitution überzeugt gehalten hat.

Von den frühesten Zeiten'an bis zum Regierungsantritte des grossen Kaiser Josef wurden zu verschiedenen Zeiten wiederholt verschiedene Mittel zur Regulirung der Prostitution in Wien in Anwendung gebracht, nämlich:

1. materielle, wie die Errichtung von Frauenhäusern;

2. moralische, wie die Gründung eines Büsserinnenhauses,

3. polizeilich-clericale, wie die Errichtung der Keuschheits-Commission.

Ad 1.

Um die Interessen des allgemeinen Gesundheitswohles zu wahren, wurden in dem alten Wien mehrere Frauenhäuser, nämlich: das gemeine, — das vordere — und das hintere Frauenhaus in der Vorstadt und das gemeine Frauenhaus im Innern der Stadt*) errichtet.

Um von der Entstehung und dem Fortbestande dieser Frauenhäuser durch mehrere Jahrhunderte eine richtige Ansicht zu bekommen, muss man sich die damaligen socialen Zustände, besonders aber die frühere Stellung der öffentlichen Mädchen (freie Töchter, fahrende Dirnen, schöne Frauen, allgemeine Weiber, Mitmacherinnen oder Hübschlerinnen) vergegenwärtigen. Schon in dem Stadtrechte Rudolfs- von Habsburg**) für Augsburg (9. März 1276) wird der „Hübschlerinnen" Erwähnung gethan, und aus einer Stelle des Strafgesetzbuches***)

---

*) Wiener Skizzen des Mittelalters von J. E. Schlager, 5 Thl.
**) Hormayr's hist. Taschenbuch v. J. 1836, S. 320.
***) *De communibus muliebribus: „nullum statutum facimus, quia indignum esset ipsius legum laqueis inodare, volumus tamen, ne ab aliquo indebite offendantur sed offensor pro qualitate offensae ad arbitrium judicis et consulum corrigatur."*

desselben Regenten für Wien (20. Juni 1278) *„de communibus muliebribus"* so wie aus der späteren Handfeste Herzog Albrecht II. (13. Juni 1340), welche die lateinische Stelle *) des eben citirten Strafgesetzbuches in deutscher Sprache wiederholt, entnimmt man: dass man die allgemeinen Weiber als eine eigene Classe, die Niemand ungestraft beleidigen durfte, betrachtete."

Nach Aeneas Sylvius sollen im 15. Jahrhunderte schon viele „allgemeine Weiber" bestanden haben, die nach Geusau **) unter König Max I. an der Achsel ein gelbes Tüchlein, eine Hand breit und eine Spanne lang, tragen mussten. Die „freien Töchter" begleiteten bei Feldzügen das Söldnervolk ***), sie verrichteten bei den Empfängen von Notabilitäten gewisse Functionen, brachten in die Volksfeste und Tagesfeiern der damaligen Zeit durch ihre Gegenwart eine animirtere Haltung und wurden bei feierlichen Einzügen, besonders zur damals allgemeinen üblichen Austheilung der Blumensträusse, benützt. Diese Angaben beweisen die Wiener Stadt-Rechnungsprotocolle aus dem Jahre 1438 über die Auslagen bei dem Einzuge Albrecht's II. nach der Krönung zu Prag in Wien †). Im Jahre 1452 bei dem Einzuge König Ladislaus Posthumus in Wien wurden nach einer geschriebenen österreichischen Chronik vom Jahre 1452 ††) vom Bürgermeister und Rathe „freie Töchter" abgeordnet, um den König am Wienerberge zu empfangen. Derselbe Empfang wurde diesem Könige auch in dem Werd (Vorstadt Leopoldstadt), als

---

*) Wir tun auch dehain gepot von den „gemainen Waiben," wan ez wer vnwirdig vnd vezeitlich daz man sew in die pant der ce besluzze. Doch wellen wir, daz si nieman an schulde laydig; Swer sie aber laydigt, den sol der Richter puezzen nach des rates rat." *(Rauch, scriptores rerum Austr. III. 44—45.)*

**) Geusau, Geschichte der Belagerung Wiens durch Mathias Corvinus, pag. 95—96.

***) Königshofer, Chronik, pag. 122.

†) In diesen Protocollen findet sich folgende Stelle: „vmb Wein den gemain Frawen 12 achterin. Item den Frawen die gen den kunig geuarn (gezogen) sind, 12 Achterin Wein pr. 12 dl., facit 1 Pf. 12 dl."

††) *Hist. nova* Nr. 263 in der k. k. Hofbibliothek, enthält folgende Stelle: „Darnach zog er gen Wienn, vnd die gancz Herschaft. Da ward er (Ladislaus) schön empfangen von Armen und Reichen mit Zelt aufgeschlagen, vnd paner an dem Wienerperg, darunter die „schönen Frauen" u. s. w.

er später von Breslau nach Wien zurückkehrte, zu Theil. Die „freien Töchter" mussten zum Empfange durchreisender hoher Häupter stets ihre Wohnungen bereit halten *).

Aus den Wiener Stadtrechnungen des 15. Jahrhunderts ersieht man, dass die hohen Fremden von dem Bürgermeister und Rath in den Localitäten der Bürgerhäuser bei Festen und Tänzen mit „schönen Frauen" regalirt wurden.

Die „gemeinen Frawen" wurden zu der Tanzgruppe am Johann des Täufers Tag um das Sonnenwendfeuer verwendet, wobei ihnen der Bürgermeister und Rath Erfrischungen verabreichen liess; ebenso fungirten sie auch jährlich bei den in Wien abgehaltenen Wettrennen.

Man hatte also damals die „freien Töchter" nicht nur geduldet, sondern sogar bei gewissen Gelegenheiten vorzugsweise zu gewissen Verrichtungen officiell benützt. Ihre derartige Benützung wird nicht überraschen, wenn man bedenkt, dass damals die heftigeren Aeusserungen der physischen Natur des Menschen nach Aussen hin keiner polizeilichen Ueberwachung unterlagen und das Schicklichkeitsgefühl der damaligen Zeit von jenem der heutigen sehr differirte. Unter diesem Hinblick wird es auch nicht auffallen, dass man „autorisirte Frauenhäuser" errichtete. Man autorisirte diese Häuser, weil man durch sie erhebliche Uebel zu vermeiden gedachte. Die Wiener Bürgerschaft war anfangs den Frauenhäusern sehr abhold, dies erhellt aus einer von ihnen bei Gelegenheit der Excesse bei den sogenannten „Weinmeistern" (Kellerschänker) dem Stadtrathe (1403) überreichten Beschwerdeschrift, in Folge deren die Weinmeister-Zeche aufgehoben und verordnet wurde, „dass die freien Töchter" ihr Geld nicht in den Weinkellern, sondern vor denselben vertrinken sollten. Noch während der Autonomie des

---

*) Aehnliche Vorkommnisse berichtet Wurmbrand in seinen *Collectaneis genealogicis*, Wien 1705, p. 65, von Neapel, als die österreichische Gesandtschaft im Jahre 1450 zur Empfangnahme der Braut König Friedrich IV. nach Portugal abgesendet wurde: „In allen Städten und Kastellen waren die Thor an den Häusern offen, Streu und Heu alles zugericht, was jeder haben wollt, das gab man ihm, die Frawen im Frawenhaus, die waren all bestellt, durft kheine khain Pfennig nicht nemen, schnittens nur auf ein Rabisch, da fandt ainer Mörin (Mohrinnen) und sonst schöne Frawen, was ain Lustet."

Stadtrathes bestimmten die Zechordnungen des 14. und 15. Jahrhunderts: „dass keiner der hier zum Meister werden will, in der
„Unehe" sitzen darf*). Die Bäckerzeche wollte sogar beim
Stadtrathe (1429) ein Gesetz durchführen, nach welchem es den
Meistern oder Knechten verboten sein sollte, sich eine freie Tochter
zum Weibe zu nehmen. Der Stadtrath wies aber dieses Gesuch
ab, einmal, weil Alles, was auf die Kannschaft (Ehe) sich
bezöge, die Geistlichkeit kümmere und weil er ferners den freien
Töchtern die Rückkehr zu einem moralischen Leben nicht ver-
sperren wolle.

Das damalige geistliche und weltlich-landfürstliche Lehensband zusammt den Abgaben, welche die Frauenhäuser, wie
anderwärts so auch in Wien, an die Kammern leisten mussten,
machte einen sehr unangenehmen Eindruck. Dieses anscheinend
zweideutige Lehensverhältniss für die beiden Frauenhäuser Wiens
fusste aber zumeist auf der Qualität des Territoriums, denn ihre
Bestimmung und ihre Befugnisse bedingten den Kern des Lehens
nicht. Einige Vorstadtgründe Wiens verblieben nämlich länger
als andere ein landesfürstliches Dominical-Eigenthum,
auf dem sich jedoch einzelne Liegenschaften mit Lehenseigenschaft befanden, während wieder jene anderer Vorstädte entweder
ein freies Eigenthum der Stadt oder einzelner Privatpersonen
waren. Die Leopoldstadt (der untere Werd) z. B. als alte Baben-
berger Jagdinsel trug dieses Lehensband bis zum Jahre 1369. —
Die Fläche vor dem Widmerthore (früher Pfeiler- oder Peyrer-
thor) Wiens, auf der Herzog Leopold der Glorreiche zu
Ende des 13. Jahrhunderts seine Burg erbaute, enthielt gleichfalls mehrere herzogliche Lehengüter. Diese Fläche, auf der
mehrere Häuser, Höfe, Stadeln und Gärten sich befanden, hatte
im 14. und 15. Jahrhundert den Namen: „Wyden" und „Neu-
stifft," später den „an der Wien." Auf diesem herzoglichen
Grunde lagen auch die zwei gemeinen Frauenhäuser als zu-
fälliges Lehen des Herzogs.

Diese eigenthümlichen Territorial-Verhältnisse, sowie einzelne unbedeutende Burgrechte, wie z. B. jenes in Wien vom

---

*) Badner Artikel v. Jahre 1421 und gleichzeitiger Stadtarchivs-Codex ohne
Zahl v. J. 1421.

tiefen Graben, erklären diese so anstössig geschienenen Lehens-
verbände, die bischöflichen Lehensverleihungen zu Mainz und
Würzburg und die Rente der päpstlichen Kammer.

Nur der Zäheit, mit der man am alten Lehensbande sammt
seiner Militärpflicht und den Kameral-Abgaben festhielt, kann
der bis in die Mitte des 16. Jahrhunderts angedauerte Bestand
der Frauenhäuser zugeschrieben werden. Ausser den beiden mit
Lehensband und Abgaben beschwerten Frauenhäusern vor dem
Widmerthore gab es noch ein drittes im Innern der Stadt (das
gemeine Frauenhaus im tiefen Graben), welches aber ohne
Lehensband und Abgaben seine Existenz fristete. Die beiden
Vorstadtbordelle wurden früher aufgehoben als das Stadtbordell.

Obgleich die unter Maximilian I. angeregten wissenschaftlichen Bestrebungen den ästhetischen Sinn der höheren Classen
der Gesellschaft anregten, so waren deren Resultate doch noch
zu wenig in die unteren Volksclassen gedrungen, als dass sich
diese sogleich zum Aufgeben ihrer alten Vorrechte herbeigelassen
hätten. Auch die Stadtkammern selbst zeigten keine Lust, ein
ihnen zukommendes tägliches gutes Einkommen aufzugeben.

Die inzwischen aufgetretene Reformation, die Bildung von
unterdrückenden und unterdrückten Classen, deren letztere für
ihr Eigenthum, ihre Sesshaftigkeit, Zuständigkeit, ja selbst für
ihr Leben des landesfürstlichen Schutzes benöthigten, ermög-
lichten es endlich, dass man Jahrhunderte alte Vorrechte und
Privilegien für den Schutz von Gut und Blut, wenngleich mit
Widerstreben, hinopferte. Der Reformation, obgleich ihr die
Abschwächung des Volkswillens und der Volkskraft zugeschrieben werden muss, verdankte man doch schliesslich eine feste
Basis für die landesfürstliche Sittenpolizei, wodurch den früher
unberücksichtigten Reichsabschieden ein sittenpolizeilicher Charakter verliehen wurde.

Die erste Anfechtung gegen den ferneren Bestand der
Frauenhäuser Wiens ging von der, von Carl V. auf dem Augs-
burger-Reichstag (1530) erlassenen „Ordnung und Reformation
guter Polizei" aus, in deren XXXIII. Artikel es heisst: „es wird
die leichtfertige Beiwohnung abgestellt, und deren
Bestrafung von dem Reichsoberhaupte allenthalben
angeordnet."

In der „Reform guter Polizei" vom Jahre 1530, Art. XX: „Von den gemeinen und unehelichen Weibern" heisst es: „Nachdem auch aus dem viel Aergerniss im heiligen römischen Reiche entsteht, dass die gemeinen und unehelichen Weiber Seiden, Gold, Silber und andere zierliche Kleidung tragen, davon manch' from Weib und Tochter verleytet wird, auch dadurch unter Erbaren und Unerbaren kein Unterschied zu erkennen, Gebieten wir ernstlich und wollen, dass die unehelichen Weiber kein hochzeitlich Kleid oder Geschmuck und verbrämtes Kleid oder guldenen Schleier, sondern eine jede derselben sich nach des Landes Gebrauch tragen soll, darauf die Obrigkeit sondern Acht haben und nicht gedulden soll."

Bis auf Ferdinand I. wurden nach den österreichischen landesfürstlichen Gesetzen nur besondere Gewaltthaten an dem weiblichen Geschlechte, als: der Ehebruch und die Verführung einer Hausgenossin bestraft, alle übrigen Uebertretungen gegen die Sittlichkeit aber, wie die gewöhnliche Unzucht, Gotteslästerung, Völlerei, Trunkenheit, der Aufwand, hohes Spiel u. s. w. durch geistliche Richter nach den Kirchengeboten geahndet.

Nachdem aber nach der Reformation die katholische Geistlichkeit selbst den Schutz der Regenten anzusuchen bemüssigt war, fiel die Regelung der gesammten Sittenpolizei in die Hände der letzteren.

Obgleich Ferdinand I. in seinen Patenten vom Jahre 1527 und 1528 strenge gegen die Prostitution auftrat, bewies er doch bei seiner „Reform der Sitten," wie dies aus den Polizeiordnungen der Jahre 1524, 1543 und 1552 zu ersehen, eine grosse Mässigung. Aus den in den Jahren 1524, 1543 und 1552 erlassenen Polizeiordnungen entstand im Jahre 1576 das „städtische Polizeiamt" auf dem Rathhause, dem die Jurisdiction über die leichtfertigen Weibsbilder überantwortet wurde.

Unter Ferdinand I. (1521) wurde der bacchantische Tanz, den die Handwerksgesellen mit den blumenbekränzten freien Töchtern am Abend vor dem Tage Johannes des Täufers um die Feuer auf den Plätzen der Stadt aufführten, durch die Handwerkspolizeiordnung vom Jahre 1524 abgeschafft. Schon bei seinem Einzuge am 25. August 1522 in Wien erschienen die

freien Töchter mit ihren Blumen und Sträussen nicht mehr, sondern 300 festlich geschmückte Bürgerknaben; auch wurde das
alte Vorrecht der freien Töchter, alljährlich am Katharinen- und
Maria-Himmelfahrtstage nach St. Marcus um die Wette laufen zu
dürfen, bei Gelegenheit des Scharlachrennens im Jahre 1534
beseitigt.

Die Frawenhäuser in der Vorstadt.

Die erste urkundliche Erwähnung des gemeinen Frauen-
hauses in Wien findet sich in dem Freibriefe, welchen Herzog
Albrecht III. von Oesterreich im Jahre 1384 dem Hause der
Büsserinnen zu St. Jeronime in Wien ertheilte *). Nach diesem
Briefe befreite Albrecht das Haus der Büsserinnen zu Wien, in
das sich die freien Töchter aus dem offenen Frauenhause
begaben, von allen Steuern, Auslagen u. s. w. Eine zweite
Andeutung über dieses Haus findet sich in dem Lehensbrief
Herzog Albrecht's IV. vom Jahre 1395, in welchem er seinem
Kammermeister Hanns Rückendorfer das Kampfschildamt
in Oesterreich und alle anderen Güter, die ihm ledig worden
sind von Bernhard Weitra, das gemeine Frawenhaus zu
Wien ausgenommen, verlieh. Bis um diese Zeit kann man aus
den Urkunden nur die Existenz des offenen oder gemeinen Frauenhauses, dessen Lehensträger Bernhard Weitra war, constatiren.
Es scheint auch damals das einzige gewesen zu sein, denn hätte
es deren mehrere gegeben, so würde man derselben in dem
Lehensbriefe vom Jahre 1395 sicher erwähnt haben.

Kurze Zeit nach dem Erlasse des Lehensbriefes für das
gemeine Frauenhaus (Jahr 1395) entstanden ·das hintere und
vordere Frauenhaus. Diese beiden Frauenhäuser befanden sich
vor dem Widmerthore oben „am Gries", an der Stelle des heutigen k. k. priv. Theaters an der Wien; sie erstreckten sich sammt
ihrem Zugehör bis zu den Hügeln der Laimgrube und hinter das
St. Martinsspital. Das Widmerthor befand sich in der Nähe des
Josefsplatzes. Unter dem „Gries" verstand man die ungeregelten, breiten und sandigen Ufer, zwischen denen ehemals die
Wien ihr Flussbeet inmitten von Weingartenland bis gegen das
Kärnthnerthor ausbreitete.

*) Ogesser, Beschreibung des Stefansthurmes. Wien 1779. Urkunde B XIV.

Ueber die Existenz dieser beiden Frauenhäuser liegen mehrere Urkunden vor. Agnes, des Wiener Bürgers Thomas Freudensprung's Gemalin, gab nämlich in ihrer letztwilligen Anordnung, Montag vor St. Simons- und St. Judastag anno 1410 kund: „Item so bleibt mir schuldig die Frawenmeisterin in dem vorderen Haus ij Pfund Denar myne iiij gross" (Stadtgeschäftsbuch II p. 208). Nach der am Ende abgedruckten Urkunde verkauft ferner im Jahre 1415 der Harnaschmeister Herzog Albrechts V., Oswald der Ingelstätter, Konraden dem Poppenberger „das hintere Frauenhaus vorm Widmerthor hie ze Wien hinder sand Merten Kirchen, mit seiner Zugehörung, das Lehn get von Herzog Albrechten, um 240 Pfd. etl."

Im Jahre 1415 fertigte Albrecht V. einen Lehensbrief über dieses hindere Frawenhaus „vnserer Lehnschaft" an Konrad dem Poppenberger aus. Bürgermeister und Rath von Wien kauften später (1425) dem Poppenberger dieses Haus ab.

Nach der Wiener Schergenordnung vom Jahre 1428 (Eisenbuch des Stadtrathes) kaufte der Stadtrath dieses Haus, um aus dessen Einkünften den Decopschergen und Heher (Henker) bezahlen zu können, und um „das unpillich absammen vnd abnemen so der Decopschergen der Heher langzeit her auf den Pleczen und Merkten Wiens an den Markchttegen, und zu andere Zeiten getan, ze beseitigen."

In einer Urkunde des Herzogs Albrecht vom Jahre 1435 erscheinen als Lehensmänner des hinteren Frauenhauses die Bürger Wiens und das St. Martins-Spital; — als Lehensmänner des vorderen Frauenhauses, Paul Thürhüter der Herzogin Elisabeth und Linhard der Finsterl, Diener des Erzherzogs Friedrich, nachherigen römischen Kaisers. Nach dieser Urkunde wurde der Hofmarschall gleichzeitig benachrichtigt, dass künftig diesen beiden Bürgern das Recht zustehen solle, in diesen Frauenhäusern die „Frauenmaisterinen" anzustellen und abzusetzen; während es früher von dem Oberstmarschallamte ausgeübt wurde.

Im Jahre 1436 scheint das vordere Frauenhaus nicht mehr bestanden zu haben, denn in den pro 1436 an die beiden Häuser notirten Geschenken an Sammt geschieht des vorderen Frauenhauses zum letztenmale Erwähnung, während in den

Rechnungen pro 1486—1501 noch vom hinteren Frauenhaus Conti erscheinen.

Nach den Wiener Stadtrechnungen mussten die Frauenmeisterinnen, wie bei den Frauenhäusern anderer Städte, gleichfalls einen Pachtzins an das städtische Aerar entrichten, welcher zur Behandlung erkrankter freier Töchter verwendet wurde. Da die „Wiener Frauenhausordnung" leider abhanden gekommen, ist es ungewiss, ob der Bürgermeister und Rath von Wien auf die Frauenhäuser einen Einfluss genommen haben. Ursprünglich wurde der Pachtzins (einen Schilling für die Woche) für den Decopschergen und Heher, vom Jahre 1456 an für den Wirth im Decopshaus (Untersuchungsgefängniss) in der Himmelpfortgasse verwendet. Für die Antlazwoche (Charwoche) wurden die Schergen, und später auch der Wirth des Gefangenhauses aus den Stadtrenten entschädigt, wie dies aus der jährlichen Ausgaben-Rubrik „Item für das Frawenhaus dem Scherigen in der Antlazwoche 1 Pfd. 30 dl." erhellt. Man gab diese Entschädigung für die Dauer der Antlazwoche (so benannt von dem Antlaztage d. i. dem grünen Donnerstage), weil in dieser Woche die Männer in das Frauenhaus nicht eintreten durften, wodurch die freien Töchter und die Wirthin des Frauenhauses um ihren Verdienst kamen. Im Jahre 1487 war das Frauenhaus auch eine Woche vor und nach der Charwoche geschlossen.

Im Jahre 1485, bei der Belagerung Wiens durch Mathias Corvinus war das Frauenhaus, wegen der Flucht seiner Bewohnerinnen in die Stadt, durch 29 Wochen gesperrt. In der Ausgaben-Rubrik der Stadtrechnung pro 1501 findet man Auslagen für Bauten an dem hinteren Frawenhaus, ein Beweis, dass das hintere Frauenhaus noch unter Max I. bestanden hatte. Unter den verschiedenen Auslagen für die Frauenhäuser sind einige von historischem Interesse. Im Jahre 1436 wurden den beiden Häusern von dem Magistrate 10 ellen Sammed pr. 5 Pfd. geschenkt, damit bei dem Besuche, den Kaiser Sigmund mit dem König von Bosnien seinem Schwiegersohne, Herzog Albrecht V. im Jahre 1435 in Wien abstattete, zu dessen Ehrung die Frauen des vorderen und hinteren Frawenhauses am Widmerthore mit gleichen Sammtkleidungen ausstaffirt wurden.

Ueber das hintere Frauenhaus hatte der Scharfrichter oder

der Scherge keine Aufsicht, denn es heisst in dem Wiener Eisenbuch Nr. 1. Fol. 49: „Sy sollen in dem hinteren Frawenhaws
nichts zepieten (gebieten) noch zu schaffen haben u. s. w." Nach
einem Schreiben Kaiser Friedrich's vom Jahre 1441 von der
Neustadt an den Bürgermeister und Rath von Wien geht hervor,
dass in dem städtischen Frauenhause, die Stelle der „Frawen-
maisterin," — und aus einem zweiten vom Jahre 1476 jene
eines „Frawenrichters" ursprünglich durch das österr. herzogl.
Hofmarschallamt besetzt wurden. Der Frawenrichter des Frauenhauses war somit ein Hofbeamter, wesshalb er auch nur der Hofjurisdiction unterstand, sowie auch die freien Töchter einen privilegirten Gerichtsstand hatten. Nach einem in der Hofbibliothek
aufbewahrten Schreiben des österr. Landmarschalls von Puchen-
haim an den Ritter Pollenbrunner, vom 19. Juni 1442, betrachtete sich das österr. Hofmarschallamt als „Vogt des Frauenhauses." Bei der Zerstörung der Vorstadthäuser Wiens durch
die Türken im Jahre 1529 wurde nach Hammer-Purgstall's
„Geschichte der Belagerung Wiens" auch das hintere Frauenhaus vor dem Widmerthor vernichtet.

Das gemayne Frawenhaus in der Stadt.

Im Jahre 1529 findet man in den Stadtacten Wiens zum
erstenmale eine Erwähnung von einem „Frauenhause im Innern der Stadt." Die städtischen Rechnungs-Rubriken über
dieses im Inneren des Stadtburgfriedens gelegene Haus sind
sehr spärlich, auch findet man in den Acten keine Urkunde über
dessen Ankauf, Lehenseigenschaft oder Hofjurisdiction. Ausser
der Bezahlung eines jährlichen Dienstes an das Nonnenkloster
St. Lorenz am alten Fleischmarkte (1533), liegt in den Stadtrechnungen nichts vor, was den Fortbestand dieses Frauenhauses
durch 8 Jahre von 1529 an, und die Eigenthumsrechte des Stadtrathes über dasselbe darthun könnte. In den späteren Rechnungen erscheint dieser Betrag bis zum Jahre 1538 bald als von dem
Frauenhause im Elend, — bald als von dem gemeinen Frauenhause entrichtet. Im Jahre 1539 heisst es zum erstenmale:
„von gemainer Statt newen Traidkasten im Ellendt an der hohen
Pruggen (dieses Haus reicht vom tiefen Graben auf die hohe

Brücke, gehört zum Schottengrundbuche und war ein Theil des gegenwärtig mit der Conscriptionszahl 227 bezeichneten Gebäudes) so zuvor ein offenes Frawenhaus gewesen", den Burgrechtszins an die Schwestern von St. Lorenz von 9 β 18 dl. Dass das „gemayne Frawenhaus" das letzte gemeine Frauenhaus in Wien war, und dieses Institut nicht etwa aus dem Getreidekasten anderswohin verlegt wurde, ersieht man aus einem Gesuch des Stadtrichters Hermann Schallauzer (Jahr 1548) um Entlastung seines Rechnungsdeficites von 1200 fl., das er nebst anderem dadurch motivirte, dass er bei diesem Amte jährlich bei 500 fl. weniger als sein Vorgänger eingenommen habe, welche dieser, zur Zeit als das Frauenhaus noch gewesen, jährlich an Strafgeldern von den in selben betrettenen Ehemännern eingenommen hatte. Diese Geldstrafe wurde erst unter Ferdinand I. ausgesprochen und gab dieselbe den ersten Impuls zur Aufhebung der Frauenhäuser.

Ad 2.

Um die sittliche Rehabilitation gefallener Mädchen, welche sich einem besseren Lebenswandel zuwenden wollten, zu ermöglichen, wurde in Wien eine Anstalt gegründet, die unter dem Namen „das Haus der Büsserinnen" bekannt war.

Das Haus der Büsserinnen in Wien.

Nach Hormayr besass Wien schon vor 500 Jahren ein sogenanntes „Haus der Büsserinnen." Am 24. Februar 1483 bewilligte Herzog Albrecht dem in der Singerstrasse durch fromme Spenden mehrerer reichen frommen Rathsglieder neu erstandenen Kloster der Büsserinnen unter Anderem in einem Briefe, „dass dieses Haus und Stift für die armen freien Frauen, die sich aus den offenen Frauenhäusern, oder sonst vom sündigen Unleben zur Busse und zu Gott wenden, ewige und gänzliche Freiung habe von aller Steuer, Mauth, Zoll und Lehen. Er setzte sich selbst und darauf den Bürgermeister von Wien und einen Officialen zu Vögten, befahl sie mit einem frommen Manne, oder, so man diesen nicht haben möchte, mit einer frommen Frau als Verweserin zu versehen, erlaubte ihnen in der Klause jede Beschäftigung ausser Gastgeben, Weinschank, oder Kaufmannschaft. Welche von diesen Frauen ein Mann zum Weibe nehmen wollte, der soll es thun, unbeschadet seiner Ehre, seines Ansehens, seiner Rechte in der Zeche oder Zunft, ausser er hätte die Frau noch in ihrem freien Leben zur Heirat genommen. Wer diese Frau schmäht oder betrübt, kann darob an Leib und Gut bestraft werden.

Fiel eine von ihnen in's alte Leben zurück, so ward sie in der Donau ertränkt."

F. Gassler*) führte in einer „Skizze von Wien" aus einer 300jährigen Handschrift Alberts von Bonstetten (dessen österr. Chronik lateinisch 1491, 9 Cap.) folgende auf dieses Haus Bezug nehmende Stelle an: „Allda ist ain Kloster zu St. Iheronimen (von Herzog Alberth V. gestiftet) gehaissen, darinn entpfacht man allain bekertte offene Dirnen, die tag und nacht In tütscher Zungen Ir Lobgesang verbringen und wo der aine widromb In sünd fiele und das vsskündig wurd die In der tunow ertrenket, aber si füren ain hailig schamig leben vnd wirt selten böses vssgehört gan von Irem mund."

Der Papst Aeneas Sylvius sagt von diesem Kloster in seiner Beschreibung Wiens (Jahr 1450): „Auch ein Kloster zu St. Hieronymus ist hier. In dieses werden die Frauenzimmer aufgenommen, die vom Sündenleben sich zu Gott wenden wollen. Sie singen Tag und Nacht Hymnen in deutscher Zunge, fällt eine von ihnen wieder in den vorigen Wandel zurück, so wird sie in die Donau gestürzt."

Nach der Reformation stand dieses Kloster beinahe leer, die letzte Priorin kam, trotz der Drohung des Ertränkens, ihres eigenen Wandels und der Stiftsgüter wegen in eine strenge Untersuchung und das Klostergebäude wurde den P. P. Franziskanern eingeräumt **). Mit der Aufhebung des vorderen und hinteren Frauenhauses in der Vorstadt, des gemeinen Frauenhauses und des Hauses der Büsserinnen im Innern der Stadt (1501), hatte auch die, wenngleich noch einseitig in Angriff genommene Regulirung der Prostitution Wiens ihr Ende erreicht.

---

*) F. Gassler's Beiträge zur deutschen Sittengeschichte des Mittelalters. Wien 1790.

**) Hormayr, wie oben, IX, 131. X, 244. XII, 16.

Ad 3.

Um die ausserehelichen Befriedigungen des Geschlechtstriebes der Einwohner Wiens nachhaltig überwachen zu können,
wurde die sogenannte „Keuschheïtscommission" errichtet.

Die Keuschheits-Commission.

Unter der höchstseligen Kaiserin Maria Theresia, der es
gewiss Ernst war, Frömmigkeit und gute Sitten in ihrem Lande
zu verbreiten, wurde von einer gewissen Seite zur Regelung oder
vielmehr zur Ausrottung der Prostitution die Errichtung einer
eigenen „Keuschheitscommission" anempfohlen und dieselbe
auch errichtet. Man hätte es schon im Voraus ermessen können,
dass man mit der Errichtung dieser Commission verunglücken
werde, weil, in so lange die Menschen Menschen bleiben und
keine Engel werden, die Vernichtung eines ihrer gewaltigsten
Triebe, nämlich des Geschlechtstriebes, immer eine Chimäre verbleiben wird. Die fortschreitende Civilisation wird selbstverständlich die Prostitution allmälig in gefälligere Formen hüllen, aber
nur mit dem Untergange der Welt wird sie vom Erdballe vertilgt
werden können.

Nicolai*) äusserte sich über die Keuschheitscommission
folgendermassen: „durch die in keiner Stadt der Welt ausser in
Wien bestandene Keuschheitscommission wollte man die Moralität einer grossen volkreichen Stadt verbessern, aber man konnte
von ihr wohl das sagen, was Göthe von der Moral sagte:

„Sie ist wie Schwefel bei den Weinen,

verdirbt sie zwar, doch macht sie besser scheinen."

„Diese Commission machte viele Heuchler und artete nebstbei in die gemeinste Beutelschneiderei aus, indem ihre Spione
gewisse Leute anklagten oder anzuklagen drohten, damit sie sich
mit Geld loskaufen sollten, wobei man oft Schuldige durchwischen
liess, weil sie gut gezahlt hatten. Die Ausschweifungen aber
wurden durch diese Commission nicht vermindert. Es
ist zu staunen, dass Herr von Sonnenfels**) diese unnatür-

---

*) Nicolai Beschreibung einer Reise durch Deutschland und die Schweiz im
Jahre 1781. Berlin und Stettin 1784. 3 Bde.

**) Grundsätze der Polizeiwissenschaft. 1. Bd. § 144, S. 125.

liche Sittencommission anempfahl und den Ausspruch machte: „Die Sittencommission sollte die Laster ausspähen." — Nie und nimmermehr kann eine solche niedrige Inquisition den moralischen Charakter einer Nation verbessern, allerdings aber wird sie dem Muckerthume jeglichen Vorschub leisten. Es ist Sache der Regierung die Ursachen der Laster zu erforschen und auf Mittel zu denken, wie selbes durch moralische Verbesserungen, aber nicht allein durch Strafgesetze gehoben werden könne. Aber soweit hat man nicht in allen Ländern Lust die Untersuchungen zu treiben, weil dabei viele Dinge an das Tageslicht treten würden, die man lieber mit der Finsterniss der Nacht bedeckt. Ein Edickt ist geschwind ausgeheckt, eine Hausuntersuchung bald vollzogen, eine Gefängnisstrafe mit Leichtigkeit dictirt, dies alles fällt wohl immer stark in die Augen, hilft aber schliesslich doch nichts." — Eine periodische Schrift: „über Empfindelei, Kraftgenies u. s. w." [*]) enthält über die Keuschheitscommission folgende Stelle: „Ich verabscheue eine Obrigkeit, die Nachts in meine Wohnung dringt, um zu sehen, ob ich schlafe oder wider das sechste Gebot sündige."

„Diese Keuschheits-Commission," sagt Nicolai [**]) weiter, „hatte eine Menge von Kundschaftern und Angebern aufgestellt. Man drang bei Tag und Nacht in die Häuser und ihre Geheimnisse. Man durchsuchte die Zimmer, eröffnete auf blossen Verdacht oder die Anzeige einer Buhlerin oder eines Commissärs Schreibtische, man setzte die Ruhe und das Glück der Familien auf's Spiel. Beschuldigte Männer wurden um grosse Geldsummen gestraft und verloren unwiederbringlich die Gnade der Kaiserin, wenn diese Beschuldigungen an das Ohr der grossen Monarchin drangen. Beschuldigte Ehefrauen und unbedachtsame Mädchen, die vielleicht mehr zu bedauern als anzuklagen gewesen wären, wurden auf einseitige Berichte unvermuthet mehrere Jahre in's Kloster gesperrt, wodurch zwar ihre Ehre öffentlich gekränkt, aber ihre Moralität sicher nicht verbessert wurde."

„Als der Prater geöffnet wurde, liess man die dichten Büsche aushauen, und dieser Ort des Vergnügens füllte sich mit Rumor-

---

*) Dessau und Leipzig. 1738. 81. Heft, S. 51.
**) Nicolai, wie oben.

knechten und Spionen der Keuschheitscommission, die dort auf einzelne Paare lauerten, sie mit harten Worten anfuhren, oder gar auf die Wache schleppten, wo sie sich mit Geld loskaufen mussten. Einige der Keuschheitsspione standen mit den Nymphen sogar in vertragsmässigen Verbindungen, sie lockten junge Leute in ihre Häuser und liessen sie dann über getroffene Verabredung von den Mouches *in flagranti* überfallen. Der junge Mensch musste sich nun, um nicht vor die Commission geführt zu werden, rein ausplündern lassen, worauf der Mouche und die Nymphe die Beute heimlich unter sich theilten. Man glaubte auch damals noch ein wirksames Mittel zur Unterdrückung der Prostitution und der Kindermorde darin gefunden zu haben, dass man die jungen Leute, die von den Mädchen als Väter angegeben wurden, stehenden Fusses vor dem Consistorium mit denselben verehelichte, eine Manipulation, durch welche die Prostitution nicht gehemmt, aber die Ehebrüche vermehrt wurden."

„Was geschah? Inmitten der Vollziehung dieser harten Massregeln griff die Prostitution immer mehr um sich, denn dieser Commission zum Trotze wurden zahlreiche Maitressen ausgehalten, Schauspielerinnen und Tänzerinnen knüpften mit Männern aus den höchsten Ständen Liebeshändel an, setzten für ihre Buhlereien hohe Preise fest, liessen ihren Begierden freien Lauf, gingen durch mehrere Hände, wurden bisweilen verheiratet und wurden sie verwiesen, so gingen sie mit ihren erbuhlten Capitalien weiter; wie die erste Schauspielerin des französischen Theaters, die Beaubourg, die italienische Sängerin Ricci und die Tänzerin Vigano, die sogar 60,000 fl. dafür einstrich, dass sie von einem gemachten Heiratsversprechen mit einem vornehmen Herrn Abstand nahm. An die Stelle der verwiesenen Buhlerinnen kamen wieder neue, was durch die Abwechslung den Männern nur wieder einen neuen Reiz gewährte. Ohnerachtet des Bestandes dieser Commission schätzte man die Zahl der gemeinen öffentlichen Mädchen auf 10.000 und jene der vornehmen auf 4000. Die eingezogenen Freudenmädchen wurden entweder als Krankenwärterin in die Spitäler gesteckt, auf die Schranne geführt oder durch den Schub aus der Stadt geschafft."

Zahlreiche interessante Anekdoten über diese Commission

findet man in den „Denkwürdigkeiten von Wien" (Heinrich Lionel und Herrn von Visp 1777).

Wir sehen hieraus, dass unter der Kaiserin Maria Theresia die Ausschreitungen der Prostitution in Wien einen hohen Grad erreicht haben mussten, weil man sich bemüssiget glaubte, mit den strengsten Repressivgesetzen gegen sie vorzugehen. Leider hat man sich in Sachen der Prostitution damals an einen Stand gewendet, der, nach seiner Stellung und den von ihm unmassgeblich zu verfechtenden Principien, weder für die Prostitution noch für ihre Regelung seine Stimme erheben konnte, sondern vielmehr verpflichtet war, wie immer, über diese sociale Anomalie ein vernichtendes Anathema auszusprechen. Man hatte darin gefehlt, dass man das Forum, vor welchem die Prostitutionsfrage hätte verhandelt werden sollen, falsch gegriffen, die Polizei nur zum Diener seiner Befehle erniedrigt und der Berathung der Aerzte sich ganz und gar entschlagen hatte.

Nach dem Regierungsantritte Kaiser Josef's wurde die Keuschheitscommission alsogleich beseitiget, die bestandenen Strafen gegen die Prostitution wie: das Gassenkehren, die Anlegung von Ketten, das Abschneiden der Kopfhaare, das Tragen der grauen Sträflingskleider und des grauen Hutes abgeschafft, aber die über die gewerbliche Unzucht im Strafgesetze vorgesehenen Bestimmungen aufrecht erhalten. — Als die Polizei dem Kaiser vorschlug, Bordelle anzulegen, soll er folgende Antwort gegeben haben: „Die Wollust wird in Wien ohnedem schon (!) in allen Ständen so unregelmässig betrieben, dass ich es für unnöthig halte, eigene Ableiter für dieselbe anzulegen." *)

Noch unter Josef's Zeiten durften die Freudenmädchen im Burg- und Kärnthnerthor-Theater nicht erscheinen und nicht in auffälliger Weise entblösst herumgehen, weil sie sonst von der ehrbaren Classe der Bevölkerung öffentlich beschimpft oder misshandelt worden wären.

Von Kaiser Josef an bis auf unsere Zeit wurden weiters keine bemerkenswerthen Massregeln zur Regulirung der Prostitution getroffen. Die Prostitution ist in Oesterreich

---

*) Wien und Berlin, eine Parallele. Amsterdam und Cöln 1808.

bis zur Stunde noch immer nicht tolerirt und die ganze Thätigkeit der Administration gegenüber dieser so folgenreichen socialen Anomalie beschränkt sich einzig und allein auf die Handhabung des §. 509 des allgemeinen österreichischen Strafgesetzes.

Allerdings wurde unter den späteren Regenten mehrere Malen von der medicinischen Facultät und den Stadtphysikern Wiens auf Grundlage umfassender Studien, geeigneten Orts die Regelung der Prostitution befürwortet und daselbst verschiedene dahin abzielende Projecte unterbreitet, dieselben aber immer *ad acta* gelegt. *Hinc illae lacrymae!* — Während der Amtirung des Wiener Polizei-Directors, des Herrn Hofrathes von Noé, wurde von einem Privaten, dem bekannten Herrn Daum, Besitzer des Hôtels Wandl im Innern der Stadt (am Peter), die Umgestaltung desselben zu einem Bordell vorgeschlagen, dieses Project vom Wiener Gemeinderathe berathen, aber schliesslich von ihm ebenfalls *ad acta* gelegt. Es ist ungewiss, ob zu dem Fallenlassen dieses so zeitgemässen Vorschlages eine ungenügende Motivirung desselben, oder der Einfluss einer damals allgewaltigen Partei die Veranlassung gab; gewiss ist es aber, dass von dieser Zeit an über ein Decennium weitere Berathungen über die Mittel zur Regelung der Prostitution unter die *pia desideria* gezählt werden müssen.

Inzwischen brach sich die Neugestaltung Oesterreichs Bahn, und man vermeinte bei der anzuhoffenden völligen Umgestaltung aller Institutionen endlich auch auf dem Felde der Prostitution eine zeitgemässe Massregelung erwarten zu dürfen, wodurch jene beklagenswerthe Zwittersituation der Prostituirten, die sie immer zwischen gesetzlicher Strafe und Duldung schweben lässt, beseitigt werden würde.

Nach den Versicherungen der Wiener Journalistik sollten auch wirklich vor längerer Zeit in massgebenden Kreisen Stimmen laut geworden sein, die da ein bereits fertiges und nur noch der Sanction zu unterbreitendes Prostitutionsgesetz verkündeten. Nachdem aber nach Ablauf mehrerer Jahre diese prunkenden Annoncen sich als illusorische repräsentirten, so dürften wahrscheinlich gewisse Einflüsse zur Beibehaltung des *Status quo* das ihrige beigetragen haben.

Nachdem es aber nach verlässlichen statistischen Erhebungen festgestellt worden war, dass inzwischen die Prostitution riesige Dimensionen angenommen hat und die Bevölkerung nahezu mit Ungestüm nach einer Regelung derselben begehrte, übernahm es die Journalistik mit dem lobenswerthesten Freimuthe, der öffentlichen Meinung in dieser Richtung Geltung zu verschaffen. Mehrere periodische Zeitschriften und Tagesblätter, wie die medicinische Wochenschrift *), die Glocke **), die Vorstadt-Zeitung und die Morgenpost ***) haben in kurzen Zwischenräumen gediegene Artikel über die Nothwendigkeit der Regelung des Prostitutionswesens, namentlich jener durch die Errichtung von Bordellen gebracht.

Angeregt durch die veröffentlichten zahlreichen Journalartikel und das Abverlangen eines Gutachtens über die Regelung der Prostitution von Seiten des Wiener Gemeinderathes, haben sich schliesslich auch wissenschaftliche Körperschaften, wie das Professoren- und Doctoren-Collegium der medicinischen Facultät in der Letztzeit mit der Erörterung der Prostitutionsfrage, auf welche wir im Verlaufe dieser Schrift noch zurückkommen werden, mit mehr oder weniger praktischerem Tacte beschäftiget. Dass ohnerachtet der so vielseitigen Bestrebungen bis zur Stunde von Seiten der Polizei noch immer keine Massregeln ergriffen wurden um die Prostitution in Wien zu regeln, befremdet um so mehr, als laut eines Ministerial-Erlasses vom 30. December 1850 die Polizei beauftragt worden sein soll, nicht nur die Prostitution in Evidenz zu halten, sondern auch den Gesundheitszustand derselben zu controliren. Ausgerüstet mit diesem inhaltsschweren Ministerial-Erlasse durfte die Polizei ohneweiters die Durchführung der Regelung der Prostitution in Angriff nehmen.

Unter der Evidenzhaltung der Prostituirten scheint das Polizeiministerium nicht die zufällige Aufgreifung einzelner Prostituirten durch die Agenten der Polizei, sondern eine

---

*) Wiener medicinische Wochenschrift Nr. 35 und 36, Jahrgang 1863.
**) Die Glocke Nr. 105, 106, 109, 110, 114 und 115. Wien, Jahrgang 1863.
***) Die Morgenpost Nr. 177. Wien, Jahrgang 1863.

systematische allgemeine Einregistrirung der gewerbsmässigen Prostitution, — und unter der Controlirung des
Gesundheitszustandes der Prostituirten nicht die ärztliche
Untersuchung der zufällig bei den Streifungen und Haus-
untersuchungen aufgegriffenen Lustmädchen, wobei nur
ein Minimum der syphilitischen notorisch wird, sondern die
ärztliche Untersuchung aller einregistrirten und der
zufällig zu Stande gebrachten Freudenmädchen ver-
standen zu haben.

Auf Grundlage dieses Ministerial-Erlasses war also die Polizei
jedenfalls ermächtigt, mindestens die Einregistrirung der
öffentlichen Mädchen und die Ausfolgung von Gesundheitskarten vorzunehmen, womit vor der Hand schon ein
erster grosser Schritt zur Regelung der Prostitution gemacht
worden wäre!

Gegenüber der sowohl im Publicum als in der Presse seit
mehreren Jahren periodisch immer wieder auftauchenden Klage:
„dass die Prostitution in Wien nie so ausserordentlich geherrscht habe wie in dem letzten Decennium“,
glauben wir einige geschichtliche Mittheilungen machen zu sollen.

In den meisten älteren Schriften „über Prostitution“ findet
man die Behauptung aufgestellt, dass unter allen Städten Deutschlands die Prostitution sich in Wien ganz besonders
verbreitet habe, dass es in Wien wohl keine privilegirten
Bordelle, aber immerhin eine Legion von Winkeldirnen gegeben,
dass ein grosser Theil des weiblichen Dienstpersonales der heim-
lichen Prostitution verfallen, dass das Cicisbeat, Italien ausgenommen, nirgends mehr als in Wien geblüht und dass die syphilitischen Krankheiten in ganz auffälliger Weise daselbst grassirt
haben u. s. w. *). Nicolai äussert sich über die früheren sittlichen
Zustände Wiens folgendermassen:

„Nicht nur die Wollust des Schmausens, sondern alle anderen
Wollüste sind in Wien äusserst gemein“ **).

---

*) Die Prostitution in Berlin und ihre Opfer. Berlin 1846.
**) F. Nicolai, Beschreibung einer Reise durch Deutschland und die Schweiz
im Jahre 1781. Berlin und Stettin 1784. 3 Bde.

Küchelbecker*) sagte schon vor mehr als 80 Jahren in seiner altväterlichen, naiven Schreibart: „Die Libertinage ist zu Wien ungemein gross und das Frauenvolk sehr coquette, und Niemand missbilliget die Gemeinschaft beiderlei Geschlechtes, bis die Früchte einer allzugrossen Vertraulichkeit an den Tag kommen. Die Geistlichen predigen heftig genug dagegen, allein vergebens und sowohl vornehme als gemeine Weibspersonen bleiben bei ihrer natürlichen Neigung. Ohne Zweifel kommt diese schändliche Aufführung und allzufreie Lebensart von der eingerissenen Schwelgerei her, aus welcher unzählige Laster folgen." Aehnliches berichten Aeneas Sylvius, Keyssler u. a. m. Nach denselben Autoren sollen auch die syphilitischen Krankheiten in Wien ungemein verbreitet gewesen sein, man zählte in manchem Jahre an 12.000 syphilitische Erkrankungen und unter den während des Faschings von der Polizei eingesteckten öffentlichen Mädchen befanden sich beinahe immer fünf Sechstel Syphilitische. Die Regelung der Prostitution bestand auch damals nur in der Durchführung periodischer Razzien und verschiedentlicher Abstrafung der Prostituirten. Es ist erwähnenswerth, dass schon vor einem Jahrhunderte viele Strassen, Gassen und Plätze: wie die Bastei, der Graben, der Kohlmarkt, der Hof, u. s. w., so wie heute von den Prostituirten gleichfalls zu dem sogenannten „Strich" (Promenade der Freudenmädchen) benützt worden sind. Es besteht eine seltene Schrift**) vom Jahre 1714, die über das damalige Unzuchtswesen auf den Basteien, über den Mangel der polizeilichen Invigilation und über die häufigen Ansteckungen in Wien berichtet. Wir werden aus ihr nur einige auf unsere Schrift bezügliche Stellen anführen:

„Die Wälle und die Basteien haben die Freiheit, dass

---

*) Allgemeine deutsche Bibliothek. 52. Bd. 1. St. S., 264.

**) Neu eröffnetes Wein-Wirths-Haus, oder Curioser Gast-Hof. Worinen enthalten wie ein Traiteur, Wein-Wirth, oder Gastgeber beschaffen sein soll? Ingleichen wie sich deren Kellner und Schenken zu verhalten haben? Auff Eine sowohl ernsthaffte, als auch Lust und lächerliche Schreibarth: der curiosen Welt zur Gemüths-Ergötzung an das Tageslicht gegeben von dem Authoren des Naaren-Calenders im J. 1714.

Von dieser Schrift existirt nur ein Exemplar, das sich in der Klosterneuburger Bibliothek befindet.

darauff allerhand liederliche Wirths-Häuser passirt, worinnen die
leichtfertigste Buben-Stuck und Hureryen, nebst anderen abscheu-
lichsten Sünden (daran einem möchten die Haare gegen Berg
stehen) getrieben werden, allerlei Unziffer, garstige Mist-Ham-
meln, Zottl - Böck, Lumpen - Gesind, kottige Wald - Trascheln,
Venus-Böck, schändliche Nacht-Eulen, Ziegeuner-Adl, gemeiner
Stadt-Auswurff, Galanterie-Fräulein, und anderes frantzösisches
Frauenzimmer so in der Stadt schon ein Eisen abgerennet, alle
diese machen ihre Exercitia an den Stadtmauern und auff den
Wällen. Die Wirthe darauff geben grossen Zinnss, mithin thun
sie was sie wollen, schenken Bier und Wein und halten dabei
wilde schwartze und braune Jungfrauen. Manchmahl hat ein
jeglich solches Muschenhaus seinen ordentlichen Spitznahmen;
als bei der neunfingert - Steyrischen - Gredl, zum nackenden
Kapauner, bei der angestrichenen Medritat-Kramerin-Frantzl, bei
der verguldeten Gaiss u. a. m. Aus diesen schändlichen Bordellhäusern kommet selten einer heraus, welcher von dennen Venus-
flammen nicht verbrennet wird. — Diese Unholden haben in
diesen schlechten Orthen alle Freiheit, werden auch nicht
eingezogen. Lasset uns derohalb die Bordellhäuser zumachen,
und den Schild einziehen, damit sich Frembde nicht von unserem
Vermögen sättigen, und da wir Leib und Geld bereits verzehret
haben, hernach seuffzen müssen." —

Aus der Schlussstelle dieses Citates geht hervor, dass es
auch schon vor einem Jahrhunderte eine Partei gegeben, die
gegen die Bordelle geeifert hat. Obgleich in dieser Schrift der
damaligen Polizei vorgeworfen wurde, „sie hätte die Freudenmädchen nicht eingezogen," müssen wir dagegen erinnern, dass
die Polizei dieselben damals härter bestrafte als gegenwärtig.
Ueber die damalige Bestrafung der Freudenmädchen besteht ein
»Lied mit einem Holzschnitte vom Jahre 1782," aus dem
es hervorgeht, dass man die Freudenmädchen zum Zuchthause
verurtheilte, ihre Haare abschnitt, ihre Füsse mit Ketten fesselte,
sie zur Tragung eines grauen Ueberrockes und eines grauen
Hutes zwang und zum Kehren der Strassen Wiens verwendete.
Das Lied führt den Titel: „Die geschorenen Zuchthäus-
lerinnen an die lachenden Zuschauer," ein neues Lied
von Michael Ambros. Wien den 5. September 1782. In der Arie:

„Gebet Almosen einem Blinden, den Lieb hat blind gemacht." *)
Das Lied besteht aus acht Strophen, in denen acht polizeilich
verurtheilte Mädchen ihre Leiden in Versen besingen. Diesem
Liede, das im Tabakgewölbe im Schlossergässchen und auf dem
Judenplatze nächst der Flucht nach Egypten verkauft wurde, ist
ein Holzschnitt in Quart beigebunden, mit der Unterschrift:
„Lohn der Ausschweifung zur Warnung für andere in Wien,
neue Verordnung 1782." Dieses Bild stellt einen Gerichtssaal
vor, an einem Tisch sitzt ein Actuar, links von ihm steht ein
Polizei-Commissär, rechts ein Polizeiwächter mit gezogenem
Säbel den Befehl erwartend, was mit den so eben vorgeführten
zwei bittenden Freudenmädchen zu thun sei. Diesen beiden
Mädchen gegenüber im Hintergrunde des Saales stehen drei
bereits verurtheilte Freudenmädchen, denen eben die Haare
abgeschnitten werden; neben diesen befinden sich drei andere
weinende Mädchen, welchen man die Haare bereits abgeschnitten
hat, und neben ihnen ein Mann mit einem Korbe, aus welchem
die abgeschnittenen Haare und Locken heraushängen. Hinter
den bittenden Mädchen erscheint eine prachtvoll geputzte
Kupplerin, welche von zwei Polizeiwächtern vorgeführt wird,
ihr auf dem Fusse folgt ihr Mann und diesem mehrere Buben,
welche das liederliche Ehepaar verhöhnen. Links im Hintergrunde bemerkt man das Zuchthaus und vor demselben mehrere
Freudenmädchen als Züchtlinge, die unter der Aufsicht eines
Polizeiwächters in der bereits angeführten Kleidung die Strasse
kehren. Im Vordergrunde des Gerichtssaales befinden sich einige
Hunde, welche sich mit den Haaren, Masche-Hauben, Nadeln,
Kämmen und Bändern der geschorenen Mädchen belustigen,
rechts in der unteren Ecke des Bildes steht: „Joh. Martin Will
excudit Aug. Vind."

Da zur Zeit, als dieses Lied sammt dem Bilde veröffentlicht
wurde, in Wien eigene Krämerbuden bestánden, welche blos
Lieder und kleine Bilder zum Verkaufe ausboten und diese an
Schnüren befestigt zur öffentlichen Schau aüsstellten, so können
wir nicht umhin, die Restauration dieser praktischen Methode,

---

*) Das Originale befindet sich in der reichen Sammlung von *Austriacis* des
Herrn Franz Haydinger, Privatiers, Wien, Vorstadt Margarethen (Gärtnergasse,
sogenanntes Kremserlhaus).

nach welcher auf die Volkssitten von der Strasse aus eingewirkt werden könnte, zu befürworten.

Einen weiteren Beleg dafür, dass Wiens Sitten in früheren Zeiten besonders übel berathen gewesen sein mussten, liefert das von Joh. Georg Keyssler veröffentlichte „Quodlibet von Wien," das wir wegen seiner allzu derben Ausfälle mitzutheilen Anstand nehmen.

Aber auch die Klagen, welche sowohl das Publicum wie die Presse gegenwärtig gegen die Nichtregelung der Prostitution erheben, wurden schon vorlängst in Wien ausgesprochen. Schon im Jahre 1789 konnte man bei Nicolai Folgendes lesen: „die feilen Wollustdirnen laufen in Wien mit ihrem Laster ungestört herum, man macht aber keine Anstalt, um diesem Uebel zu begegnen. Die Polizei in Paris hat jedes verdächtige Mädchen auf ihrer Liste und lässt es beobachten. Darf man es dulden, dass das Laster mit all seinen Folgen sich immer mehr ausbreitet? Man darf nicht warten, bis die feilen Nymphen recht viel Unheil angerichtet haben, und sie dann erst festnehmen und kuriren lassen. Die Verführung und Gelegenheitsmacherei muss in ihrem Entstehen verhindert werden" *).

Die verrufensten Gegenden Wiens, wo die Freudenmädchen ihre Venustempel vormals aufgeschlagen hatten, waren die Schottenbastei, Naglergasse, Krugerstrasse, der Elephant, die Mohrenapotheke, das Belvedere (wenn Musik war), die Theater, der Prater, die Hetze, der Augarten, der Graben, Kohlmarkt und Hof. Man accordirte vormals mit den Lustdirnen in Wien sogar auf offener Strasse. Löschenkohl hat eine solche Scene bildlich dargestellt. Die gemeinsten Nymphen befanden sich in den Bierhäusern der Vorstädte Lerchenfeld und Spittelberg. Es ging nach Nicolai in Wien damals so weit, dass 1787 die Freudenmädchen im Belvedere während der Musik gedruckte Taxen für ihre Gunstbezeigungen auf den Bäumen unbeanständet anschlagen konnten.

Nach Pezzel **) gab es früher in Wien folgende Classen von Prostituirten, als: 1) Unterhaltene Mädchen; 2) Nichtunterhaltene Mädchen, die ihre bestimmten Kundschaften hatten

---

*) Nicolai, wie oben.
**) Pezzel, Skizze von Wien. Wien 1798.

und nicht Jedem zu Gebote standen, 3) gewöhnliche Freudenmädchen, die Mittags und Abends auf Eroberung ausgingen und Jeden mitnahmen, von dem sie glaubten, dass er etwas im Sacke hätte; — 4) Brutale Lustdirnen, die sich in den Saufhäusern der Vorstädte herumtrieben, sich dort berauschten und unter ihrer Clientel Handwerksburschen, Soldaten, Kutscher u. s. w. zählten. Nach ihm sollen die Freudenmädchen Wiens im Vergleiche mit jenen von Paris, Berlin, London, viel züchtiger gewesen sein, aber die Syphilis unter ihnen weit stärker grassirt haben als in anderen grossen Städten. Im Jahre 1789 schrieben mehrere Brochüristen „über die Nothwendigkeit der Frauenhäuser“ und die Regierung nahm diesen Gegenstand selbst öfters in ernstliche Ueberlegung. Man holte von der Polizei und der medicinischen Facultät Gutachten ein, über deren Inhalt aber nichts in die Oeffentlichkeit gedrungen ist.

Pezzel hat sich für die Einführung von gestempelten Gesundheitskarten ausgesprochen, glaubte aber nicht an die Nothwendigkeit der Bordelle und motivirte diese seine Ansicht mit dem folgenden sehr unchristlichen Ausspruche:

„Glaubt man den wirklich so etwas Grosses gethan zu haben, wenn man ein paar tausend Pflastertrettern in der Hauptstadt jährlich eine Quecksilberkur erspart?“

Ueber die Regelung der Prostitution.

Ueber die Regelung der Prostitution.

Etymologie, Definition und Eintheilung der Prostitution.

Das Wort „Prostitution" stammt von dem lateinischen *prostitutus, a,* das aus *pro* und *stare* (bereitstehen), oder *pro* und *statuere* (sich in Kauf setzen) zusammengesetzt ist.

Unter „Prostitution" versteht man alle Gattungen eines obscönen Gewerbsbetriebes mit dem menschlichen Körper. Die übliche Definition, nach der man unter Prostitution ein Gewerbe versteht, welches diejenigen Frauen betreiben, die sich den Männern zur Befriedigung der Wollust für Geld preisgeben, ist unvollständig, weil zur Uebung der Prostitution nicht immer die Berührung von Personen beiderlei Geschlechtes erfordert wird, wie dies bei der „Tribadie" und „Päderastie" der Fall ist.

Die Prostitution zerfällt 1) bezüglich der Möglichkeit ihrer Ueberwachung: a) in die öffentliche Prostitution, deren notorisches Treiben der regelmässigen Beaufsichtigung der Polizei unterworfen werden kann, — und b) in die geheime Prostitution, deren Treiben nur zufällig zur Kenntniss der Polizeiorgane gelangt, und von ihr nur höchst unregelmässig invigilirt werden kann. Da die geheime Prostitution alles aufbietet, um der Wachsamkeit der Polizei zu entschlüpfen, ist sie jeder Regelung baar und desshalb der Gesellschaft weit gefährlicher als die öffentliche.

2) Bezüglich der Verschiedenheit der geschlechtlichen Vermischungen theilt sich die Prostitution *a)* in die normale, bei welcher die Vermischung der verschiedenen Geschlechter auf natürliche Weise erfolgt, — und *b)* in die anomale, wo die Vermischung der gleichnamigen Geschlechter in unnatürlicher Weise durchgeführt wird. — Letztere zerfällt wieder α) in die Päderastie (zwischen Männern) — und β) in die Tribadie (zwischen Frauenspersonen).

Die Prostitution ein Element der Gesellschaft.

Die Prostitution bildet ein stationäres, unausrottbares, gefahrvolles, und dennoch unentbehrliches Element der Gesellschaft.

Die Prostitution repräsentirt sich als ein stationäres Element der Gesellschaft. — So weit die Geschichte reicht, hat sich die Prostitution bei den Völkern jeglicher Abstammung, unter allen Staats- und Regierungsformen, und unter allen Confessionen ausnahmslos und stetig repräsentirt. Das unsittliche Weib hat sich von jeher, entweder von der Allgewalt der sinnlichen Reizungen bewältigt, oder durch verschiedene andere Motive gedrängt, überall zum fleischlichen Genusse „verkauft", oder was dasselbe ist: „prostituirt."

Die Prostitution, welche fast überall, wenn auch nur zeitweilig, den Schutz der Gesetzgeber genoss, bahnte sich in die politischen Gesetzgebungen und in die religiösen Gebräuche der verschiedenen Völker einen Weg; sie octroyirte sich ein Städterecht; sie besteht noch zur Stunde unter der Herrschaft einer weitaus vervollkommneteren Philosophie in fast allen Gesellschaftskreisen und bildet jene unabwendbare, wenngleich traurige Zinspflichtigkeit der thierischen Leidenschaften des menschlichen Geschlechtes.

Die Prostitution stellt ein unausrottbares Element der Gesellschaft dar. — Die Prostitution besteht überall, wo eine massenhaftere Anhäufung von Menschen auf einem bestimmten Territorium Platz greift und sie konnte bisher weder durch die härtesten weltlichen noch clericalen Strafbestimmungen ausgerottet werden. So haben die Ausstellungen der Prostituirten am Pranger (Frankreich, Spanien), — der Eselsritt durch die Stadt (Provence), — das dreimalige Untertauchen im Wasser mittelst eines eisernen Käfiges (Marseille), — das Hinaustrommeln aus der Stadt unter dem Vortritte des Henkers, und der gleichzeitigen Durchpeitschung durch dessen Knechte (Preussen), — die Brandmarkung, der Staupenschlag, die lebenslängliche Verbannung, die Beraubung aller bürgerlichen Rechte, das Tragen auffälliger Kleider, die Einkerkerung, die Zwangsarbeit, das Abschneiden der Kopfhaare, das Gassenkehren unter gleichzeitiger Anwendung von Fusseisen (Wien), — die Verhängung verschiedener Kirchenstrafen, ja jelbst der Todesstrafe, das weibliche Geschlecht von der Betreibung des Unzuchtsgewerbes nicht abgeschreckt.

Wird gleichwohl die utopische Idee gewisser, weder durch eine tausendjährige Erfahrung, noch durch die Logik der Thatsachen bekehrbarer Moralisten, „die Prostitution müsse gänzlich ausgerottet werden," nie realisirt werden; so lässt sich doch erwarten, dass sie durch die fortschreitende Civilisation nach und nach mindestens in regelrechtere Bahnen geleitet werden wird. Vergleicht man die Zustände der Prostitution bei den Römern, Griechen, Hebräern u. s. w. mit den heutigen, so wird es augenfällig, dass die antike Prostitution unsere moderne an massenhafter Ausdehnung und sittlicher Entartung weit überragt hat. Mehrere ausgezeichnete Schriftsteller haben sich bereits über die Unmöglichkeit der Ausrottung der Prostitution ausgesprochen.

William Tait *) äusserte sich folgendermassen : „Die gänzliche Vernichtung des Uebels der Prostitution ist ein Ziel, das nur durch eine vollständige Umwandlung der Triebe und Neigungen des menschlichen Gemüthes erreicht werden kann, ein Werk, das weit über die Kräfte des Menschen hinausreicht."

Potton **), ein Lyoner Arzt, sagte: „Welches System und welche Form die Regierung auch annimmt, welche Veränderungen auch in der Verwaltung eintreten, so glauben wir aller Bemühungen unserer Behörden und aller Prohibitivgesetze ungeachtet doch nicht, dass man die Prostitution jemals ganz und gar zu vernichten im Stande sein werde."

Parent Duchatelet's ***) ausgezeichnetes Werk enthält hierüber folgende Stelle: „Die Prostitution besteht und wird bestehen in den grossen Städten; es steht nicht in der Macht der Obrigkeit sie je zu vernichten und diese Thatsache allein sollte hinreichen, die Nutzlosigkeit der Strafgesetze gegen die Prostitution zu beweisen."

---

*) *Magdalenism an Inquiery into , the extent causes and consequences of Prostitution of Edimburgh. 2 Ed. Edimburgh 1842.*

**) *De la Prostitution et de ses consequences dans les grandes villes et en particulier dans la ville de Lyon. Paris 1842. 8.*

***) *De la Prostitution de la ville de Paris. Paris 1857. II. Thl.*

Die Prostitution ist eines der gefährlichsten Elemente der Gesellschaft. — Nachdem die Prostitution jene grässliche Krankheit (die Syphilis), welche nicht nur den Geist und Körper ihrer ersten Träger zerrüttet, sondern auch die künftige Generation decimirt, erzeugt und weiter verbreitet, wird wohl Niemand ihre ausserordentliche Gefährlichkeit anzweifeln.

Die Prostitution erweist sich als ein unentbehrliches Element der Gesellschaft. — Da durch die Prostitution den Individuen, die auf den ausserehelichen Beischlaf angewiesen sind, die Befriedigung eines ihrer lebhaftesten Naturtriebe ermöglicht wird, wodurch zahlreiche, die Menschenwürde schändende und die Lebenskräfte zerrüttende unnatürliche geschlechtliche Befriedigungen verhindert, das Ehebett vor dem Ehebruche bewahrt und Tausende von Mädchen vor Verführung und Schande geschützt werden, kann man ihre Unentbehrlichkeit nicht bestreiten.

Schon der h. Augustin *), dieser grosse Kirchenfürst, sagte: „Unterdrückt ihr die Courtisanen, so werdet ihr die Zuchtlosigkeit überall haben."

Ueber die Unentbehrlichkeit der Prostitution hat sich die „Wiener medicinische Wochenschrift" (Nr. 35, p. 555, vom J. 1863) sehr richtig in folgender Weise ausgesprochen: „Die geschlechtsreife Jugend, ein ansehnlicher Theil des Proletariats, des Arbeiter-, Wehr- und Beamtenstandes, Witwer und Hagestolze, Fremde und Reisende, Alle diese und manche Andere unterliegen im verschiedenen Grade den Anfechtungen des heftigsten der Naturtriebe, jener *„virtus diaboli in lumbis"*, welcher, an keine Schranken der Zeit gebunden, seine Herrschaft mit despotischer Gewalt übt und die Unnatur seiner Nichtbefriedigung mit dämonischer Tücke durch Krankheit des Körpers und Geistes zu rächen weiss! — Mögen wir uns auch noch so Manche aus der grossen Zahl dieser freiwilligen und unfreiwilligen Cölibatairs als wirkliche Keuschheitshelden denken, welche Zuflucht bleibt aber dem naturgemässen Bedürfnisse Aller übrig, als die verbotene Frucht der Venus Pandemos? Ist aber die Prostitution

---

*) *Augustin. de Ordine, libr. II, 12.*

nothwendig, dann kann man ihr auch ein Recht auf ihre Existenz, auf ihren Schutz und auf ihre Straflosigkeit nicht absprechen."

Nothwendigkeit der Regelung der Prostitution.

Nachdem die Prostitution von der Kindheit der Gesellschaft an bis auf unsere Tage ununterbrochen fortbesteht, ihre Ausrottung durch keinerlei wie immer geartete Massnahmen bewerkstelligt werden konnte, die Erzeugung der Syphilis fort und fort Massen von Menschenleben verschlingt und man ihrer dennoch nicht entbehren kann, so ist es augenfällig, dass man sie, will man nicht die wichtigsten Interessen der Gesellschaft muthwillig in Frage stellen, endlich einmal einer gründlichen Regelung unterziehen müsse.

Parent-Duchatelet, der Gründer der Prostitutionsliteratur, spricht sich in seinem ausgezeichneten Werke *) in einer Stelle, wo er die Ohnmacht der Prohibitivgesetze und der Strafbestimmungen gegen die Prostitution darthut, über die Nothwendigkeit der Regelung der Prostitution höchst treffend in folgender Weise aus:

„Es ist die Pflicht der Behörden die Prostitution zu überwachen, durch alle möglichen Mittel die Uebelstände die ihr zukommen zu vermindern, sie nicht öffentlich vortreten zu lassen, sie in die dunkelsten Winkel zu verbannen, kurz ihr Dasein so unbemerkbar als möglich zu machen. Dieser Ausspruch wird vielleicht einigen strengen Sittenrichtern missfallen, die tief aus ihrer Studirstube heraus die Führung derjenigen, welche an das Steuer des socialen Räderwerks gestellt sind, beurtheilen und sie für alle die Missbräuche verantwortlich machen, die vorhanden sind. Achten wir diese Ansicht, die aus einem guten Principe entspringt, aber veranlassen wir diejenigen, welche sich zu solcher Ansicht bekennen, die Menschen besser zu studiren und sie mit ihren Fehlern und Schwächen eben so vertraut zu machen, als mit ihren Tugenden."

England, Spanien, Oesterreich, die Türkei und den Kirchenstaat ausgenommen, hat man in allen Ländern des Continentes die Prostitution geregelt. Die bestgeregelte Prostitution besitzt Frankreich.

---

*) Parent-Duchatelet, wie oben.

In den Ländern, wo man die Regelung der Prostitution bisher verabsäumte, hat erfahrungsgemäss die Zahl der Prostituirten und der syphilitischen Erkrankungen dergestalt zugenommen, dass dadurch die betreffenden Regierungen in nicht geringe Verlegenheiten gerathen sind.

Um Diejenigen, welche aus Indolenz, Ignoranz, Servilismus oder sonstiger Befangenheit gegen die Regelung der Prostitution eiferten und noch eifern, von ihrer Nothwendigkeit zu überzeugen, dürfte es genügen, einen kurzen Abriss jenes schaudervollen Zustandes, in dem sich die sich selbst überlassene und desshalb schrankenlos ausschreitende Prostitution in England befindet, mitzutheilen.

England beherbergt, Nordamerika ausgenommen, unter allen civilisirten Ländern der Erde die massenhafteste und verworfenste Prostitution. Ausser den, allen übrigen Ländern gemeinsamen Ursachen der Prostitution tragen in England speciell zwei die Schuld ihrer aussergewöhnlichen Zunahme und Entartung, nämlich:

a) die Unverletzlichkeit des Hausrechtes, und

b) die Eigenthümlichkeit der englischen Sitten.

In England, diesem gewaltigen Reiche, das die Freiheit als seinen festesten Grundpfeiler anerkennt, lässt man die Freiheit für das Schlechte weiter als anderswo ausschreiten, besorgend, es könnte durch zu ängstliche Massregelungen auch die Freiheit für das Gute beeinträchtigt werden.

Dies gilt namentlich von der Prostitution. Das Gesetz privilegirt in England die Prostitution und die Bordelle *(disorderly houses)* nicht, aber die *Habeas - Corpus - Acte* verhindert die Polizei in die Wohnungen der Prostituirten und in die Bordelle einzudringen, wenn durch die Vorgänge in Beiden die öffentliche Ruhe nicht gefährdet wird. Durch diese Verfügung hat man für die Prostitution unantastbare Asyle geschaffen. Unter diesen Umständen wird es daher nicht befremden, dass in einem Lande, wo ohnedem eine unersättliche Begierde nach Befriedigung sinnlicher Lüste vorwaltet, bei dem fortschreitenden Aufblühen eines fabelhaften Reichthums die Prostitution ihre ohnedem kühne Stirne frecher als in anderen

Ländern erhebt. Die englische Regierung verharrt gegenüber dem tollen Treiben der Prostitution noch zur Stunde bei ihrem herkömmlichen jedoch unverantwortlichen Indifferentismus, obgleich die öffentliche Moralität immer mehr in Verfall geräth, das Gesundheitswohl ihrer Unterthanen auf's Aeusserste bedroht und die Land- und Seearmee von der Syphilis beinahe decimirt werden *).

Nach Dr. Talbot **), einem Sicherheitsbeamten in London, zählt man in dieser Weltstadt an 80.000 Frauenspersonen, die in der Prostitution ihren Haupt- oder Nebenerwerb suchen. Unter dieser Ziffer sind allerdings auch die Weiber und öffentlichen Mädchen, die sich an der Themse, in der Nähe der Docks und der Werften, in den Tavernen, Spelunken u. s. w. aufhalten, so wie die fremden Abenteurerinnen eingerechnet.

Nach M. Chadwick ***) und Mr. Mayne †) beläuft sich die Anzahl der Bordelle der Metropole allein auf 3335, von denen ein Dritttheil ihrer Unternehmer sich nebstbei mit der Anlockung unbärtiger Knaben befasst. Man kann annehmen, dass die Bordelle Londons in einem Jahre von circa 100.000 Knaben besucht werden.

Nach Dr. Talbot gibt es ausser den Bordellen noch an 500 Branntweinläden, Kneipen, Rauchlocale u. s. w. mit grossen Salons *(long rooms)* oder Divans, in denen sich Massen von Lustdirnen aufhalten. Ausserdem zählt man noch an 500 Wirthschaften, deren jede 2—8 Prostituirte aufhält, von denen viele von einem so verrufenen Kuppler-, Diebs- oder Räubergesindel besucht werden, dass selbst die muthigsten Policisten es für gefährlich halten, sich in dieselben ohne genügende Assistenz zu begeben.

Nach den meisten englischen Schriftstellern entfällt in der Mittelclasse 1 Prostituirte auf 7 — und in der untersten Volksclasse 1 Prostituirte auf 3 Frauenspersonen ††).

---

*) *La Prostitution en Angleterre: par M. le docteur G. Richelot*, 1857.

**) *Ryan*, „*Prostitution in London.*" *London 1839, pag. 89.*

***) *Léon Faucher*, „*Etudes sur l'Angleterre*," *Paris*, *pag. 63.*

†) „*The Great Sin*," *ibid.*, *1856*, *t. I*, *p. 63.*

††) *The Greatest of sur social evile: Prostitution as it now exists in London etc. By a Physician London, 1857.*

Da man in England auf Alles speculirt, so speculirt man dort auch auf die im Elend schmachtende Schönheit und Jugend. Die Kuppler und Kupplerinnen Londons, die mit den achtbarsten Classen der Gesellschaft verkehren, sind die schauderhaftesten Creaturen, die existiren. Man macht für die Objecte der Wollust förmliche Course und es ist bekannt, dass man für 500—2500 Frcs. unberührte Mädchen ausbietet. Es ist in London an der Tagesordnung, dass halbreife Mädchen auf dem Wege von der Schule nach Hause von den Agenten der Kupplerinnen bei Seite gelockt oder gewaltthätig entführt und zu Prostitutionszwecken an reiche Wollüstlinge oder Bordellinhaber verkauft werden.

Nicht selten verschwinden Mädchen aus den achtbarsten Familien und es werden derlei Unglückliche entweder gar nicht mehr, oder erst nach Jahren und zwar als Strassendirnen, Bettlerinnen, Diebinnen u. s. w. wieder aufgefunden.

Aber auch Knaben locken die Kuppler an sich, um sie zu verkaufen. Nach Dr. G. Richelot zählt London an 5000 Individuen, die sich mit Kuppelei befassen. Ueber 400 Personen beschäftigen sich blos damit, Mädchen oder Knaben durch List oder Gewalt in die Hände der Bordellunternehmer zu liefern. Nach Dr. Ryan *) werden in der Metropole mehr als 200,000.000 Francs für Prostitutionszwecke vergeudet.

In keiner Stadt fallen so viele Mädchen im kindlichen Alter der Prostitution zum Opfer, wie in London.

Mehr als zwei Drittheile der Prostituirten Londons befinden sich in dem zartesten Alter (10—16 Jahren) und es bestehen sogar Bordelle, wo nur Mädchen unter 14 Jahren oder Knaben ausgeboten werden.

Dass unter diesen Verhältnissen die Syphilis in England, wie nirgends auf dem Continente in so hohem Grade wüthet, ist selbstverständlich.

Nach Dr. Acton sind die Spitäler Londons von syphilitischen Kranken so überfüllt, dass sie dem Andrange derselben nie genügen können.

Unter der Garnison Londons kommen auf 1000 Köpfe 181 Syphilitische. Bei der königlichen Marine stellt sich das Ver-

---

*) *Ryan*, *loc. cit. p. 120 et 185.*

hältniss der Syphilitischen zu den Gesunden wie 1 : 7, bei der Handelsflotte wie 1 : 3. Unter den jungen Leuten, die sich zur Rekrutirung vorstellen, findet man unter 100 bei 25 syphilitisch *).

In den Manufacturbezirken reicht die Ausbreitung der Syphilis an das Unglaubliche. In den letzten acht Jahren wurden daselbst 2700 syphilitische Mädchen behandelt, die sich im Alter von 10 bis 14 Jahren befanden.

Nach Dr. Ryan findet man in den Spitälern Londons eine Masse bartloser Knaben, die durch und durch syphilitisch sind. Nach den Berechnungen Dr. T. S. Holland's **) zählt man in England in einem Jahre circa 1,460.000 syphilitische Erkrankungen.

Nach Dr. Acton sterben in London jährlich bei 8000 Prostituirte nur allein an der Syphilis. Nach den Berichten „der Gesellschaft zur Eindämmung der Prostitution" stirbt jährlich eine grosse Anzahl von Mädchen, die noch im Kindesalter stehen, an der Syphilis.

Die unterlassene Regelung der Prostitution in England bedingt endlich auch noch ihren Bund mit den Verbrechern. Fast alle Bordelle Englands beherbergen Diebe und Diebshehlerinnen. Nach dem *Compte rendu* des Gerichtshofes von London stehen fast zwei Drittel der Verbrecher mit den Vorstehern von Bordellen in Verbindung. In den englischen Bordellen associirt sich das Laster, hier theilen die Diebe ihre Beute, hier schmieden sie ihre ränkevollen Pläne, hier suchen sie sich den Nachforschungen der Polizei zu entziehen.

Nach Dr. Querry ***) befanden sich vom Jahre 1843—1854 durchschnittlich unter 10.000 Verbrechern 3600 Prostituirte. Die Bordelle sind ausserdem noch der Sitz der Spielhöhlen, von ihnen aus nimmt die Vagabondage ihren Ausgang. Selbst die persönliche Sicherheit der Bordellbesucher ist ungemein gefährdet, man verhält sie zu übertriebenen Zahlungen, betäubt sie mit narkotischen Getränken, beraubt sie und wirft sie dann halbnackt auf die offene Strasse. Widersetzen sich einzelne den angesonnenen Erpressungen, so werden sie von den in der Nähe

---

*) „The Lancet," 1853. Vol. I, p. 62.
**) „Br. and For. Med. Chir. Rewiew." 1854, Vol. XIII, p. 457.
***) „The Great Sin" etc. p. 36.

auflauernden Liebhabern der Bordellmädchen tüchtig durchgebläut, ja oft sogar erschlagen. Die Prostitution fürchtet in England den Arm der Polizei nicht, sie treibt vielmehr am hellen Tage wie im Dunkel der Nacht ihr Unwesen mit einer so frechen Ostentation und kühnen Aggression, dass es selbst die gewiegtesten Routiniers auf dem Felde der Debauche verblüfft. Diese schauderhaften Zustände des Prostitutionswesens in England beweisen es zur Genüge, wie nachtheilig die Vernachlässigung der Regelung der Prostitution auf die Moralität und das Gesundheitswohl zurückwirkt und wie sehr es desshalb geboten sei, die Regelung des bisher in Oesterreich vernachlässigten Prostitutionswesens baldmöglichst in Angriff zu nehmen.

Darüber, dass die Prostitution in Wien einer Regelung bedürfe, herrscht gegenwärtig unter der gesammten Bevölkerung, unter den Aerzten und Journalisten unserer Metropole nur Eine Stimme. Das Wiener Tagesblatt die „Glocke" (vom 25. August 1863) brachte über diese Angelegenheit folgenden beherzigungswerthen Artikel:

„Sowohl vom sittlichen als vom ärztlichen Standpuncte muss die bei uns bestehende Beaufsichtigung der Prostitution als durchwegs unzureichend und mangelhaft bezeichnet werden. Da es bei uns keine von den Behörden anerkannte Prostitution gibt, so sind sämmtliche öffentliche Mädchen unter der Bezeichnung von Arbeiterinnen, Dienstmädchen, Wäscherinnen u. dgl. in den Polizeiregistern eingetragen. Unter einer von diesen, ich möchte sagen aufoctroyirten Bezeichnungen bewegt sich die öffentliche Dirne mit vollkommener Freiheit. Notorisch als Buhldirnen bekannte Personen erscheinen unbeanständet in den ehrbarsten Gesellschaften, leben als Afterparteien und Dienstboten bei den Familien, welche noch unerzogene Kinder besitzen, überschwemmen alle öffentlichen Vergnügungsörter und säen überall ungehindert die Keime sittlichen Verderbens und körperlicher Krankheit. So lange solche Personen sich innerhalb gewisser Gränzen halten, so lange sie gewissen polizeilichen Verboten nicht zuwider handeln, hat die Behörde kein Recht, ihrem Treiben entgegenzutreten, ihre Moralität oder ihre Gesundheit zu bezweifeln."

„Und welcher Art sind denn diese Polizeiverbote? Eine öffentliche Dirne darf nicht durch schamlose Anlockungen öffentliches Aergerniss geben, sie darf nicht auf den „Strich" oder nach der Hausthorsperre auf der Gasse oder an öffentlichen Orten betroffen werden."

„Endlich dürfen Prostitutionsdirnen nicht in grosser Zahl in denselben oder doch sehr nahen Localitäten wohnen. Es dürfte Jedermann einleuchten, wie unzureichend diese Verbote sind, wie wenig sie ihrem Zwecke entsprechen, der offenbar kein anderer sein kann, als Eindämmung und Beschränkung der Prostitution und der ihr entwachsenden Uebel. Von Zeit zu Zeit, etwa auf eine Anzeige hin, wird eine stärkere Polizeipatrouille entsendet, um die Uebertreterinnen der Verbote in ihren Wohnhäusern, in den von ihnen besuchten Kaffeehäusern oder am „Strich" aufzusuchen und in grösseren Parthien abzuführen. Es ist nicht zu leugnen, dass diese gelegentlichen Streifungen, welche besonders in letzterer Zeit häufiger und mit Umsicht ausgeführt werden, der Bevölkerung grosse Dienste leisten."

„Wir fragen aber: kann eine Buhldirne, selbst eine syphilitisch gewordene, nicht die längste Zeit ihr Gewerbe betreiben, ohne sich den polizeilichen Gefahren jener „Stelldicheins am Strich" und den Kaffeehäusern auszusetzen? Wie viel Unheil kann sie stiften, ohne zur Verantwortung gezogen zu werden! Das Gesetz bestimmt wohl eine Strafe für Inficirung, aber wie viele von inficirten Männern haben den Muth Klage zu führen?"

„Und in der That geschieht es, dass nur ein kleiner Bruchtheil der Prostituirten der Polizei in die Hände fällt und von derselben dann in der Zukunft im Auge behalten wird. Der grösste Theil entzieht sich aller polizeilichen Controle. Es beschränkt sich somit die polizeiliche Evidenzhaltung der Prostitution bei uns auf die Kenntniss der gelegentlich aufgegriffenen Individuen. Die ärztlichen Vorkehrungen gegen die im Gefolge der Prostitution einhergehende Krankheit sind eben so mangelhaft, denn nur die aufgegriffene Buhldirne wird untersucht und falls sie syphilitisch befunden wird, in's Spital abgestellt; die tausend in Freiheit befindlichen Schandgenossinnen indessen zerstören ihre eigene

Gesundheit und die ihrer Mitmenschen vollkommen nach ihrem Belieben!"

Ausser dem Tagesblatte „Die Glocke" haben auch noch die „medicinische Wochenschrift," die „Morgenpost," „die Presse" und die „Vorstadt-Zeitung" rasch nach einander Artikel gebracht, welche auf die Nothwendigkeit der Regelung der Prostitution und der Errichtung von Bordellen hingewiesen haben.

Durch die stetige Wiederkehr solcher Artikel angeregt, beschloss der Gemeinderath der Reichshaupt- und Residenzstadt Wien in seiner Sitzung vom 16. Juli 1863 in Sachen der Prostitution vorerst die medicinische Facultät um ein Gutachten anzugehen. Die zur Abgabe dieses Gutachtens aus dem Schoosse des Professoren-Collegiums berufenen Herren Professoren sollen sich jedoch in demselben (Presse Nr. 298 vom Jahre 1863) gegen die Errichtung von Bordellen und gegen die Einführung von Sicherheitskarten ausgesprochen haben, weil dort, wo Bordelle bestehen, die syphilitischen Erkrankungen nicht seltener seien als anderswo — und weil die Sicherheitskarten dem Publicum nicht die mindeste Sicherheit böten und unter ihrer bald bemerkbaren Erfolglosigkeit nur das Ansehen der Aerzte (?) leiden würde; hingegen bevorworteten sie die Anstellung von durch den Staat oder die Commune besoldeten Aerzten, denen die unentgeltliche Behandlung solcher Krankheiten anvertraut werden sollte, indem die eigentlichen Colporteure des Uebels die arbeitenden Classen sind, denen es ihre Mittel nicht erlauben, sich privat behandeln zu lassen, die aber vor dem Spitale zurückschrecken."

Die Wiener „Vorstadt-Zeitung" (Nr. 167 vom Jahre 1863) beurtheilte dieses Gutachten folgendermassen: „Die Regelung der Prostitution, angeregt von einigen verständigen Gemeinderäthen, gewünscht von allen anständigen Leuten der Residenz, hat wieder einen Schritt — rückwärts gemacht. Man hat gewissen ärztlichen Capacitäten ein Gutachten abverlangt und die drei Weisen der Facultät haben den geistreichen Ausspruch gethan: „Die Regelung und Ueberwachung von Häusern (Bordellen) und Personen (Prostituirten) sei ganz überflüssig und unthunlich, man müsse sich darauf beschränken, die Zahl der Aerzte zu vermehren.“

„Gegen dieses Gut (?) achten erlauben wir uns einige bescheidene Einwendungen. Warum geht denn in anderen Grossstädten, in Paris, Berlin, Brüssel, Hamburg u. s. w. mit leichter Mühe das, was in Wien unmöglich sein soll?“

„Ist die Aufhaltung zerstörender Krankheiten der einzige Zweck der Prostitutions-Regelung?“

„Haben wir nicht auch den Wunsch, dass unsere Frauen und Mädchen Abends auf der Strasse gehen können, ohne von Zudringlichen belästigt, oder vielleicht gar noch von ungeschickten Polizei-Organen arretirt zu werden?“

„Haben wir nicht auch den Wunsch, dass unsere Jugend nicht jeden Abend durch den Gänsemarsch unseres in allen Hauptstrassen herum stolzirenden Phrynenthums verführt und das Auge des anständigen Menschen durch die Scenen beleidigt wird, welche sich zwischen 6—10 Uhr am Graben, Kohlmarkt, Stefansplatz, in der Kärntnerstrasse und der Rothenthurmstrasse abspielen? Soll diese Demimonde-Parade, die täglich zur Schande der ersten Stadt Deutschlands abgehalten wird, auch durch Vermehrung der Aerzte beseitigt werden?“

„Wissen denn die drei Capacitäten nicht, dass die Meldung bei der Polizei Tausende von Mädchen, welche den Schritt zum Laster thun wollen, vor demselben zurückschreckt, weil ein noch nicht ganz verdorbenes Gemüth doch sich scheut, einem Beamten die Anzeige zu machen, dass sie gesonnen sei ihre Ehre wegzuwerfen? In Hamburg, Brüssel u. s. w. werden dadurch Tausende von Dienstmädchen ehrlich erhalten, während bei uns ein Mädchen, das zum Arbeiten zu faul, oder nach schönen Kleidern lüstern ist, eben nur Abends spazieren zu gehen braucht, um sofort der Legion der Gefallenen anzugehören, deren Controle nicht nur vom socialen und staatspolizeilichen Standpuncte nothwendig ist, während jene drei Capacitäten — wir nennen sie aus Gewohnheit so — ihre Studien über die Frage eben nur vom engherzigsten Geschäfts-Standpuncte in den Ordinationsstunden ihrer Praxis gemacht zu haben scheinen.“

Wir können nicht umhin diesen Bemerkungen der Vorstadt-Zeitung noch beizufügen, dass dieses Gutachten den intelligenteren

Theil der Residenz thatsächlich verblüfft und man sich allseitig gefragt hat, wie man sich bei der allgemeinen Zunahme der Sittenlosigkeit, bei der Zunahme der Strassenscandale, welche die öffentlichen Mädchen bei Tag und Nacht zum Besten geben; bei der Zunahme der Kupplerinnen und geheimen Bordelle; bei der ausserordentlichen Verbreitung der Syphilis, die bereits das Ehebett zu besudeln und die Kinder im Mutterleibe mit dieser Seuche zu begeifern beginnt, veranlasst finden konnte, einen *Status quo* anzupreisen, der von der ganzen Bevölkerung als die alleinige Ursache der obigen anomalen Zustände unablässig angeklagt wird?

Da die vorgeschlagene Vermehrung der Aerzte nur auf die Heilung, aber nicht auf die Verhütung der syphilitischen Erkrankungen einwirken kann, wird sie durchaus nicht als eine die Regelung der Prostitution erzielende Massregel angesehen werden können.

Die von den Herren Professoren vorgeschlagene Vermehrung der Aerzte entbehrt nebstbei auch noch aller Originalität, da man schon unter Antoninus Pius bei dem häufigen Auftreten des venerischen Uebels zur Gratisbehandlung armer Syphilitischer öffentliche Volksärzte *(archiatri populares)* in Rom und allen übrigen römischen Städten auf Staatskosten angestellt hatte. Damals aber war diese Massregel ein Bedürfniss, indem die Aerzte sich weigerten, syphilitische Kranke zu behandeln, weil sie, wie das gemeine Volk die Syphilis für eine Strafe der Götter hielten, wesshalb die unglücklichen Kranken genöthigt waren, bei den Göttern, dem Empyrismus oder der Magie Hilfe zu suchen. Da aber gegenwärtig die Aerzte sich nicht mehr weigern die Syphilis zu heilen, dieselben vielmehr durch die üppigste Ausnützung der Reclame in diesem Genre eine starke Concurrenz wach gerufen haben, dürfte die Reactivirung jener obsoleten römischen Sanitätsmassregel gewiss entbehrlich geworden sein.

Die „Wiener medicinische Wochenschrift" (Nr. 46 v. J. 1863) äussert sich über den ersten Absatz des Gutachtens der Herren Professoren: „dass nämlich die Bordelle und die Gesundheitskarten verwerflich seien, weil in der Zwischenzeit eine Ansteckung stattfinden könne," folgendermassen: „Wenn irgendwo, so findet hier das Sprich-

wort Anwendung, das Bessere sei der Feind des Guten; weil
also zwischen den ärztlichen Untersuchungen dennoch eine Ansteckung und Uebertragung stattfinden kann, so ist es besser
von diesen Untersuchungen ganz abzugehen; weil man nicht
Alles ermitteln und verhindern kann, so soll man lieber gar
nichts in dieser Richtung thun! Die durch die Untersuchungen zur Kenntniss und ärztlichen Behandlung kommenden In-
fectionen, die Vorsicht zu der sich die Prostituirten durch das
Bewusstsein der bevorstehenden Untersuchung bewogen fühlen,
wird für nichts genommen und doch ist diese Vorsicht der Prostituirten selbst das beste Schutzmittel gegen die Weiterverbreitung der Syphilis, da die Erkenntniss der männlichen Geschlechts-
krankheiten ungleich leichter ist. Man weist nur darauf hin, dass
die Freudenmädchen, gestützt auf das ärztliche Zeugniss, um so
rücksichtsloser ihrem Erwerbe nachgehen werden; meint man
wissentlich inficirt, nun dann ist die Sache um kein Haar schlimmer
als ohne ärztliche Untersuchung, denn auch ohne dieses Zeugniss würden sie sich für gesund halten. Oder fürchtet man die
Täuschung des Mannes durch dieses Zeugniss? Welche Garantien
hat er denn jetzt gegen die Infection? Keine! er müsste denn
ein Arzt sein und den Mutterspiegel mitnehmen!"

„Das Zeugniss macht die Sache für den Besucher, wenn die
Dirne angesteckt ist, um nichts schlimmer als sie jetzt ist; von
einer Compromittirung der Aerzte kann da im Ernste nicht die
Rede sein; will man möglichst sicher gehen, so mache man die
Zwischenzeit möglich kurz; sind aber blos die Zeugnisse das
Anstössige, so thut dies für uns, denen nicht um das Zeugniss, sondern um die Untersuchung zu thun ist, gar
nichts zur Sache." — Wir für unseren Theil enthalten uns an
dieser Stelle des Urtheils über die von den Herren Professoren
ausgesprochene Verwerfung der Bordelle und der Untersuchung
der Prostituirten, weil wir die Nothwendigkeit Beider in den
nachfolgenden Capiteln über „die Concessionirung der Bordelle"
und „die Einregistrirung der öffentlichen Mädchen" ausführlich
besprechen werden.

Ueber den zweiten Absatz desselben Gutachtens: „Aufstellung von Aerzten in allen Bezirken zur unentgeltlichen Behandlung der syphilitischen Dirnen mit unent-

geltlicher Selbstdispensation, unter Entfall des Spital-
zwanges" äussert sich dieselbe Wochenschrift (Nr. 47 vom
J. 1863) in folgender Weise: „So human dieser Vorschlag erscheint und so sehr ihn die Erfahrungen in den Spitälern recht-
fertigen mögen, so unpraktisch ist er, und so sehr zeigt derselbe
von Unkenntniss der Verhältnisse ausser den Spitälern. Wir wollen
die enorme Last, welche die Commune ihren Finanzen damit
aufbürden würde ausser Betracht lassen; würde damit ein grosser
Zweck erreicht, so dürfte man auch die Opfer nicht scheuen."

„Aber dieser Zweck wird nicht erreicht; vor Allem be-
denke man doch, dass die angesteckten Weibspersonen viel zu
spät zur Kenntniss ihres Zustandes gelangen; dass Indolenz, Scheu,
Furcht vor der Unterbrechung ihres Gewerbes sie von dem
Arzte zurückhalten; dass nur die ärmste Classe sich an diese
Aerzte wenden wird, während doch gerade unter den Elegan-
teren syphilitische Zustände häufiger sind; gerade die geheime
Prostitution wird sich bei diesen Aerzten nie einfinden, weil
sie geheim bleiben will und eben bei ihr herrscht die meiste
Syphilis; für Jene aber, die sich wirklich von diesen Aerzten behandeln lassen, wo sind die Heilapparate, Bäder, Injectionen etc.,
wo sind die eigenen Wohnungen dieser Personen, die wenn sie
sich einmal zu eigenen Wohnungen erhoben haben, dann auch
ihre Aerzte zahlen, sonst aber höchstens in Aftermiethe wohnen,
oder „zu Bett" sind, meist mehrere auf einem Zimmer, wenn sie
nicht gar in Wirthshäusern, in Ställen oder unter Gottes freiem
Himmel wohnen; wo ist die Familie oder Miethpartei, die sich
die Behandlung einer Syphilitischen im Hause gefallen lässt, wo
ist endlich, und dies wiegt schwer genug, die Garantie, dass
diese Person nicht nothgedrungen nebstbei ihr Gewerbe fort-
treibt? und wie verhält sich endlich dieser Arzt mit seinen
Patientinnen zur Polizei und zum Strafgesetze? soll er sie den
Behörden anzeigen, dann kommt sicher keine mehr zu ihm; oder
soll er das Geheimniss bewahren, dann muss man unsere Gesetzgebung ändern und die Humanität schliesslich so weit getrieben
werden, dass selbst wissentliche Ansteckungen Anderer straflos
ausgehen."

„Die Aufstellung von Armenärzten für die syphilitischen Prostituirten ist demnach völlig illusorisch." —

Unmittelbar nach der Verlautbarung des obigen Professoren-Gutachtens erschien von einem anonymen Verfasser eine Broschüre „Die Prostitution und deren Regelung in Wien" *). Diese Schrift gibt angeblich eine geschichtliche Skizze der Prostitution, sie zählt deren Vor- und Nachtheile auf, classificirt die Prostituirten und theilt schliesslich einige ungenügende Reformen mit. Führt gleichwohl der Verfasser in der Vorrede an, er habe für den historischen Theil seiner Arbeit eine im J. 1846 in Berlin im Verlage bei A. Hoffman & Comp. erschienene Schrift über die Prostitution in Berlin benützt, so kann man das Gebotene doch nicht als eine Arbeit gelten lassen, denn aus einem Buche, dessen vollen Titel man verschweigt (die Broschüre betitelt sich „Die Prostitution in Berlin und ihre Opfer"), halbe Seiten und ganze Sätze wörtlich abschreiben, ohne die betreffenden Citate mit den üblichen Zeichen zu markiren, das ist keine Arbeit, sondern ein Plagiat. Das, was der Verfasser über die Geschichte der Prostitution mittheilt, ist ein sehr ärmliches Fragment und es ist schwer zu begreifen, warum er die Benützung der von einem Berliner Polizeibeamten bunt durch einander geworfenen geschichtlichen Skizze über die Prostitution, dem Meisterwerke „über die Geschichte der Prostitution", welches Dufour geliefert, oder dem Auszuge aus demselben von Dr. Ph. Loewe (die Prostitution aller Sitten und Völker, Berlin 1852), vorgezogen hat? Die von dem Verfasser anempfohlenen Reformen bestehen: *a)* in der einer gewissen Partei nachgebeteten Verurtheilung der Bordelle und *b)* in der Anempfehlung amtlicher ärztlicher Untersuchungen der Prostituirten und der Verabfolgung von Gesundheitsbüchern. Seine Verurtheilung der Bordelle, die von einem vollständigen Mangel an Studien über diese Institution zeugt, wird von uns in der nachfolgenden Abhandlung „über das Bordellwesen" ihre gründliche Widerlegung finden. Die weiters vorgeschlagene Concessionirung der Einzelnprostitution und deren Besteuerung bei Ausfolgung der Gesundheitskarten ist vollends verwerflich, weil die besteuerte Karte die ausnahmslose Privilegirung der Preisgebung involvirt.

---

*) Die Prostitution und deren Regelung in Wien. Von einem praktischen Arzte. Wien 1863. Selbstverlag des Verfassers.

Nach der „Wiener medicinischen Wochenschrift"
(Nr. 46 v. J. 1863) „soll das weiland Stadtphysikat, wie ver-
lautete, die Visitationen der Dienstboten und Handwerksgesellen
in Vorschlag haben bringen wollen. Es ist wahr, dass unter den
Dienstboten sowohl als unter den Gesellen Syphilis herrscht, glaubt
man aber im Ernste, dass hier die Hauptquelle dieser Krankheit
zu suchen sei? Allerdings stammt manche syphilitische Affection
der bevorzugteren Schichten von der dienenden Classe her, aber
die Quellen, aus denen die Mehrzahl stammt, liegen nicht hier,
sondern zumeist in jener geheimen Prostitution, welche mit der
gelegentlichen der Dienstboten nichts gemein hat. Kann man
ferner, weil es unter den Dienstmägden Prostituirte gibt, das
Schamgefühl dieser ganzen zahlreichen Classe der Bevölkerung
in dem Grade verletzen, dass man sie zwangweisen Visitationen
unterwirft? Was hat man ferner mit der das Schamgefühl und
die Sittlichkeit sicher nicht fördernden Untersuchung der Gesellen
erreicht? Wie klein bleibt dieser Bruchtheil gegen die gesammte
männliche Bevölkerung und wie wenig wird damit der Syphilis
gesteuert! Heisst die ganze Massregel etwas anderes, als Zwang
und Willkür gegen gewisse untere Classen der Bevölkerung
kehren, weil man sie eben in der Hand zu haben glaubt, während man gegen zahlreiche andere nichts zu unternehmen wagen
kann? Die Schwierigkeiten, die sich solchen, wenn sie nützen
sollen, oft zu wiederholenden Untersuchungen bis zur Unüber-
windlichkeit in den Weg stellen würden, wollen wir nicht erst
erörtern; ohnehin wird diese Idee schwerlich je über das Bereich
des Idealen hinaustreten." — Nachdem wir die Ansichten der
Journale, das Gutachten des Ausschusses des Professoren-Collegiums und das Project des Stadtphysikates über die Regelung
der Prostitution in Wien mitgetheilt haben, erübrigt uns nur
noch die Auslassungen des „Doctoren-Collegiums" der medicinischen Facultät zu verzeichnen. Nach den Mittheilungen
„der Wiener medicinischen Wochenschrift" (Nr. 49 vom
Jahre 1863) erstattete der Referent des leitenden Ausschusses für
wissenschaftliche Thätigkeit des obigen Collegiums, in Betreff
des von dem löblichen Wiener Gemeinderaths-Präsidium unterm 18. Juli 1863 gestellten Ansuchens um ein Gutachten und
Vorschläge über die Art und Weise, wie den Gefahren vor-

zubeugen, welche der Bevölkerung Wiens aus dem gegenwärtigen ungeregelten Zustande der öffentlichen Prostitution erwach-
sen, in der am 23. November 1863 abgehaltenen Plenarversamm-
lung des obigen Doctoren-Collegiums, dessen Bericht. Er erinnerte
hierbei an das von ihm schon vor 13 Jahren abgegebene einschlä-
gige Referat, wozu damals die Häufigkeit der syphilitischen Vorkommnisse nach den Kriegsjahren 1849 und 1850 Anlass gegeben
hatte. Schon zu jener Zeit waren die bestehenden polizeilichen Präventivmassregeln als unzureichend erkannt
worden und man hatte an strengere Ueberwachung der Lustdirnen, an Errichtung von Bordellen mit verantwortlichen Bordellwirthen, an Begründung von Arbeitshäusern zur Verhinderung der
Sittenlosigkeit unter der weiblichen Jugend gedacht. Seit diesen
13 Jahren habe die Syphilis zugenommen, doch seien in derselben Periode keine besseren Präventivmassregeln zur Anwendung
gelangt. Die bisher üblichen polizeilichen Streifungen
und Razzias haben sich als ungenügend bewiesen und es
müssten daher die Trägerinnen, Producentinnen und Verbreiterin-
nen des fixen Contagiums aufgesucht und überwacht werden. Vom
vorzugsweisen medicinischen Standpuncte wären daher folgende
prophylaktische Massregeln rathsam: Einführung von Befundkarten oder Befundbüchern auf Grundlage einer möglichst genauen Conscription der Lustdirnen. Die Rubriken der Karten,
denen ein Signalement, wenn möglich auch eine Photographie der
betreffenden Dirnen zur Verhüthung eventuellen Missbrauches
beizugeben wäre, müssten das Datum der jeweiligen Untersuchung,
den Befund und die Unterschrift des untersuchenden Arztes enthalten. Kranken Dirnen wären die Karten abzunehmen, auch
müsste die Behörde von der Erkrankung verständigt werden.
Dem Arzte bliebe es anheimgestellt, ob die Kranke in ihrer
Wohnung behandelt, oder in's Spital gebracht werden solle. Die
Prostituirte selbst wäre über die Untersuchung des männlichen
Gliedes zu belehren. Eine solche Prophylaxis sei eine sittlichere
Grundlage als die Errichtung von Bordellen, in denen die Dirne
als Sclavin des Bordellwirthes in der scheusslichsten Weise ausge-
beutet und Kuppelei vorzugsweise getrieben würde. Der Dirne und
den eventuell Angesteckten gegenüber könne der untersuchende
Arzt nicht verantwortlich sein, da zwischen zwei Untersuchungen

immer wieder Deponirung des Giftes, Infection stattfinden können, wohl aber sei eine ärztliche Controle der Untersuchungen,
geübt durch ämtlich angestellte Aerzte, angezeigt. Der, eine
Dirne in der Wohnung untersuchende Arzt wird von ihr honorirt,
die nicht honorirenden müssen sich zur Untersuchung in das hier-
zu bestimmte Amtslocale begeben. Ferner bleiben angezeigt: die
bisherigen polizeilichen Streifungen und Razzias, die Untersuchungen in den Casernen und Gefängnissen, ebenso eine mildere Behandlung der syphilitischen Spitalpatientinnen, Trennung der
zwangsweise Eingebrachten von den sich freiwillig Stellenden,
Schonung des Schamgefühles auf Kliniken. Gegen Bordelle wurde
noch hervorgehoben, dass sie, um zu nützen, sehr vervielfacht
werden müssten, nur Wohlhabenden zugänglich seien, dass die
Menschenwürde in ihnen gerade mit Füssen getreten und die
Kuppelei behördlich organisirt erscheine. Der Referent bemerkte,
dass man keine übermässigen, sanguinischen Erwartungen bei
Verwirklichung dieser Massregeln hegen dürfe, dass sie aber
jedenfalls segenreich sein würden und dem Gemeinderath ein
aufrichtiger Dank für seine humanen Intentionen gebühre.

Die über dieses Referat im Schoosse des Doctoren-Collegiums entsponnene Debatte förderte folgende Beschlüsse:

1. Einführung von Befundkarten (Gesundheitskarten) unter
Beibehaltung der vom Referenten anempfohlenen Modalitäten.

2. Aufklärung der öffentlichen Mädchen über die syphilitischen Krankheiten der Männer durch einen eigenen Unterricht
und die Mittheilung einer gedruckten Instruction.

3. Unverantwortlichkeit der Untersuchungsärzte mit Aus-
schliessung aller ärztlichen Controls-Untersuchungen.

4. Honorirung der Aerzte für die Untersuchungen der
öffentlichen Mädchen in ihren Wohnungen — unentgeltliche Untersuchungen derselben in den Amtslocalen.

5. Untersuchung der öffentlichen Mädchen nur durch Doc-
toren der Medicin.

6. Beibehaltung der bisherigen gegen die vagabundirende
Prostitution zur Anwendung gebrachten Massregeln, Razzias,
Streifungen, Abschiebungen.

7. Errichtung von Krankenanstalten, blos für die Behandlung syphilitischer Kranker, auf Kosten der Commune.

8. Errichtung von Ambulancen für leichtere syphilitische Erkrankungen.

9. Verwerfung der Bordelle (mit 23 gegen 18 Stimmen).

Wenn man erwägt, dass das medicinische Doctoren-Collegium in Wien weit über 500 Mitglieder zählt und erfährt, dass dieses Collegium bei jener Versammlung, wo die Verwerfung der Bordelle ausgesprochen würde, nur durch 41 Mitglieder vertreten war, von denen überdies 18 für, und 23 gegen die Einführung der Bordelle gestimmt haben, so brauchen wir Angesichts dieser Zahlen nicht erst zu beweisen, dass das obige Majoritätsvotum, welches in Wirklichkeit nicht mehr als die Ansicht von 23 Mitgliedern eines Doctorencollegiums von mehr als 500 aussprach, nicht als das Gutachten dieses Collegiums, sondern nur einer winzigen Fraction desselben angesehen werden könne.

Es wäre wohl angezeigt, dass die diesfällige Geschäftsordnung das Minimum von Anwesenden, welche zur Beschlussfähigkeit einer solchen Doctorenversammlung erforderlich sind, festsetzte; eine solche Bestimmung würde nicht nur dem parlamentarischen Usus mehr entsprechen, sondern auch den Beschlüssen dieser Corporation den Behörden gegenüber ein grösseres Gewicht verschaffen.

Wenn der Referent noch vor der Abstimmung „über die Bordellfrage" für opportun fand, auch auf den Widerstand hinzudeuten, welche der Bordellerrichtung in Wien von Seite massgebender Kreise entgegengesetzt werden würde, so glauben wir, dass diese Anspielung besser vermieden worden wäre, da einer zur Abgabe eines wissenschaftlichen Gutachtens berufenen Körperschaft die Ansicht massgebender (?) Kreise, nie von massgebender Bedeutung sein kann.

Statistik der Prostitution in Wien vom Jahre 1860 bis incl. 1863.

Wie sehr es an der Zeit, auch in Wien endlich einmal die Regelung der Prostitution auszuführen, erhellt aus dem nebenstehenden statistischen Ausweise über die Prostitution in Wien, der uns über Auftrag des hohen k. k. Polizei-Ministeriums von Seite der k. k. Polizei-Direction unterm 15. Jänner 1864, Z. $\frac{7462}{-\text{pr.}}$ zugemittelt wurde.

Ausweis

über die Verhältnisse der Prostitution, und die Erkrankungen an Syphilis (in den öffentlichen Heilanstalten) in den Jahren 1860, 1861, 1862 und 1863 in Wien.

In den Jahren	Prostituirte wurden polizeilich beanständet		Von den beanständeten Prostituirten					Zur gerichtlichen Verhandlung wurden angezeigt			An Syphilis wurden behandelt				Entbindungen syphilitischer Kranken sind einmal vorgekommen		Mit angebor. Syphilis wurd. ind. Findelanst. aufgenommen
	überhaupt	wiederholt	wurden abgeschoben	waren schwanger	waren syphilitisch	sind an Syph. gestorb.	haben sich entleibt	Kuppelei	Nothzucht	Unzucht wid. d. Natur	Männer	Weiber	Mädchen	Kinder	Geburten	Abortus	Findlinge
1860	1693	490	350	7	305			102	20	8	3050	62	1440	11	114	3	33
													4563				
1861	2081	559	378	8	295	·	·	84	22	9	3375	73	1753	5	108	2	37
													5206				
1862	2115	662	470	12	47		1	88	28	7	4600	77	2019	5	112	5	23
													6701				
(v. 1. Jänn. bis Ende Sept. 1863)	2018	526	515	7	343		1	87	21	6	4356	60	1668	4	98	2	13
													6088				

Aus diesem statistischen Tableau erhellt:

a) dass die Zahl der wegen Prostitution beanständeten Frauenspersonen, — die Zahl der wegen Rückfälligkeit Inhaftirten, — die Zahl der Abgeschobenen, — die Zahl der unter den eingezogenen als syphilitisch Befundenen — und die Zahl der an der Syphilis in den Spitälern behandelten Manns- und Frauenspersonen in den letzten vier Jahren ununterbrochen zugenommen hat;

b) dass die Prostitution alljährlich immer frecher ihr Haupt erhoben hat, was die jährliche Zunahme der wegen Rückfälligkeit inhaftirten Prostituirten beweist;

c) dass die Einführung der ärztlichen Untersuchungen der Prostituirten dringend geboten sei, weil unter den Eingezogenen alljährlich eine immer grössere Anzahl als syphilitisch vorgefunden wurde.

d) dass in Wien weit seltener Schwängerungen der Prostituirten stattfinden, als dies Parent-Duchatelet für Paris angegeben hat;

e) dass die syphilitischen Affectionen in Wien eine weit geringere Bösartigkeit zeigen als in London und Paris, indem in Wien innerhalb 4 Jahren in Folge der Syphilis kein einziger Todesfall vorgekommen ist, woraus zugleich gefolgert werden muss, dass die erkrankten Individuen ziemlich rechtzeitig die ärztliche Hilfe beansprucht haben mussten;

f) dass mit der Zunahme des Materials für die Debauche, in Folge der sich selbst überlassenen Prostitution, die Kuppelei abgenommen hat;

g) dass die Vermehrung der Prostituirten weder auf die Zunoch auf die Abnahme der Nothzuchtsfälle und der Unzucht gegen die Natur einen Einfluss geübt hat;

h) dass in den Spitälern mehr Männer als Frauenspersonen behandelt wurden und dass seit 4 Jahren die Zahl der syphilitischen Männer von Jahr zu Jahr sich ungleich mehr vergrössert hat als jene der Frauenspersonen; woraus auf eine Zunahme der Unmoralität beider Geschlechter und speciell auch auf eine Zunahme der syphilitischen Prostituirten geschlossen werden muss;

i) dass in Wien die verheirateten Frauenspersonen viel weniger in Prostitution machen als in anderen Ländern; denn einerseits ist die Zahl der syphilitischen Weiber gegen jene der syphilitischen Mädchen eine verschwindend kleine, und andererseits ist sich die Zahl der syphilitischen Weiber während einer vierjährigen Periode fast gänzlich gleich geblieben;

j) dass die Zahl der syphilitischen Kinder im Vergleiche mit jener, welche die Ausweise der Spitäler von Paris, London und Petersburg lieferten, eine höchst unbedeutende war; ein Beweis, dass in Wien die zarte weibliche Jugend weniger als in anderen Ländern zu Prostitutionszwecken ausgebeutet wird;

k) dass Frühgeburten bei Prostituirten höchst selten vorkommen;

l) dass unter den schwangeren Prostituirten auffallend viele an der Syphilis leiden;

m) dass die Zahl der mit der Syphilis behafteten Kinder,

welche von Prostituirten zur Welt gebracht werden, nicht erheblich und seit 4 Jahren in steter Abnahme begriffen sei; und

n) dass die Selbstmorde der Prostituirten in Wien unter die seltensten Vorkommnisse gehören, während sie in London an der Tagesordnung sind.

Aus der Masse von Schlüssen, welche dieser Ausweis der k. k. Polizei-Direction gestattet, wird es nebstbei klar, wie sehr eine sorgsame Pflege der Prostitutionsstatistik anzuempfehlen ist.

Massregeln zur Durchführung der Regelung der Prostitution.

Unter die Massregeln, durch welche eine erfolgreiche Regelung des gesammten Prostitutionswesens ermöglicht wird, rechnen wir folgende:

I. **Die Duldung der gewerbsmässigen Prostitution.**

II. **Die Errichtung eines Sanitätsbureaus.**

III. **Die Einregistrirung der öffentlichen Mädchen.**

IV. **Die Ausstreichung der öffentlichen Mädchen aus dem Prostitutions-Register.**

V. **Die Concessionirung der Bordelle.**

VI. **Die Veröffentlichung eines zeitgemässen Prostitutions-Reglements.**

VII. **Die Ermittlung der Quellen der syphilitischen Ansteckungen beim Civile und Militär.**

VIII. **Die Ueberwachung der Schiffsmannschaften.**

IX. **Die Beseitigung der Prostitutions-Ursachen.**

X. **Die Errichtung von Anstalten:**
  a) **zur sittlichen Besserung der Prostituirten und**
  b) **zum Schutze des weiblichen Geschlechtes gegen die Prostituirten.**

XI. **Die Pflege der Prostitutions-Statistik.**

I.

Ueber die Duldung der gewerbsmässigen Prostitution.

Schon seit mehreren Decennien drängen die Presse, die Sachverständigen und die öffentliche Meinung die Behörden, endlich auch in Oesterreich die Regelung der Prostitution durchzuführen.

Mit welchem Erfolge, das ist für uns Alle ein öffentliches Geheimniss. Die Polizei war vor Allem die Behörde, welche man allgemein eines unverzeihlichen Quietismus in Sachen der ungeregelten Prostitution angeschuldigt hatte. Man verdächtigte aber diese Behörde ganz grundlos, denn die Polizei macht ja eben nicht Gesetze, ihr liegt es nur ob, nach den vorliegenden Gesetzen Amts zu handeln. Nach dem § 509 des österreichischen Strafgesetzes ist die Prostitution in Oesterreich verboten und insolange die Gesetzgebung sich nicht veranlasst finden wird, ihren vorlängst eingenommenen Standpunct, ohnerachtet der Masse des vorliegenden und gegen denselben sprechenden empirischen Materiales, aufzugeben, wird alles Vorgehen der Polizei gegen die Prostitution nur ungenügende Resultate erzielen.

Welche Gründe die Gesetzgebung zur Aufrechthaltung des angezogenen Paragraphes bestimmen, ist uns unbekannt. Wer aber Gründe dafür unablässig in's Treffen führt, das dürfte dem intelligenteren Theil des Publicums auch ohne unserer Interpretation schon längst kein Räthsel geblieben sein. Aber das können wir mit voller Sicherheit behaupten, dass, insolange das Verbot der gewerbsmässigen Prostitution aufrecht erhalten bleibt, alle Projecte zur Regelung der Prostitution fortan eben nur Projecte bleiben werden.

Wem es aber nicht unbekannt geblieben, dass die Zahl der Prostituirten alle Jahre sich stetig vergrössert; — dass die so gefährliche Strassenprostitution besonders in den letzten drei Jahren wahrhaft erschreckende Fortschritte gemacht; — dass die Prostituirten immer kühner ihr Haupt erheben und immer aggressiver gegen die Männerwelt vorgehen; — dass die Prostitution die persönliche Sicherheit und das Eigenthum zu bedrohen beginnt; — dass sich die Syphilis von Jahr zu Jahr mehr ausbreitet und ihre Formen immer bösartiger sich gestalten; — dass die Prostituirten der Mehrzahl nach den jüngsten Alterskategorien angehören; — dass die Prostitution sich bereits aus den besseren Ständen rekrutirt; — dass eine grosse Anzahl verheirateter Frauen aus den verschiedensten Classen zur Bestreitung ihrer kostspieligen Toiletten zur Ausübung dieses unzüchtigen Gewerbes geschritten; — dass besonders die untersten, gefährlichsten

Classen der Prostituirten sich auffallend vermehren; — dass der Luxus der Prostitution Massen von Familienvätern ruinirt und Bedienstete aller Classen der Gesellschaft zahlreichen Verbrechen in die Arme wirft; — dass die Prostituirten in Folge ihrer blendenden, glanzvollen äusseren Erscheinung mit einer empörenden Frechheit in alle Gesellschaftskreise, Theater, Concerte, öffentliche Belustigungsorte u. s. w. sich eindrängen; — dass sie durch ihre scheinbar beneidenswerthe Lage die Verführung ihrer ehemaligen Freundinnen, Genossinnen u. s. w. veranlassen; — dass die Zahl der Kupplerinnen, die geheime Bordelle unterhalten, in denen selbst Mädchen aus den besten Häusern verführt und an reiche Wollüstlinge verkauft werden, sich täglich vergrössert; — dass viele Hausbesitzer und Miethleute, um höhere als die gewöhnlichen Zinsen einstreichen zu können, wissentlich dem Treiben der Prostituirten allen möglichen Vorschub leisten; — dass viele Arbeitsgeber durch ein schändliches Interesse oder andere Nebenrücksichten den Prostituirten falsche Erwerbszeugnisse ausstellen, wodurch die Thätigkeit der Polizei irregeleitet oder gelähmt wird; — der muss es gestehen, dass, will man nicht, dass nach einigen Jahren die Prostitution in Wien eben so schändlich ausarte wie in England, Nordamerika und Spanien, endlich einmal Hand an die Regelung der Prostitution gelegt werden müsse.

Wir wiederholen es noch einmal, um eine Regelung der Prostitution zu ermöglichen, müsste man vorerst ihre Duldung gesetzlich aussprechen, und den ersten Absatz des § 509, welcher lautet:

„Die Bestrafung derjenigen, die mit ihrem Körper unzüchtiges Gewerbe treiben, ist der Ortspolizei zu überlassen," beseitigen.

Hat man die Auflassung dieses ersten Absatzes einmal beliebiget und wird man die Duldung der Prostitution gesetzlich ausgesprochen haben, dann wird es nur noch der Veröffentlichung eines passenden Prostitutions-Reglements bedürfen.

Es werden dann in der Folge nur mehr jene Prostituirte einer Bestrafung unterliegen, welche sich Contraventionen gegen dieses Reglement oder anderweitige, im Strafgesetze vorgesehene Uebertretungen, Vergehen oder Verbrechen zu Schulden kommen lassen.

Da es aber Niemand in Abrede stellen kann, dass die Prostitution gegenwärtig einen unentbehrlichen Factor der Gesellschaft repräsentirt, so ist es unschwer zu begreifen, warum man noch immer der Prostitution eine gemassregelte Duldung versagt.

Man übersehe es nicht, dass die Prostitution, ohnerachtet mancher Schattenseiten, dennoch auf die Gesellschaft einen höchst wohlthätigen Einfluss ausübt, indem sie durch die Preisgebung zur Erhaltung der Zucht und Sitte in den weitesten Kreisen beiträgt und der Tugend der Frauen, sowie der Unschuld der Mädchen einen, wenngleich nicht beabsichtigten, aber doch immer indirecten Schutz verleiht. Glaubt man etwa durch Strafen die Prostituirten von ihrem unzüchtigen Gewerbe abzuschrecken und dadurch die Prostitution ausmerzen zu können? Oder glaubt man einen der gewaltigsten Triebe des Menschengeschlechtes, dessen Dasein nicht sein Werk ist, dennoch ertödten zu können? Die Geschichte des Prostitutionswesens aller Staaten weist es auf jeder Seite nach, dass die Regierungen mit ihren Strafgesetzen gegenüber der Prostitution nicht nur überall ein vollkommenes Fiasco gemacht, sondern dieselbe vielmehr aus den unsittlichen Kreisen der Frauenwelt unmittelbar in die sittlichen Familienzirkel versetzt haben.

Wien liefert in dieser Beziehung für unsere Behauptung einen factischen Beleg, weil in dieser Metropole unmittelbar unter dem Einflusse des ersten Absatzes des § 509 die Prostitution seit einem Decennium dennoch einen nie geahnten Aufschwung genommen hat.

Nehmen wir aber auch selbst den ganz undenkbaren Fall an, es würde den Behörden gelingen, die Prostitution in Wien vollends auszurotten, welche Resultate würde dies zur Folge haben? Das Landesgericht müsste sofort noch mehrere Räthe bestellen, um alle die Tausende Ehebruchsklagen aufarbeiten zu können; zum Findelhause müsste wegen der grossen Zunahme der unehelichen Kinder ein neuer Zubau gemacht werden; nicht zu gedenken des allgemeinen Familienjammers, der ob der zahlreichen Verführungen der Ehefrauen und unschuldigen Töchter losbrechen würde.

Wir sind überzeugt, das Publicum würde in kürzester

Frist die Behörden mit Monstrepetitionen zur Erlangung der Restaurirung der abgeschafften Prostitution überraschen.

Mehrere Staaten wie Frankreich, Belgien, Preussen, Schweden, Dänemark u. s. w. haben die Duldung der Prostitution schon vorlängst ausgesprochen und wurde dieselbe überall von den glänzendsten Erfolgen gekrönt.

Warum sollte die von so vielen civilisirten Staaten der verschiedensten Confessionen angenommene und von günstigen Erfolgen begleitete Duldung der Prostitution nicht auch in Oesterreich günstige Resultate liefern?

Allerdings kann der Staat, der die sittliche Idee mit vollem Rechte als ein absolutes Bedürfniss hingestellt, die Prostitution als ein unsittliches Agens nicht sanctioniren; da es ihm aber in der Praxis nie gelungen ist den theoretischen Standpunct zu behaupten und er durch eine unzeitige und unmotivirte Strenge die Gesellschaft eines, wenngleich unmoralisch scheinenden Schutzes ihrer wichtigsten Interessen, ohne sich auf der Höhe der Sittlichkeit ganz unverkümmert behaupten zu können, entäussern würde, so erübrigt ihm nur, die Prostitution dem Bedürfnisse der Bevölkerung und den bestehenden socialen Verhältnissen anzupassen, d. h. sie zu regeln.

Freilich schreit eine gewisse Partei: „Die Prostitution ist wohl gesetzlich in Oesterreich verboten, aber man sieht ihr doch nach Kräften durch die Finger!"

Hätte diese Partei recht, so wäre eine solche zweideutige Manipulation nur noch mehr zu beklagen als das Verbot der Prostitution. Ein solches Gebahren der Polizei wäre ein wahres Zwitterding, denn man hätte dann in Oesterreich eine verbotene Prostitution und eine heimlich geduldete. Die heimliche Duldung der Prostitution würde aber der Stempel des Protectionswesens oder der Ungerechtigkeit brandmarken, denn einerseits hinge die Bestrafung der Prostitution von der Willkür der Polizeibeamten ab, andererseits wären die bestraften Prostituirten im vollen Rechte, wenn sie den Behörden wegen ihrer nicht bestraft gewordenen Geschäftsgenossinnen ob ihrer

Parteilichkeit Vorwürfe machen würden. Die Frage der Prostitution hat nur drei Ausgangspuncte: man muss sie entweder dulden und regeln, — oder verfolgen und bestrafen, — oder sich ganz selbst überlassen.

Schon die ältesten Gesetzgeber haben die Prostitution nicht mit Strafen belegt, die öffentlichen Mädchen geduldet und sie unter den Schutz der Gesetzgeber gestellt.

Bei den Griechen war Solon, dessen Weisheit alle civilisirten Schulen der Welt gepriesen haben, der Erste, welcher die Duldung der Prostitution acceptirt und ein Bordell als Staatsanstalt in Athen eingerichtet hat. — Bei den Römern war die Prostitution gleichfalls geduldet (licentia stupri). War auch unter den Barbaren und im Mittelalter die Prostitution verpönt, so begann man doch in einer späteren Zeit, nachdem man sich von den Nachtheilen ihrer Prohibition allerorts überzeugt hatte, allmälig ihre Duldung in den meisten Ländern auszusprechen. Haben gleichwohl einzelne Staaten in der neuesten Zeit versuchsweise die Prostitution wieder verboten, so wurden sie nur zu bald von der Nutzlosigkeit ihrer Experimente überzeugt.

Den sprechendsten Beweis dafür liefert uns die Geschichte der Prostitution in Preussen, wo nach wiederholten fruchtlosen Versuchen die Prostitution gesetzlich zu verbieten, man schliesslich im J. 1852 ihre Duldung wieder ausgesprochen hat.

Die Erfahrung zeigt, dass, je mehr man das Dasein der Preisgebung in ein nächtliches Dunkel zu hüllen angestrebt hat, sie in einer desto vernichtenderen Weise wieder aufgetreten ist. Das, was dem Menschen am strengsten verboten ist, das lockt ihn am meisten an. Benimmt man der Preisgebung den Reiz des Verbotenen, so wird dadurch noch am meisten ihre Verminderung bewirkt.

Der erste Absatz des § 509 d. a. b. St. G. scheint, abgesehen davon, dass er das Verbot der Prostitution involvirt, auch wegen seiner unbestimmten Fassung eine bedenkliche Tragweite zu haben. Dieser Absatz sagt im Allgemeinen nur: „dass die gewerbsmässige Prostitution der Bestrafung durch die Ortspolizei unterliege,“ ohne das Ausmass dieser Bestrafung zu präcisiren. Unter diesem Hinblicke ist daher ihre jeweilige gradative Bestrafung ganz dem subjectiven Ermessen der betreffenden Polizeibeamten anheimgestellt, wodurch es geschehen könnte, dass die einfache gewerbsmässige Prostitution mit höheren Strafausmassen als die complicirte, also unter erschwerenden Umständen nach dem zweiten Absatze des § 509 ausgeübte Prostitution, bedacht wird. Als eine unerquickliche Beigabe des zu Recht bestehenden Verbotes der Prostitution scheinen die in Wien in der neuesten Zeit von der Polizei so sehr beliebten sogenannten „Streifungen," bei welchen die Prostituirten auf offener Strasse oder in ihren Wohnungen durch Polizeiagenten arretirt werden, angesehen werden zu sollen. Wissen wir als Nichtjurist gleichwohl nicht, ob diese Vorgänge correcte und constitutionelle sind oder nicht, so glauben wir doch, dass die dadurch provocirten Scandale auf offener Strasse, welche durch die Widersetzlichkeiten der Betroffenen gegen die Polizeiagenten oft in förmliche Kämpfe ausarten, durch zweckmässigere Massregeln vermieden werden könnten. In Frankreich und Belgien, welche die bestgeregelte Prostitution besitzen, sind derlei Verhaftungs-arten der Prostituirten sogar auf das strengste verboten. Die Polizei darf dort die öffentlichen Mädchen, welche sich gegen das Prostitutions-Reglement vergehen, wegen der Constatirung ihrer Identität nur bis in ihre Wohnungen verfolgen. Am nächsten Tage werden die Contraventionistinnen durch schriftliche Vorladungen auf die Polizei berufen und erst dann, wenn sie diesen Vorforderungen nicht nachkommen, Abends durch einen Polizeiagenten zur Behörde gestellt. Nach den Erfahrungen der Pariser Polizei kommen aber derlei zwangsweise Vorführungen höchst selten vor, weil sie empfindliche Bestrafungen der Widerspänstigen nach sich ziehen.

Die Arretirungen von Frauenspersonen auf der Strasse im Dunkel der Nacht können aber auch, wenn durch tactlose Polizeiagenten vollzogen, sehr fatale Missgriffe bezüglich der Identität der Personen zur Folge haben; es können Mädchen aus guten Häusern, ja sogar verheiratete Frauen der Schmach einer solchen Arretirung preisgegeben werden. Unseres Erachtens wäre demnach der erste Absatz des § 509 des allgemeinen österreichischen Strafgesetzes in folgender Weise zu formuliren:

„Frauenspersonen, die mit ihrem Körper ein

unzüchtiges Gewerbe treiben, unterliegen, wenn sie nicht in das Register der Prostituirten bei der Polizei eingetragen sind, oder wenn sie das Prostitutions-Reglement übertreten, den in dem letzteren vorgesehenen Bestrafungen."

Durch diese Formulirung würde die Duldung und Straflosigkeit der concessionirten, dem Prostitutions-Reglement sich fügenden Prostitution klar ausgesprochen.

Die von uns beantragte Duldung der Prostitution hat übrigens zahlreiche Gegner. Wir alle kennen das rein ideale Panier, unter dem diese ihre Kämpfe durchfechten, wir werden aber nicht ermangeln, bei der Abhandlung über die Bordelle das Unpraktische ihrer Marotten zu beweisen. Es ist überhaupt schwer einzusehen, warum die gewerbsmässige und gehörig geregelte Prostitution nicht geduldet werden sollte? Die Menschen verwerthen je nach der pecuniären Lage Alles, was sie an körperlichen, technischen, geistigen oder sonstigen, ja selbst unmoralischen Eigenschaften als ihr Eigen nennen. Sie verwerthen ihre Muskelkraft, wie die Arbeiter, Herkulesdarsteller Sesselträger, Lastträger; — ihre körperliche Schwere, wie die Orgeltreter; — ihren Schlaf, wie die Krankenwärter; — ihre Stimme, wie die Sänger und Schauspieler; — ihre Gelenkigkeit der Gliedmassen, wie die Tänzer; — ihre künstlerischen Aus- und Einathmungen der Kehle und Lunge; — ihre technische Fertigkeit der Finger u. s. w. wie die Musiker; — ihre erlernten mechanischen Fertigkeiten, wie die verschiedenen Handwerker; — ihre Figur nebst einem Agio, genannt Geduld, wie die Portiere; — ihre körperlichen oder gesellschaftlichen Reize, wie junge Männer, welche reiche alte Weiber ehelichen; — ihren Einfluss, unter dem Namen Protection; — ihre geistigen Fähigkeiten, wie die Jünger aller Facultäten; — ja sogar ihr Leben, wie die Aerzte und die Soldaten; — warum sollte es nicht auch gestattet sein, die sinnlichen Genüsse verwerthen zu dürfen, wenn durch ihr Angebot gewisse unabweisbare menschliche Bedürfnisse eine naturgemässe, die sittlichen Familienkreise vor Verführung schützende Befriedigung finden?

„Das Thema der Preisgebung des weiblichen Geschlechtes,"

sagt ein anonymer Autor der Neuzeit*), „gehört weder der Philosophie, noch der wandelbaren Staatengeschichte, sondern einzig und allein der Schöpfungswissenschaft an. Wer aus menschlicher Substanz besteht, kann über die Preisgebung nicht leicht zum Richter werden wollen. Dieses Amt kann nur von dem Betheiligten ausgeübt werden. Den Nebenmenschen steht nur das Recht eines neutralen Beobachters zu. Gesteht man aber dem Menschen das Recht zu, selbst mit seinem Gewissen fertig zu werden, dann ist es gegen alles Natur- und Staatenrecht, die freie naturgemässe Anwendung des Geschlechtsgenusses eines Menschen dem Willen und Massregeln eines Anderen zu unterwerfen. Leider haben nur zu häufig so manche Uebertreter des Sittengesetzes Prostituirte verurtheilt. Man halte es sich stets gegenwärtig, dass der Trieb der Fortpflanzung eine Pflicht des Menschen ist. Um aber den Menschen zur Erfüllung dieser Pflicht anzuspornen, hat die Natur eines der mächtigsten und hinreissendsten Gefühle mit ihr verbunden. Da aber der Mensch diesen Trieb zur Vereinigung nicht wie das Thier, nur zu einer bestimmten Zeit, sondern in jedem Momente und in sehr vergewaltigter Weise empfindet, so ist es klar, dass die Natur gerade dem Menschen in der Ausübung dieses Triebes keine Schranken gesetzt hat, weil eben der Weltschöpfer selbst eine solche aufzurichten nicht beliebiget hat. Bei der Beurtheilung der Prostituirten muss das Uebergewicht des Naturgesetzes in die vorderste Reihe gestellt werden. Es ist eine Anmassung der öffentlichen Meinung, dem Menschen das verbieten zu wollen, was dem Thiere erlaubt ist. Alle Gesetzgeber sind darin einig, dass es gegen alles Recht und gegen alle Cultur sei, mit Gewalt in das Privatleben des Menschen einzudringen. Es unterliegt endlich keinem Zweifel, dass der Mensch hinsichtlich seiner geschlechtlichen Verschiedenheiten zum Gesetze in 'einem privatlichen Verhältnisse steht. Hätte Jemand das Recht, sich darüber zum Richter aufzuwerfen, ob ein Mensch keusch ist oder nicht, so muss man ihm auch das Recht einräumen, durch ein Gesetz zu

---

*) Die Sittenverderbniss unserer Zeit und ihre Opfer in ihren Beziehungen zum Staate, zur Familie und zur Moral. 2. Auflage. Leipzig 1855.

befehlen, dass man um 10 und nicht um 12 Uhr sich zu Bette legen müsse." — Die Aussprüche eines William Toit*), der da sagt: „die gänzliche Vernichtung der Prostitution ist ein Ziel, das nur durch eine vollständige Umwandlung der Triebe und Neigungen des menschlichen Gemüthes erreicht werden kann, ein Werk, das weit über die Kräfte des Menschen hinausreicht," — und eines Parent-Duchatelet**), der da behauptet: „die Prostitution besteht und wird immer bestehen in den grossen Städten, es steht nicht in der Macht der Obrigkeit sie zu vernichten, und diese Thatsache allein sollte ganz hinreichen, die Nutzlosigkeit der Strafgesetze gegen die Prostitution zu erweisen," — werden gewiss bei allen vorurtheilsfreien Capacitäten fortan ihre vollste Billigung finden. Dulden wir daher ein sociales Gebrechen, dessen unnatürliche Verläugnung heimliche anomale Befriedigungen, — dessen gekünstelte Umgehung Ehebrecher und Verführer der Jugend erzeugt!

II.

Ueber das Sanitätsbureau.

Zur Durchführung einer erfolgreichen Regelung der Prostitution bedarf es der Errichtung eines Sanitätsbureaus, das aus 2 Sectionen: einer medicinischen und einer administrativen unter einheitlicher Oberleitung bestehen muss.

Die medicinische Section.

1. Die medicinische Section des Sanitäts-Bureaus besorgt die Erforschung des Gesundheitszustandes der geheimen und öffentlichen Prostitution, damit alle mit ansteckenden Krankheiten behafteten Prostituirten im Interesse des Publicums unverzüglich in die Spitäler befördert werden können.

---

*) *Magdalenism, a Inquiry into the extent, causes and consequences of Prostitution of Edimburgh, 2 Ed. Edimburgh, 1842. — 8.*
**) *De la Prostitution dans la ville de Paris, 3. ed. Paris 1857.*

Ihr Personale hätte z. B. für Wien aus 4 Aerzten, 1 Hebamme und 2 Sicherheitsagenten, die insgesammt von der Regierung besoldet werden, zu bestehen. Einer der Aerzte, welcher den Titel „Chefarzt" führt, ist für die strengste Pünctlichkeit des Dienstes dieser Section verantwortlich. Der Chefarzt berichtet dem Bureauchef der administrativen Section über den gesammten Gang aller Vorkommnisse, er schlägt die nothwendigen Reformen vor und wohnt den Untersuchungen der Prostituirten, welche die anderen Sectionsärzte vollziehen, bei.

Kein Arzt dieser Section darf eine Prostituirte behandeln.

Diese Section, in Frankreich „*Dispensaire de Salubrité*" genannt, muss:

a) Register über alle aus was immer für einer Veranlassung freiwillig oder zwangsweise einregistrirten Prostituirten,

b) über die Resultate der vorgenommenen ärztlichen Untersuchungen,

c) über die bei den vorgeschriebenen Untersuchungen nicht Erschienenen,

d) über die an die Spitäler oder Gefängnisse abgegebenen und von dort später wieder entlassenen öffentlichen Mädchen anfertigen und aus denselben täglich einen Auszug an den Bureauchef der administrativen Section übermitteln.

Diese Section benöthigt für ihren Dienst folgende Localitäten:

a) Einen Wartsaal für die zur Untersuchung sich vorstellenden Prostituirten, mit zwei in den Untersuchungssaal führenden Thüren, von denen die eine zum Entrée, die andere zum Austritte aus demselben dient.

b) Einen geräumigen und lichten Untersuchungssaal, der noch mit einer dritten Thür zum Eintritte für die Aerzte versehen werden muss. In diesem Saale müssen sich 4 Untersuchungs-Fauteuils, nach dem Muster der' in Bordeaux gebräuchlichen, mehrere Mutterspiegel, Charpiepinseln, Schwämme, Lavoirs, fliessendes Wasser, Handtücher, Seife, Chlorkalklösungen, Mutterspritzen, Oel u. s. w. befinden.

c) Einen Krankensaal, der mit dem Wartsaale in Verbindung steht und mit einer von innen nicht zu eröffnenden Thür versehen ist. In diesem Saale werden die bei der Untersuchung krank befundenen Prostituirten bis zur Beendigung der täglichen Untersuchung verwahrt.

d) Einen Consultationssaal für die dienstthuenden Aerzte, der gleichzeitig zur Aufbewahrung der Register, Acten, Instrumente, Arzneien u. s. w. zu verwenden ist.

Die in diesem Dispensaire vorzunehmenden Manipulationen sind in der nachfolgenden Weise vorzunehmen:

Die zu den vorgeschriebenen Untersuchungen des Dispensaire's sich freiwillig vorstellenden oder durch die Sicherheitsagenten zwangsweise vorgeführten Prostituirten werden in dem Wartsaale von einem der Sicherheitsagenten in der Reihenfolge wie sie angekommen, mit Namen und Wohnort unter Vorzeigung ihres Gesundheitsbuches in ein Protocoll eingeschrieben und mit einer nummerirten Karte versehen, nach deren Nummer sie ordnungsgemäss in den Untersuchungssaal einzutreten haben. Jede in den Untersuchungssaal Eingetretene hat noch vor ihrer Untersuchung dem Arzte ihre Karte und ihr Gesundheitsbuch vorzuweisen, der beide dann in das Register einträgt und nach vorgenommener Untersuchung den Befund derselben beifügt.

Wird eine Prostituirte krank befunden, so ruft der Arzt bei ihrem Austritte aus dem Untersuchungssaal an der Austrittsthür laut ihren Namen, worauf der Sicherheitsagent im Wartsaale ihr das Gesundheitsbuch abnimmt, es mit einem K. (krank) markirt, und sie in den Krankensaal eintreten heisst. Prostituirte, deren Name bei dem Austritte aus dem Untersuchungssaale von dem Arzte nicht ausgerufen wird, lässt der Sicherheitsagent, nachdem er in ihr Gesundheitsbuch ein G. (gesund) eingeschrieben, anstandslos entfernen.

Die Untersuchungen werden in dem Dispensaire, mit Ausnahme der Sonn- und Feiertage, täglich von 10 Uhr Vor- bis 3 Uhr Nachmittags vorgenommen.

In dem Dispensaire von Bordeaux *) werden 50 Prostituirte in einer Stunde untersucht. Um den minder Entarteten das Zusammensein mit der niedersten Classe der Prostituirten in dem Wartsaale zu ersparen, ist es anzuempfehlen, dieselben wie in Bordeaux und Paris, aber nicht wie dort, gegen ein fixes Honorar

---

*) *Dr. J. Jeannel, de la Prostitution publique. Paris,* 1863.

in den Nachmittagsstunden zu untersuchen. Während der Dauer der Untersuchungen müssen im Untersuchungssaale zwei Hebammen gegenwärtig sein, welche den Aerzten Alles, was sie bei den Untersuchungen bedürfen, reichen, die gebrauchten Utensilien reinigen und die Reinlichkeit der Säle besorgen.

Die administrative Section.

2. Die administrative Section vollzieht die freiwilligen und zwangsweisen Einregistrirungen der Prostituirten in die Evidenzregister; — die Eintragung der krank befundenen in die Krankenregister; — die Abgabe der Kranken an die Spitäler, oder der Verbrecherinnen an die Justizbehörden; — die Ueberwachung aller einregistrirten Prostituirten; — die Ausfindigmachung der geheimen Prostitution; — die Ausfolgung der Gesundheitsbücher; — die Erforschung des Civilstandes der Prostituirten; — die Concessionirung der Bordelle; — die Ueberwachung der Beobachtung des Prostitutionsreglements von den alleinwohnenden Prostituirten, den Bordellmädchen und den Bordellinhabern; — die Ausfertigung von Vorforderungen an diese Individuen; — die Entziehung der Bordellconcessionen und der Gesundheitsbücher; — die Schlichtung der Streitigkeiten zwischen den Bordellmädchen und den Bordellinhabern; — die Schlichtung der Klagen, welche die in der Nähe von Bordellen oder der alleinwohnenden Prostituirten befindliche Nachbarschaft über beide anbringt; — die Eincassirung der eingehenden Strafgelder; — die Verausgabung der zu diesem Dienste nöthigen Gelder; — die Durchführung der von den Aerzten vorgeschlagenen Reformen und die Anfertigung der statistischen Ausweise.

Die statistischen Tabellen haben folgendes zu enthalten:

a) Die Zahl der freiwillig oder zwangsweise einregistrirten Prostituirten.

b) Die Zahl der, der geheimen Prostitution Verdächtigen.

c) Die Zahl der Syphilitischen, oder der, der Syphilis Verdächtigen.

d) Die Zahl der unter den Verdächtigen nachträglich als wirklich syphilitisch Betroffenen.

e) Die Zahl der bei den Untersuchungen Ausgebliebenen.

f) Die Gesammtzahl aller in einer bestimmten Zeit vorgenommenen Untersuchungen.

g) Die Zahl der an die Spitäler Abgegebenen.

h) Die Zahl der aus den Spitälern Entlassenen und neuerdings Inscribirten.

i) Die Zahl der Verpflegstage der in den Spitälern an Syphilis behandelten Prostituirten.

j) Die Zahl und Namen der einzelnen in den Spitälern an Prostituirten behandelten Krankheitsformen.

k) Die Zahl der concessionirten Bordelle und Bordellmädchen.

l) Die Zahl der an die Spitäler abgegebenen Bordellmädchen.

m) Die Zahl der Bordellmädchen und der alleinwohnenden Prostituirten, welche zu einem besseren Lebenswandel zurückgekehrt sind.

n) Die Zahl der aus dem Prostitutionsregister, über Petition der Prostituirten, oder über Veranlassung der Behörden Ausgestrichenen; und

o) Die Zahl der an die Justiz abgegebenen, von ihr entlassenen und wieder zur Prostitution zurückgekehrten öffentlichen Mädchen.

Das Personale dieser Section hat aus einem nicht ärztlichen Bureauchef, der zugleich Cassier ist, einem Secretär, einem Registranten, mehreren Kanzellisten, einem Oberinspector, der ausschliesslich die rein polizeilichen Verrichtungen versieht und aus 4 Sicherheitsagenten zu bestehen.

Die Manipulation dieser Section wird bei der Abhandlung über die „Einregistrirung" mitgetheilt werden.

* * *

III.

Ueber die Einregistrirung der öffentlichen Mädchen.

Die Einregistrirung der allein wohnenden oder in den Bordellen sich aufhaltenden öffentlichen Mädchen in das Prostitutions-Register des Sanitätsbureau's, bildet eine der wichtigsten Massregeln zur Evidenzhaltung der Prostitution und zur Sicherung des Gesundheitswohles der Bevölkerung.

Die Einregistrirung, eine schon in den ältesten Zeiten beliebigte Massregel, hatte vormals nicht die Tragweite der modernen Inscription, weil sie nicht mit der Untersuchung der Einregistrirten verbunden wurde. Schon im Alterthume machten die grassen Excesse der Prostitution das Bedürfniss einer Regelung der Prostitution fühlbar, ein Bedürfniss dem man durch die einseitige Einführung der Einregistrirung und die Errichtung von Bordellen volle Rechnung getragen zu haben vermeinte. Schon in dem alten Rom mussten sich die öffentlichen Mädchen oder andere Frauenspersonen zur Erlangung der *„Licentia stupri“* (Bewilligung zur Treibung der gewerbsmässigen und straffreien Unzucht) bei den Aedilen in das Prostitutions-Register eintragen lassen. Mit dem Untergange des römischen Reiches gerieth die Einregistrirung vollends in Vergessenheit. Von Carl dem Grossen an bis in die Mitte des letzten Jahrhunderts mühte man sich blos mit zwecklosen Verhängungen äusserst harter Strafen über die Prostitution ab, ohne der weit nützlicher gewesenen Restauration der Einregistrirung zu gedenken. Erst nach dem Siege der französischen Revolution wurde von dem Polizeilieutenant Lenoir zum ersten Male in Paris ihre Wiedereinführung angeordnet. Diese aber, so wie die späteren Inscriptionsversuche, welche die Municipalität *(Sous la Convention)* im Jahre 1796 und eine zu deren besserer Organisirung zusammengesetzte Commission im Jahre 1804 bethätigten, waren noch sehr unvollkommen. Dem Polizeiminister M. Pasquier war es vorbehalten, im Jahre 1816 ein wohlgeordnetes System der Einregistrirung *(enregistrement)* zu entwerfen und dasselbe in Vollzug zu setzen. Die Einregistrirung der öffentlichen Mädchen, die gegenwärtig in Wien so viel von sich reden macht, wurde also schon nahezu vor einem halben Jahrhundert in Paris vorgenommen. M. Pasquier richtete auf der Polizeipräfectur ein eigenes Bureau für das gesammte Prostitutionswesen *(bureau des moeures)* ein und ordnete die Führung von Registern an, in welchen:

a) die öffentlichen Mädchen, welche sich freiwillig vorstellten;

b) die öffentlichen Mädchen, welche von den Polizeiagenten bei Prostitutionsacten ertappt wurden;

c) die Bordellmädchen;

d) die Prostituirten, welche wegen Syphilis in die Spitäler geschickt, und

e) die Prostituirten, welche in die Gefängnisse gesteckt wurden, eingetragen werden mussten.

Mit diesem Bureau vereinigte er einen Saal zur ärztlichen Untersuchung der Prostituirten, den er mit dem Namen „*Dispensaire*" belegte. Um aber der Strassen-Prostitution möglichst entgegentreten zu können, bewilligte er gleichzeitig Concessionen zur Haltung von Bordells. Dieses französische System der Einregistrirung unter gleichzeitiger Concessionirung von Bordellen wurde bald darauf auch in Belgien, Russland, Preussen, Holland, Hamburg u. s. w. eingeführt.

In Wien scheint man sich vorderhand bei der daselbst gegenwärtig projectirten Regelung der Prostitution blos mit der einseitigen Einführung der Einregistrirung (vielleicht auch mit dem *Status quo**) begnügen zu wollen.

Die Manipulation bei der Einregistrirung der öffentlichen Mädchen ist in der nachfolgenden Weise durchzuführen. Ueber alle freiwillig oder zwangsweise in das Prostitutions-Register einzuschreibenden Prostituirten muss ein Protocoll aufgenommen werden, in welches zuerst deren Name, Alter, Geburtsort, Religion, Beschäftigung und Wohnort eingetragen werden muss.

Ist dies geschehen, dann sind an sie folgende Fragen zu stellen:

---

*) Die „Neue freie Presse" (Nr. 72, J. 1864) berichtet hierüber Folgendes: „Dem Vernehmen nach hat der Magistrat sein Urtheil über den von den Stadtphysikern ausgearbeiteten und zur Berathung mitgetheilten Entwurf zur Regelung der Prostitution bereits dem Gemeinderath vorgelegt und sich gegen die Vorschläge der Stadtphysiker ausgesprochen. Der Magistrat verwirft sowohl das System der sogenannten Licenzkarten und der damit verbundenen in gewissen Zeitabschnitten wiederkehrenden Untersuchung der Prostituirten durch angestellte Aerzte, als auch die Errichtung öffentlicher Häuser. Der Magistrat betont, es seien die bestehenden Gesetze aufrecht zu erhalten, die nicht zuständigen Mädchen zweifelhaften Erwerbes abzuschieben, die zuständigen aber in Arbeitshäusern anzuhalten, da alle anderen Palliative eine Sanction der Unsittlichkeit wären." (!) Kürzer, sagt die Presse, und anmuthiger wäre dieses Urtheil in dem landesüblichen und beliebten Spruch zusammenzufassen gewesen: „Lassen wir's beim Alten!"

a) Ob sie ledig, verheiratet oder Witwen sind?

b) Ob ihre Eltern noch leben und womit sich dieselben beschäftigen?

c) Ob sie bei den Eltern wohnen, — seit wann sie selbe verlassen haben — und aus welchem Grunde?

d) Ob sie Kinder haben und ob sie dieselben erhalten?

e) Wie lange sie in Wien wohnen?

f) Ob sie Jemand in Wien reclamiren kann?

g) Ob sie schon ein- oder mehrere Male verhaftet wurden und aus welchem Grunde?

h) Ob sie schon einmal oder öfters syphilitische Affectionen überstanden haben?

i) Ob sie schon früher in Prostitution gemacht haben und seit wie lange?

j) Ob und welche Erziehung sie genossen haben?

k) Aus welchen Gründen sie die Einschreibung in das Prostitutionsregister ansuchen?

l) Ob sie ihren Taufschein und wenn sie nicht zuständig sind, ihren Pass vorlegen können?

Zeigt sich nach der Beantwortung dieser Fragen, dass die Inscription keinem Anstande unterliegt, so hat ein Beamter die Petentin zur Untersuchung in das Dispensaire zu begleiten, wo der dejourirende Arzt auf das zuletzt aufgenommene Protocoll den Befund der Untersuchung verzeichnet.

Wurde die Petentin gesund befunden, so wird sie in dem Bureau in das Prostitutionsregister eingetragen, worauf sie die beiden Protocolle und das Reglement für ihre künftige Verhaltungsweise unterschreiben muss. Ist dies geschehen, dann wird ihr das sogenannte „Gesundheitsbuch" ausgehändigt, auf dessen erster Seite: das Nationale, die Personsbeschreibung, die Folionummer des Prostitutionsregisters und die zwei Wochentage, an denen sich die allein wohnende Prostituirte in dem Dispensaire vorstellen muss, eingetragen werden. Da die Bordellmädchen unmittelbar in den Bordellen täglich untersucht werden, so werden die Befunde der Untersuchungen täglich in ihren Gesundheitsbüchern verzeichnet. Auf der zweiten und dritten Seite befindet sich das Reglement über das Verhalten der allein wohnenden Prostituirten und der Bordellmädchen. Die übrigen Seiten dienen zur Eintragung der späteren Untersuchungsbefunde. Die Prostituirten sind verpflichtet, dieses Gesundheitsbuch stets bei sich zu tragen, dasselbe zu den Untersuchungen in das Dispensaire mitzubringen und über Aufforderung den Sicherheitsagenten jederzeit anstandslos vorzuweisen.

Verliert eine Prostituirte ihr Gesundheitsbuch, so muss sie dies sogleich im Sanitätsbureau anmelden, worauf sie ein neues erhält, auf dem es aber angemerkt wird, dass es eine Copie sei.

Alle Jahre erhalten die Prostituirten ein neues Gesundheitsbuch. Die Gesundheitsbücher der in die Spitäler oder in die Gefängnisse abgegebenen, oder aus irgend einem Grunde aus dem Prostitutionsregister ausgestrichenen Prostituirten müssen denselben abgenommen und im Sanitätsbureau hinterlegt werden.

Die Bordellinhaberinnen haben jene Mädchen, welche sie in ihren Häusern aufnehmen wollen, persönlich bei dem Sanitätsbureau zur Vernehmung und Untersuchung vorzuführen.

Folgende Frauenspersonen dürfen in das Prostitutionsregister nicht eingetragen werden:

a) Mädchen unter 16 Jahren.

b) Verheiratete Frauen, welche mit ihren Männern in einem und demselben Quartiere wohnen, wenn man anzunehmen berechtigt ist, dass Letztere aus dem Unzuchtsgewerbe einen Vortheil ziehen wollen. Solche Inscriptionen würden gegen den § 511 des allg. österr. Strafgesetzes verstossen.

Folgende Frauenspersonen dürfen nur unter gewissen Bedingungen einregistrirt werden:

a) Minderjährige Frauenspersonen, gleichgiltig ob nach Wien zuständig oder nicht, dürfen nur nach genommener Rücksprache mit ihren Eltern, Verwandten, Vormündern oder den Vorständen jener Anstalten, unter deren Obhut sie sich befinden (Findlinge und Waisenkinder), aufgenommen werden, weil in der Folge ihrethalben öfters Reclamationen erhoben werden könnten.

b) Verheiratete Frauen dürfen nur dann, wenn sie getrennt von ihren Männern leben, diese aus ihrem Gewerbe keinen Vortheil ziehen und ihnen eine schriftliche Bewilligung zur Ausübung desselben ertheilen, einregistrirt werden.

Die Einregistrirung der öffentlichen Mädchen ist eine doppelte:

a) eine freiwillige, wenn die Mädchen, welche Prostitution treiben wollen, sich selbst im Sanitätsbureau vorstellen oder durch Vermittlung einer Bordellinhaberin vorgestellt werden;

b) eine zwangsweise, wenn die von den Sicherheitsagenten wegen Treibung der geheimen Prostitution oder wegen Ertappung auf einem frischen Unzuchtsfalle im Bureau vorgestellten Frauenspersonen selbst ohne ihre Zustimmung einregistrirt werden.

Die zwangsweise Einregistrirung ist wieder:

α) eine provisorische, wenn der Thatbestand nicht vollständig constatirt werden kann, und

β) eine definitive, wenn derselbe vollkommen hergestellt worden ist.

Die Ausübung der geheimen Prostitution wird von den nicht einregistrirten Frauenspersonen dann als constatirt angesehen:

a) wenn eine Frauensperson an einem öffentlichen Orte bei einem Unzuchtsacte von den Sicherheitsagenten betroffen wird und der bei ihr betroffene Mann angibt, dieselbe früher nicht gekannt zu haben;

b) wenn ein Mann in der Wohnung einer Frauensperson betroffen wird, den sie von der Strasse oder einem anderen öffentlichen Orte zu sich gelockt und derselbe erklärt, sie weiters nicht zu kennen;

c) wenn eine Frauensperson mit einem Manne in einem Zimmer eines *Hôtels garni*, eines Wirthshauses, einer Prostituirten oder einer Kupplerin eingeschlossen betroffen wird und der Mann die gleiche obige Erklärung abgibt;

d) wenn eine Frauensperson zu verschiedenen Zeiten, mit verschiedenen Männern auf der Strasse oder an öffentlichen Orten getroffen wird und diese sich nicht als ihre Liebhaber oder Aushalter geriren;

e) wenn eine Frauensperson Bestellhäuser besucht und die Sicherheitsagenten sie in solche eintreten oder aus denselben weggehen sehen.

In allen diesen Fällen wird eine solche Person über eine von zwei Sicherheitsagenten signirte Anzeige vor das Sanitätsbureau vorgeladen und wenn sie nicht erscheint, Abends verhaftet und demselben vorgeführt. Wird sie bei der vorgenommenen Untersuchung krank befunden, ist der Fall ein augenscheinlicher und wurde sie schon öfters rückfällig, so wird sie ohne weiters zwangsweise in das Prostitutionsregister eingetragen.

Minderjährige werden ihren Eltern oder Vormündern und Verheiratete ihren Gatten zur weiteren Beaufsichtigung übergeben.

Ohngeachtet der zwangsweisen Inscription darf keine die geheime Prostitution betreibende Frauensperson zur Untersuchung mit Gewalt gezwungen werden. Renitentinnen sperrt man einige Tage ein, bis sie sich für die Untersuchung entscheiden. Rückfällige Individuen verweigern selten ihre Untersuchung.

Werden die der geheimen Prostitution fröhnenden Frauenspersonen durch die Sicherheitsagenten fleissig verfolgt, so lassen sie sich endlich selbst freiwillig einregistriren.

Um eine erfolgreiche Regelung der Prostitution zu erzielen, muss die Manipulation der Einregistrirung centralisirt und in jeder Stadt nur ein Sanitätsbureau mit einem Dispensaire (Untersuchungsanstalt) etablirt werden.

Die Gesundheitsbücher, die Untersuchungen und die Concessionen von Bordellen sollen taxfrei sein, damit sowohl den Prostituirten als den Bordellinhabern jeder Anlass zu Ostentationen: „als hätte man sie wegen der Zahlung einer Steuer privilegirt" benommen wird.

Allerdings wird auf diese Weise die Erhaltung des Sanitätsbureaus dem Gouvernement mehr Auslagen verursachen, da aber unter allen ansteckenden Krankheiten die das Menschengeschlecht bedrohen, die Syphilis die grössten Verwüstungen anrichtet, indem sie fortwährend sowohl von der gegenwärtigen als auch von der künftigen Generation zahllose Opfer fordert; durch den Verlust so vieler Menschenleben der Nationalreichthum benachtheiligt und ausserdem noch unablässig das Gesundheitswohl der Säuglinge, der Ammen und selbst jenes der tugendhaftesten Gattinnen bedroht, sollte füglich die Geldfrage in keine Erwägung gezogen werden. Hat man vorlängst Lazarethe, Leprosenhäuser, Seebäder, Quarantaineanstalten u. s. w. mit einem Kostenaufwande von Millionen errichtet und lassen die Regierungen gegenwärtig

Spitäler und Irrenhäuser errichten, Wasserleitungen herstellen, Canäle bauen, die Canalisirung überwachen, stehende Gewässer trocken legen, die Strassen pflastern, reinigen und ausweiten, die ungesunden Wohnungen adaptiren oder delogiren, die Nahrungsmittel, Getränke, Geschirre, Arzneien durch Sachverständige untersuchen, ärztliche Individuen zum Dienste für die Armen bestellen u. s. w., um die Interessen des Gesundheitswohles der Bevölkerung zu fördern, warum verabsäumt man es noch immer, Massregeln zur Beschränkung der Syphilis zu ergreifen, die nahezu seit 3 Jahrhunderten den Continent entvölkern hilft? So oft dieser Vorwurf laut wird, versuchte man es immer diese Vernachlässigung durch den obgleich unhaltbaren Vorwand, die grossen Auslagen für die Regelung der Prostitution nicht bestreiten zu können, zu bemänteln. Wir aber vermeinen, dass man unter diesem eitlen Vorwande nur den Einfluss einer gewissen Coterie auf diese Angelegenheit zu verbarrikadiren bestrebt ist, die es nicht wagt, in greifbarer Weise sich selbst in's vorderste Treffen zu stellen. Das Gouvernement vergesse es aber nie, dass es seine Pflicht ist, für die Erhaltung des öffentlichen Gesundheitswohles jegliche rein ideale Anfeindung zurückzuweisen, das antiquirte Sparsystem in Dingen von reellem Nutz und Frommen über Bord zu werfen, weil die Kosten für die Herstellung all' der Tausende von Syphilitischen jene, welche die Erhaltung eines Sanitätsbureaus beanspruchen, weit überragen. Der Kosten willen sollten das Leben der Menschen und das Glück der Familien nicht hingeopfert werden!

Die Resultate, welche man durch die Errichtung des Dispensaires (Untersuchungsanstalt für die Prostituirten) in Frankreich erzielte, waren folgende:

a) Eine Vermehrung der alleinwohnenden Mädchen und der geheimen Prostitution.

b) Eine Verminderung der Bordelle, dagegen aber eine Vermehrung der sogenannten Bestellhäuser *(maisons de passe)*, die weit nachtheiliger auf das Gesundheitswohl und die Moralität einwirken, weil sie einerseits von Frauen und Mädchen aus guten Häusern zur Prostitution benützt werden, anderseits, weil die jene Häuser besuchenden Frauenspersonen keiner ärztlichen Controle unterliegen. In Wien vertreten die Häuser der Kupplerinnen die Pariser Bestellhäuser.

c) Eine Verminderung der syphilitischen Erkrankungen unter dem Hinblick auf die Gesammtpopulation, denn während noch vor der Einführung der Dispensaires in Paris (J. 1812) 1 Syphilitische auf 71 Frauenspersonen entfiel, kam bald nach ihrer Errichtung (J. 1832) 1 Syphilitische auf nur 88 Frauenspersonen.

d) Eine Verminderung der syphilitischen Erkrankungen mit alleiniger Berücksichtigung der Prostituirten; denn während noch vor der Errichtung der Dispensaires 1 Syphilitische auf 44 Prostituirte entfiel, kam nach dessen Errichtung 1 Syphilitische auf 53 Prostituirte.

e) Eine Verminderung der Bösartigkeit der syphilitischen Erkrankungen, weil die Syphilitischen auf diese Weise schon im Beginne ihrer Erkrankung in die Spitäler geschickt werden.

f) Eine rechtzeitige Entfernung der wegen Syphilis Verdächtigen, weil auch diese zur Beobachtung an die Spitäler abgegeben werden.

g) Die Beseitigung der so nachtheilig auf das allgemeine Gesundheitswohl einwirkenden häuslichen Behandlung der Prostituirten.

Im Jahre 1858 wurden in dem Pariser Dispensaire:

an den allein wohnenden Prostituirten	97.626
an den Bordellmädchen	53.404
an den in dem Polizei-Depot eingeschlossenen Prostituirten	4.777
also im Ganzen	155.807

Untersuchungen vorgenommen.

Bildet gleichwohl die Einregistrirung der öffentlichen Mädchen eines der vorzüglichsten Mittel zur Regelung der Prostitution, so können wir doch nicht umhin zu behaupten, dass sie ohne die gleichzeitige Concessionirung von Bordellen einseitige, ja sogar nachtheilige Ergebnisse zur Folge haben wird.

Laut den Veröffentlichungen der „Wiener Vorstadtzeitung" (Nr. 181, J. 1863) soll das Polizeiministerium die Duldung der Prostitution als eines erlaubten Gewerbes unter der Bedingung zuzugestehen beabsichtigen, dass alle Mädchen, welche in Prostitution machen wollen, sich bei dem in ihrem Bezirke wohnenden und von der Polizei-Direction designirten Arzte vorstellen, sich dort als Prostituirte einschreiben, sich vorschriftsmässig untersuchen lassen und das sogenannte „Gesundheitsbuch" in Empfang nehmen. Die Untersuchungen der so privilegirten Lustmädchen soll in ihren, oder den Wohnungen der Aerzte vorgenommen werden dürfen. Für die Ersteren sollen die Mädchen 50 kr., für Letztere 20 kr. an die Aerzte entrichten. Mit der Controle der Untersuchungen will man die Bezirksärzte, denen man zur Assistenz jüngere weniger beschäftigte Aerzte beistellen wird, betrauen. Lustmädchen, welche im Besitze eines Gesundheitsbuches sich vorschriftmässig untersuchen lassen, sollen keiner polizeilichen Verfolgung unterliegen; Dawiderhandelnde, nicht nach Wien Zuständige per Schub in ihre Heimat geschickt, Zuständige aber in eine Correctionsanstalt abgegeben werden.

Die „Vorstadtzeitung" sagt in dem oben bezeichneten Artikel: „Die Prostitution — geregelt?" über dieses neue Prostitutionsproject Folgendes: „Die Prostitution ist ein nothwendiges Uebel der grossen Städte, das man in Wien aus mancherlei Rücksichten fortwährend mit allen polizeilichen Mitteln zu bekämpfen sucht. Aus diesem Kampfe gegen das Unvermeidliche entwickelte sich ein beinahe anarchischer Zustand. Heute las man in den Zeitungen, in dieser oder jener Vorstadt hätten Streifungen (d. i. Arretirungen der Lustmädchen) auf offener Strasse gegen prostituirte Mädchen stattgefunden und doch bewegte sich am nächsten Tage die Prostitutionswelt wieder offen in den belebtesten Stadttheilen, und in den besuchtesten und glänzendsten Localen. Wo blieb da die Gleichheit Aller vor dem Gesetze?"

„Man sah den Zweck der Massregeln nicht ein, welche nur die persönliche Freiheit der Einzelnen zu beschränken vermochten, ohne dem Uebel im Grossen und Ganzen nahe zu treten. Durch alle von der Polizei angewandten Mittel wurde aber nicht einmal das erreicht, dass die Gesundheit der Residenz geschützt gewesen und die Verbreitung gefährlicher Krankheiten gehindert worden wären. Die neue muthmassliche Prostitutionsordnung sctzt diesen Uebelständen eine Gränze, sie hebt das Privilegium auf diesem Felde der Schmach und Schande auf, sie beseitigt die der Civilisation des Jahrhunderts nicht würdigen Streifungen, und sie hat die Absicht, die Gesundheit der Residenz gegen gewisse Krankheiten sicherzustellen. Jedenfalls aber, was auch die Wirkung der neuen Einrichtung sein möge, ist es anerkennenswerth, dass endlich auf diesem vernachlässigten Gebiete Etwas geschieht."

„Was endlich die Einführung von öffentlichen Häusern anbelangt, so soll man im Polizeiministerium sich gegen dieselben erklärt haben, mit Hinweis namentlich auf die deutschen Städte, in welchen man ausser in Hamburg, nirgends öffentliche Häuser privilegire." (?)

Wir stimmen theilweise den Auslassungen der „Vorstadtzeitung" bei, werden jedoch beweisen, dass mit dieser angeblich beliebigten Einführung der Gesundheitsbücher nur die eine Hälfte der Regulirung der Prostitution erledigt wird, dass aber die Gesammtaufgabe erst mit der gleichzeitigen Duldung der öffentlichen Häuser ihre vollkommene Lösung finden kann.

Die Einregistrirung der öffentlichen Mädchen ist eine einseitige Massregel, die nebst so manchen Vortheilen auch viele Nachtheile involvirt. Welche Resultate wird die einseitige Einregistrirung und Untersuchung der öffentlichen Mädchen, ohne die gleichzeitige Concessionirung der Bordelle schaffen?

1. Die von der öffentlichen Meinung so sehr verpönten Strassenpromenaden, der sogenannte „Strich" der Lustmädchen, also das öffentliche Aergerniss, werden dadurch nicht beseitigt, sondern sogar noch vermehrt. So lange diese Mädchen die Conflicte mit der Polizei scheuen, beobachten sie wenigstens des Tages über eine gewisse Reserve und bei einbrechender Nacht eine mehr lauernde als provocirende Haltung; im Momente aber, als ihnen die Polizei durch das „Gesundheitsbuch" die straflose Ausübung ihres Gewerbes zusichert, wird der bisherige „kleine Tagesstrich" mit der bisher beobachteten Reserve fallen und in einen „grossen Nacht-

strich" — und der „grosse Nachtstrich" in eine „chaotische Strassenorgie" umschlagen.

Die da glauben, die Prostitution werde durch die Einschreibung eine Verminderung erfahren, weil viele Mädchen aus Scham vor derselben zurückschrecken dürften, werden nur zu bald enttäuscht werden. Warum sollten wohl Personen aus Scham vor einer autorisirten Massregel zurückschrecken, die schon längst keine mehr besessen haben? Warum sollten sich diese Personen scheuen, ein anstandslos zu erlangendes Gesundheitsbuch zu begehren, das sie vor Strafen: wie der Schub, die Einsperrung in ein Arbeitshaus oder in ein Gefängniss sicherstellt, die doch unter deren Bestande sich nicht gescheut haben vor aller Welt ihr unzüchtiges Gewerbe zu betreiben? Dass derlei Individuen selten ein Bedenken tragen werden, sich in das Prostitutionsregister einschreiben zu lassen, ist selbstverständlich und lässt sich sogar statistisch nachweisen. In Paris, wo alle nicht eingeschriebenen Mädchen, wenn auf Prostitutionswegen betroffen, von der Polizei zwangsweise eingeschrieben werden, fanden sich nach Parent-Duchatelet unter 12,544 freiwillig eingeschriebenen öffentlichen Mädchen nur 720, die zwangsweise eingetragen werden mussten. Die öffentliche und individuelle Sittlichkeit wird also durch die Einschreibung nicht gefördert. Nur durch die Einführung der Bordelle kann die Strassenpromenade der Lustmädchen auf ein Minimum reducirt werden, weil nur durch sie die Einschränkung der Strassenprostitution ermöglicht wird und andererseits die Bordellmädchen nur bei Tage und nur unter Begleitung einer Aufseherin, Nachts aber gar nicht die Strassen betreten dürfen.

2. Die beabsichtigte Untersuchung der öffentlichen Mädchen in den, in mehrere kleinere Sectionen abgetheilten grösseren Bezirken durch Privatärzte, wenngleich unter der Controle der betreffenden Bezirks-Polizeiärzte, vernichtet die so wichtige Centralisation dieses Geschäftes und die Möglichkeit der Evidenzhaltung des Status der Prostituirten. Wenn in Paris, einer Stadt, die Wien an Ausdehnung und Population weit übertrifft, eine Centralisation dieses Geschäftes mit dem besten Erfolge

erzielt wurde, warum sollte dies in Wien unmöglich sein, oder etwa gar schlechte Resultate schaffen? Eine so bedeutende Zerstückelung des Untersuchungsgeschäftes, wie die projectirte, macht es schlechterdings unmöglich, jeden Nachmittag ein Generaltableau über alle inscribirten Mädchen, die sich bei den vorschriftsmässigen Untersuchungen nicht vorgestellt haben, zu entwerfen und doch muss ein solches um diese Zeit täglich fertig auf dem Papiere stehen, weil alle Lustmädchen, die sich an dem bestimmten Tage nicht vorgestellt haben, noch an demselben Abend eingezogen werden müssen.

Bleiben diese Lustmädchen auch nur eine Nacht, oder vielleicht noch länger auf freiem Fusse, so können durch sie zahlreiche neue Ansteckungen verbreitet werden.

In dieser Beziehung empfehlen wir die Nachahmung der Manipulation der Pariser Polizei. Auf der dortigen Untersuchungsanstalt *(Dispensaire)* Polizei-Präfectur liegt ein Verzeichniss aller freiwillig oder zwangsweise inscribirten Lustmädchen auf. Diese Mädchen werden in drei gleich grosse Gruppen getheilt, deren jede an zwei bestimmten Tagen in der Woche, in den Stunden von 10—3 Uhr sich zur Untersuchung vorstellen muss. Sind z. B. 3000 Mädchen inscribirt, so werden diese in drei Gruppen von je 1000 abgetheilt, so dass 1000 am Montag, 1000 am Dienstag und 1000 am Mittwoch untersucht werden, eine Manipulation, die am Donnerstag, Freitag und Samstag wiederholt wird. Auf diese Weise kommen alle Inscribirten zweimal wöchentlich zur Untersuchung. Jeden Tag um 3 Uhr werden die Mädchen, die sich zur Untersuchung nicht vorgestellt haben, zusammengeschrieben und die Ausgebliebenen von den Polizeiagenten noch an demselben Abend arretirt. Die bei den Untersuchungen wirklich oder nur verdächtig krank Befundenen werden zurückbehalten und Abends in verschlossenen Omnibus unter polizeilicher Begleitung in die Spitäler abgeführt. Welches Aufsehen würde aber ein solcher Transport kranker Lustmädchen erregen, wenn derselbe täglich, von so vielen kleinen Vorstadtbezirken aus, in Wien in Vollzug gesetzt werden wollte?

3. **Die Untersuchung der öffentlichen Mädchen in ihren Wohnungen gefährdet das öffentliche Gesundheitswohl.** Der Polizeipräfect Dubois in Paris gestattete versuchsweise durch längere Zeit derlei Untersuchungen, allein es zeigte sich bald, dass sie sehr mangelhaft und mit grosser Parteilichkeit vollzogen wurden, dass dadurch zahlreiche Ansteckungen erfolgten, so dass er gezwungen war, dieselben wieder zu verbieten.

4. **Die Bezahlung der Aerzte für die Untersuchungen aus dem Säckel der öffentlichen Mädchen ist eine in mehr als einer Beziehung unpraktische Massregel.**

a) Es ist schon an und für sich die Würde des ärztlichen Standes herabwürdigend, sich für die Untersuchungen von den öffentlichen Mädchen honoriren zu lassen.

b) Noch mehr herabwürdigend wäre aber die beliebigte Untersuchungstaxe, die mit den Leistungen der Aerzte in gar keinem Verhältnisse steht. Wenn sich die Zeitungsangaben bestätigen, sollen die Aerzte für die Untersuchungen eines öffentlichen Mädchens in ihren Ordinationslocalen nur 20 kr. ansprechen dürfen. Wie kann man aber erwarten, dass um ein solches Almosen (denn für ein Honorar kann doch eine solche Taxe nicht gelten) genaue Untersuchungen vorgenommen werden, da diese die Anwendung von Instrumenten, Beischaffung reiner Wäsche, Schwämme, Spritzen, Mutterspiegel u. s. w. und einen erklecklichen Zeitaufwand beanspruchen.

Die Untersuchungen würden daher zum Nachtheile des öffentlichen Gesundheitswohles nur in oberflächlicher Weise vollzogen werden. Und doch sollten gerade die Aerzte, welche derlei Untersuchungen vornehmen, umsomehr gut honorirt werden, als sie durch diese ekle Praxis den Verlust ihrer Clientel und die Gewinnung neuer Kunden riskiren, da honnete Familien die Besuche der Prostitutionsärzte ihres Rufes wegen nicht beanspruchen und namentlich Frauen deren Hilfe bei Untersuchungen gewisser Theile ihres Körpers, aus Furcht für ihre Gesundheit, zurückweisen werden.

c) Womit sollen öffentliche Mädchen bei einer Stockung

ihres Gewerbes, wenn sie k e i n e n K r e u z e r i n d e r T a s c h e
h a b e n, die Untersuchungsärzte bezahlen? Sie würden in einem
solchen Falle gezwungen sein, sich Jedem, selbst auf die Gefahr
einer Ansteckung hin, preiszugeben, um das Untersuchungs-
honorar zu verdienen, weil man sie, wenn sie sich zur Untersuchung nicht vorstellen, mit dem Schube oder mit der Einsperrung bestraft? Finden sie aber keinen Verdienst, so werden sie
ohne ihr Verschulden von der Untersuchung wegbleiben
müssen und auch ohne ihr Verschulden dennoch bestraft werden.

d) Es genügt dem öffentlichen Gesundheitswohle nicht, n u r
d i e s i c h s e l b s t z u r E i n s c h r e i b u n g v o r s t e l l e n d e n Prostituirten zu untersuchen. Wir werden weiter unten alle Kate-
gorien der öffentlichen Mädchen anführen, welche in Paris untersucht werden.

Um den sub *a*, *b*, *c* und *d* vorgeführten Unzukömmlichkeiten
auszuweichen, empfehlen wir die Manipulation der Pariser Polizei.

In Paris werden die Aerzte, welche in der Unter-
suchungs-Anstalt der Polizei die öffentlichen Mädchen
untersuchen, vom Staate bezahlt und ihnen dadurch
eine von den Prostituirten und dem Publicum ganz
unabhängige Stellung verschafft. Das Personale der
Pariser Untersuchungsanstalt besteht aus:

1 Primararzte und einem Primarchirurgen, jeder mit einem Gehalte von 6000 Fr.		12.000 Fr.
1 Unterarzte und 1 Unterchirurgen, jeder mit einem Gehalte von 3000 Fr.		6.000 Fr.
2 Eleven der Medicin und 1 Eleven der Chirurgie, à 1200 Fr.		3.600 Fr.
1 Individuum für das Register und 1 Individuum für die Anstaltsapotheke, à 1200 Fr.	.	2.400 Fr.
	Summa	24.000 Fr.

Die Polizei in Paris verlangt von den Aerzten,
welche sie bei dieser Untersuchungsanstalt bedienstet,
folgende Eigenschaften:

Sie müssen in der Syphilidologie vollkommen bewandert sein;
einen unbescholtenen von aller Charlatanerie und Gewinnsucht
freien Ruf haben; — sich in vorgerückterem Alter befinden und
verheiratet sein; — sich in ihrer Conversation mit einer gewissen

Reserve benehmen; über ihnen mitgetheilte Thatsachen und Anekdoten ein beharrliches Schweigen beobachten; — alle Vorkommenheiten der Anstalt streng bei sich bewahren; — die öffentlichen Mädchen mit Discretion behandeln; — sich, ohne in eine abstossende Härte zu verfallen, durch einen sanften Ernst die Achtung der Prostituirten verschaffen; — die Untersuchungen mit einer modesten Delicatesse und nie vor Zeugen vornehmen; — sich aller Parteilichkeit und der Behandlung von Prostituirten enthalten.

Im Jahre 1858 wurden in der Pariser Untersuchungsanstalt *(Dispensaire)* 97.626, in den Bordellen 53.404, in den Gefängnissen 4777, also im Ganzen 135.807 Untersuchungen von den Anstaltsärzten vorgenommen.

In den Pariser Untersuchungsanstalten werden folgende Kategorien öffentlicher Mädchen untersucht:

α) Alle, welche sich zum ersten Male in die Prostitutionsregister der Polizei eintragen lassen.

β) Alle alleinwohnenden öffentlichen Mädchen, die sich entweder freiwillig einschreiben lassen, oder zwangsweise eingeschrieben wurden.

γ) Alle, welche in ein Bordell eintreten, oder aus einem Bordell in ein anderes übersiedeln.

δ) Alle, welche nach Aufgebung der Prostitution die Ausstreichung aus dem Prostitutions-Register verlangen.

ε) Alle, welche Paris zeitweilig verlassen und einen Pass verlangen, damit durch sie die Syphilis nicht verschleppt werde.

ζ) Alle, welche zeitweilig in einem Spitale oder Gefängnisse sich aufgehalten, wenn sie sich zur Betreibung ihres früheren Gewerbes wieder anmelden.

5. Es genügt dem öffentlichen Gesundheitswohle nicht, dass blos die factisch erkrankten öffentlichen Mädchen in die Spitäler geschickt werden. Will man der Verbreitung der Syphilis möglichst entgegentreten, so müssen auch die der Syphilis Verdächtigen in ein Spital gesendet werden. Wie wichtig diese Vorsicht ist, zeigen die Erfahrungen an der Pariser Untersuchungsanstalt. Unter 886 Mädchen, welche im Jahre 1858 wegen des Verdachtes einer syphilitischen Erkrankung in die

Spitäler geschickt wurden, zeigten sich nach den zwischen dem 2. und 16. Tage wiederholt vorgenommenen Untersuchungen 325 als factisch mit der Syphilis behaftet. Welche Verheerungen hätten diese Individuen angerichtet, wenn man sie erst nach dem vollendeten Ausbruche der Syphilis in ein Spital transportirt hätte?

6. Der Transport der krank befundenen öffentlichen Mädchen in die Spitäler wird durch ihre Untersuchung in den Wohnungen zum Nachtheile des öffentlichen Gesundheitswohles entweder unmöglich oder verzögert. Was sollen die Aerzte mit den öffentlichen Mädchen, die sie in ihren Ordinationslocalen syphilitisch erkrankt finden, beginnen? Sollen sie selbe in ihren Wohnungen einsperren und etwa selbst auf die Polizei um Assistenz eilen? Sollen sie vielleicht selbst diese Mädchen auf die Polizei führen, da die jungen und unbeschäftigten Aerzte oft weder eine Frau noch weibliche Dienstboten oder Bediente haben? Welche Scandale würden diese Transporte am hellen Tage hervorrufen? Oder sollen die Aerzte die Mädchen bis Abends in ihren Wohnungen verwahren, oder etwa gar zu ihrer Unterbringung, bei dem glänzenden Honorar von 20 kr. noch eigene Wohnungen für Arrestlocale miethen? Und doch sollen sie wegen der Gefahr für das öffentliche Gesundheitswohl derlei Mädchen nicht weiters mehr entlassen? Alle diese Unzukömmlichkeiten können nur dann vermieden werden, wenn die Untersuchungen in einer centralen Polizeianstalt von besoldeten Aerzten vorgenommen werden.

Nach den bisherigen Veröffentlichungen durch die Zeitungen sollen alle öffentlichen Mädchen, die bei der Polizei sich nicht einschreiben lassen, oder sich den vorschriftsmässigen Untersuchungen entziehen, wenn sie nach Wien zuständig sind, in eine Correctionsanstalt gesteckt und wenn sie nicht zuständig, durch den Schub aus Wien entfernt werden. Wir stimmen der Bestrafung öffentlicher Mädchen, die sich Contraventionen zu Schulden kommen lassen bei, doch sind wir gegen jede ungleichförmige Bestrafung. Nach dem eben citirten Modus aber würden die nach Wien zuständigen Mädchen härter bestraft werden, als die nach Wien nicht Zuständigen, weil die Abschiebung, die erfahrungsgemäss meistens illusorischer Natur ist, kaum als eine Strafe angesehen werden kann, denn in der Regel kehren die bei einer Linie abgeschobenen Mädchen bald darauf wieder bei einer anderen nach Wien zurück. Und sendete man sie selbst mit einer gebundenen Marschroute in ihre Heimat, was wäre damit gewonnen? — Wien würde dann um eine Prostituirte weniger, aber ihr Heimatsort um eine Prostituirte mehr haben und obendrein würde ein solches abgeschobenes Individuum in ihrem Heimatsort noch ein grösseres moralisches Unheil anrichten als in Wien.

Gleiches Recht für Alle, gleiche Strafe für Alle! Wir vermeinen, dass alle öffentlichen Mädchen, ob nach Wien zuständig oder nicht, wenn sie sich Contraventionen zu Schulden kommen lassen, durch eine kurze Zeit in eine Corrections-Anstalt abgegeben werden sollten.

7. Mit den Gesundheitsbüchern kann ein dem öffentlichen Gesundheitswohle sehr gefährlicher Unfug getrieben werden.

Es hat sich in Paris häufig ereignet, dass von der Syphilis ergriffene öffentliche Mädchen eine oder die andere ihrer Freundinnen, die gesund waren, ersucht haben, sich mit den Gesundheitsbüchern der Erkrankten dem Untersuchungsarzte vorzustellen, um sich dadurch eine gute Note zu erschleichen und der Absendung in das gefürchtete Spital zu entrinnen. Da die Untersuchungsärzte nicht alle Lustmädchen persönlich kennen konnten, gelangen derlei Betrügereien leider nur zu häufig. Um einem solchen Unfug einigermassen zu begegnen, wird man den Gesundheitsbüchern eine genaue Personsbeschreibung der Inhaberin derselben beifügen, oder denselben eine Photographie ihrer Trägerinnen ankleben müssen.

8. Durch die Bewilligung der Einschreibungen wird sich bei eintretenden allgemeinen Stockungen der Industrie und der Gewerbe, oder bei einer Zunahme des allgemeinen Nothstandes, die Zahl der sich zur Einschreibung Anmeldenden zum Nachtheile der öffentlichen Sittlichkeit und des Gesundheitswohles ausserordentlich vermehren. — Was die Polizei der Einen gestattet, kann sie füglich der Anderen nicht versagen. Durch die Zunahme einer

das wahre Bedürfniss überholenden Concurrenz in dem Gewerbe
der Unzucht, würde aber die Existenz der bereits sesshaften
Prostituirten bedroht und dadurch die so gefährliche Strassenprostitution, so wie die Verbrechen aller Art vermehrt werden.

9. Durch die Bewilligungen der Einschreibungen
werden zahlreiche Entheiligungen der Ehe erfolgen.
— Viele verheiratete Frauen werden sich einschreiben lassen, um
ihrem Drange nach einem genussreichen Wohlleben fröhnen
oder ihrem häuslichen Nothstande unbeanständet abhelfen zu
können. Haben sich doch aus diesen Gründen einstens viele
Frauen angesehener Senatoren des alten Roms bei den Aedilen
in die Prostitutionslisten einzeichnen lassen!

10. Die Einschreibungen werden die Bildung geheimer Bordelle nicht verhindern. Es werden sich Matronen genug finden, die eingeschriebene öffentliche Mädchen in
ihren Wohnungen nach der früheren Uebung der Kupplerinnen
beherbergen werden. Diese Matronen werden, obgleich sie ebenfalls nur Kupplerinnen sind, sich unter diesen Verhältnissen nur
als Wohnungsvermietherinnen geriren und man wird ihnen als
solchen nichts anhaben können, weil sie nur den von der Polizei
autorisirten öffentlichen Mädchen Unterstand geben. Aber diese
schlechten Subjecte werden auch noch manches unverdorbene
Mädchen, mit dem sie gute Geschäfte zu machen anhoffen, mit
allem Aufgebote der Sophistik zur Einschreibung in das Prostitutionsregister verleiten. Es werden also Verführungen von
Mädchen unter der Aegide des behördlichen Privile-
giums stattfinden.

11. Die einfache Einregistrirung der sich selbst
dazu vorstellenden öffentlichen Mädchen gewährt dem
allgemeinen Gesundheitswohle noch keineswegs eine
genügende Garantie, denn es werden ausser diesen sich
immer noch viele Mädchen der geheimen Prostitution hingeben,
durch welche gerade am meisten die Syphilis in immer weitere
Kreise verpflanzt wird..

Um der geheimen Prostitution auf den Leib zu gehen, muss
das Aufsuchen, die Ueberwachung und die Arretirung
der nicht eingeschriebenen Mädchen mit besonderem
Fleisse durchgeführt werden. Die Pariser Polizei hat diese wich-

tige Operation eigenen gut besoldeten Polizeiagenten anvertraut, welche „Inspectoren des Sanitätsbureaus" genannt werden. Zu diesem Amte wählt sie intelligente, humane, entschlossene, unparteiische und unbestechliche Männer von imponirendem Aeusseren und kräftiger Constitution, in dem Alter von 30—40 Jahren, aber nie Polizeisoldaten, oder ungebildete Polizeidiener.

Diesen Inspectoren obliegt die Ueberwachung der eingeschriebenen allein wohnenden Prostituirten, — der geheimen Prostitution — und der sämmtlichen Bordelle. Zu dem Ende hat man Paris in 10 Sectionen getheilt und je nach ihrer Grösse für jede derselben einen oder mehrere Inspectoren ernannt. Gegenwärtig functioniren 24 Inspectoren. Sie werden alle drei Monate abwechselnd in andere Sectionen versetzt, damit sie das Treiben der Prostitution genau kennen lernen.

Diese Inspectoren müssen über alle Vorkommenheiten, welche ihr Einschreiten erheischen, Protocolle aufnehmen, welche den nachfolgenden richterlichen Untersuchungen zur Grundlage dienen. Man entfernt diese Inspectoren höchst selten von ihrem Dienstposten, weil sie erst nach Ablauf mehrerer Jahre eine vollkommene Routine erlangen. Um sie zur Thätigkeit anzuspornen, verleiht man denen, welche innerhalb drei Monaten die meisten uneingeschriebenen Prostituirten zu Stande gebracht haben, eine Gratification, die manchesmal die Höhe von 1200 Frs. erreicht.

Die Inspectoren dürfen, um allen Scandal und jedwede Widersetzlichkeit zu vermeiden, nie eine Prostituirte auf offener Strasse verhaften. Wird eine nicht eingeschriebene Prostituirte von ihnen betreten, so geben sie sich ihnen als Inspectoren zu erkennen und tragen ihnen mündlich auf, sich am nächsten Tage im Untersuchungslocale der Polizei vorzustellen, ein Befehl, dem sie in der Regel nachkommen. Erscheint die so vorgeforderte Person nicht, so wird sie durch eine schriftliche Vorladung dazu aufgefordert. Jede von einem Inspector betretene uneingeschriebene Prostituirte wird von ihm bis in ihre Wohnung verfolgt, um sich ihrer Identität zu vergewissern. Begeben sich derlei Frauenspersonen in bekannte schlechte Häuser, so werden sie nöthigenfalls dort verhaftet. Jede Inhaftirte wird dem Sittenbureau vorgestellt und ihr Verhör sogleich vorgenommen. Verheiratete Frauen und Mädchen aus anständigen Familien werden sogleich entlassen, sind Vernehmungen nöthig, so werden diese später eingeleitet. Man ersieht aus diesen Vorgängen, dass man in Frankreich keine Kosten scheut, um den Anforderungen, welche die Gesellschaft zur Wahrung der Moralität und ihres Gesundheitswohles stellt, möglichst gerecht zu werden.

12. Will die Polizei in Wien die Einschreibung der öffentlichen Mädchen einführen und somit die gewerbsmässige Unzucht toleriren, so kann sie dies nicht eigenmächtig unternehmen, sondern sie muss vorerst die gesetzliche Aufhebung des ersten Absatzes des § 509 des allgemeinen österr. Strafgesetzes, welcher nur die Bestrafung (aber nicht die Duldung) der gewerbsmässigen Unzucht der Ortspolizei überlässt, erwirken. So lange sie dies nicht veranlasst, kann die Polizei die Duldung der gewerbsmässigen Unzucht überhaupt gar nicht aussprechen. Der erste Absatz des § 509 involvirt, wie bereits erwähnt, ausserdem noch wegen seiner unbestimmten Fassung eine sehr bedenkliche Tragweite, weil er das Strafausmass nicht präcisirt und somit die Bestrafung der Prostituirten ganz dem Ermessen der Ortspolizei zu überantworten scheint. Es könnte sich daher ereignen, dass unter dieser Prämisse ein Individuum, welches nur einfach gewerbsmässige Unzucht getrieben, schwerer bestraft wird, als eine Andere, welche sich unter erschwerenden Umständen, wie sie der zweite Absatz des § 509 anführt, hingegeben hat. Die Bestrafung der Prostituirten sollte wie die aller übrigen Staatsangehörigen nicht durch die Polizei als einer Administrativbehörde, sondern durch die Justizbehörde erfolgen.

Gegenwärtig soll, wenn wir recht informirt sind, die Polizei die Acten der Prostituirten einfach an die k. k. Statthalterei, gleichfalls einer politischen Behörde, absenden und sie z. B. zur Absendung an die k. k. Straf- und Besserungsanstalt nach Neudorf notioniren. Findet es diese Behörde für gut dem Vorschlag der Polizei zu willfahren, so wird die respective Person, wenn wir nicht irren, auf unbestimmte Zeit dorthin gesendet. Die Prostituirte wird daher durch eine Administrativ-Behörde verurtheilt und zwar muthmasslich bald mit, bald ohne Festsetzung eines bestimmten Strafausmasses. Die Dauer der Strafzeit der nach Neudorf abgegebenen Prostituirten soll, wie wir hören, von ihrer früher oder später erfolgten Besserung und den hierüber von der dortigen ordensgeistlichen Vorsteherin an die Behörden einlangenden Berichten abhängen. Soll diese gefunden haben, dass die Besserung eines solchen Zwänglings noch nicht gelungen sei, so soll sie dieselbe noch weiters anhalten dürfen. Wäre dies der Fall, so könnte es kommen, dass Prostituirte wegen einfachen Uebertretungen gegen die öffentliche Sittlichkeit unverhältnissmässige Strafanhaltungen zu erdulden hätten.

Wird die Tolerirung der Prostitution einmal gesetzlich ausgesprochen werden, so wäre der erste Absatz des § 509 des allg. bürgerl. Strafgesetzbuches folgendermassen zu formuliren:

„Frauenspersonen, die mit ihrem Körper ein unzüchtiges Gewerbe treiben, werden, wenn sie nicht in das Prostitutionsregister der Polizei eingetragen sind, oder wenn eingetragen, das Prostitutions-Reglement übertreten, mit Arrest von 8 Tagen bis 2 Monaten bestraft."

IV.

Ueber die Ausstreichung der Prostituirten aus dem Prostitutionsregister des Sanitätsbureaus.

Um die inscribirten öffentlichen Mädchen, welche aus was immer für einem Grunde ihre bisherige zweideutige Lebensart aufgeben, nicht ohne Noth ferner der polizeilichen Ueberwachung und ärztlichen Untersuchung zugewiesen zu belassen, hat man in Paris unter dem Polizei-Präfecten M. Debelleyme im J. 1828 die Ausstreichung (*radiation*) aus den Prostitutionslisten eingeführt.

Zur Erwirkung dieser Ausstreichung müssen derlei Mädchen ihre Gesuche persönlich im Sanitätsbureau überreichen und in diesem die Mittel bezeichnen, durch welche sie in der Folge ihre Existenz begründen wollen.

Die Ausstreichung wird in folgenden Fällen bewilligt:

1. Bei einer vorkommenden Verehelichung, wenn sie durch einen Ehecontract oder ein anderes civilbehördliches Certificat dargethan wird.

2. Bei dem Eintritte eines durch ein ärztliches Zeugniss erwiesenen körperlichen Leidens, welches die Petentin zur Prostitution untauglich macht.

3. Bei Reclamationen, welche die Eltern, Verwandten oder Vormünder von Prostituirten an das Sanitätsbureau richten.

4. Bei einer nach Ablauf von 6 Monaten nicht zu Stande gebrachten Eruirung inscribirter öffentlicher Mädchen.

In dem letzteren Falle geschieht die Ausstreichung von Amtswegen. Vor jeder stattfindenden Ausstreichung müssen die Petentinnen in dem Dispensaire untersucht und unter besonderen Umständen selbst nach der vorgenommenen Ausstreichung noch durch 3—6 Monate einer polizeilichen Beaufsichtigung unterworfen werden. Diese fortgesetzte Beaufsichtigung ist besonders dann von Wichtigkeit, wenn der Verdacht Platz greift, dass sich eine Prostituirte blos wegen ihrer Abneigung gegen die Untersuchungen, die Beobachtung des ihr lästigen Reglements und der Ueberbringung in ein Spital ausstreichen lässt, in der That aber die Fortsetzung ihres Gewerbes beabsichtigt.

Kehren ausgestrichene Prostituirte zu ihrer früheren Lebensweise zurück, so werden sie von Amtswegen wieder in das Prostitutionsregister eingetragen.

V.

Ueber die Concessionirung der Bordelle.

A. Etymologie und Classification der Bordelle.

Das Wort „Bordell" stammt nach Einigen von Bords „die Ufer," weil die alten Bordelle aus Badeanstalten entstanden, die an den Ufern der Flüsse gelegen waren; — nach Anderen von dem altsächsischen „Bord" her, und ist ein Diminutiv, also Häuslein; sowie „Baisel" vom hebräischen „Bajes" (Haus) entstanden ist. Ein Bordell gemeinster Sorte wird in der libertinischen Sprache ein „Boucan" genannt.

Für Bordelle hat die alte Gaunersprache an Wörtern deutschen Stammes „Kandich" und „Strom," ersteres wahrscheinlich von Kante, kantig, von der Lage der Frauenhäuser an den Enden oder Kanten der Städte; letzteres von strömen, Ströme, *vagari, vagabundus*. Jüdisch-deutsch ist der Ausdruck „Beskarge", welches im Chaldäischen und Syrischen umhüllen, umwickeln bedeutet, also geheimes, verstecktes Haus, Winkelbordell. In analoger Weise findet man in den ehemaligen Reichsstädten treffende Bezeichnungen für diese Häuser.

So hiess noch im vorigen Jahrhundert in Hamburg ein am Ende der Wallstrasse belegenes Haus „Slykuth" (Schleichhaus). Noch jetzt wird in Lübeck ein Haus „de swatte Pott" (schwarzer Topf), ein anderes, „de Smutt" (der Schmutz), ein drittes „de Höll" (die Hölle), ein viertes „dat fette Elend," ein fünftes „Halsentwei" (Halsentzwei), und endlich ein im Februar 1857 zusammengestürztes Haus, eine frühere Bettlerherberge, de Pulterböhn (Polterboden) genannt. In Basel heisst noch heute eine Gasse, wo die Bordelle sind, die „Lottergasse."

1. Nach der Beschaffenheit ihrer Unternehmer erscheinen die Bordelle als:

a) Staatsanstalten, wie die Bordelle der alten Griechen und Römer, und jene der Republik Venedigs;

b) Communalanstalten, wie die Bordelle Deutschlands, welche die Municipalitäten der Reichsstädte im 15. Jahrhunderte errichteten;

c) Lehensanstalten, weltlichen oder geistlichen Charakters, wie die ehemaligen Bordelle von Wien, Würzburg u. s. w., und

d) Privatanstalten, wie die Bordelle von Hamburg, Amsterdam, Rotterdam, Petersburg, Madrid u. a. m.

2. Nach der Beschaffenheit ihrer Einrichtung zerfallen sie:

a) In eigentliche Bordellhäuser, in welchen von concessionirten Unternehmern öffentliche Mädchen zur Befriedigung der fleischlichen Gelüste der Männerwelt gegen Bezahlung gehalten werden. Die öffentlichen Mädchen erhalten von den Unternehmern Kost, Kleidung, Wohnung u. s. w., für welche Niessungen sie denselben entweder ihren ganzen, oder nur einen Theil ihres Verdienstes überlassen. Diese Bordelle gliedern sich in den meisten Städten je nach der glänzenden Einrichtung der Gemächer, der Schönheit der sich preisgebenden Mädchen, der Stellung ihrer Besucher und der Höhe der Honorare, meistens in drei Classen. Jede Classe hat ihre eigene Taxe, die aber nach der Zeit des Aufenthaltes der Gäste sehr variirt. Man hält in den Bordellen mindestens 3 und höchstens 30 Mädchen. Die Bordelle unterliegen einer mehr oder minder genauen sanitäts-polizeilichen Beaufsichtigung. Die Bordellmädchen sind selten Einheimische, sie werden meistens aus anderen Städten von den Unternehmern unmittelbar verschrieben, oder denselben durch Commissionäre, Kupplerinnen, Verschickfrauen u. s. w. gegen eine entsprechende Entlohnung zugebracht.

b) In Absteigequartiere (Bestell-, Rendezvoushäuser — *maisons de passe).* — Man versteht unter ihnen von der Administration tolerirte Häuser, deren Inhaberinnen Personen beiderlei Geschlechtes zu Prostitutionszwecken, auf eine oder mehrere Stunden, Zimmer gegen Bezahlung überlassen.

Viele Bordellinhaberinnen betreiben nebstbei auch noch dieses Geschäft. Würden die Inhaberinnen der Bestellhäuser nur inscribirte Mädchen unter Vorweisung der Polizeikarte aufnehmen, dann liesse sich gegen solche Asyle nichts einwenden; da sie aber vorzugsweise der geheimen Prostitution, also den nicht eingeschriebenen Mädchen, verheirateten Frauen, Mädchen von 12—15 Jahren, Dienstboten u. s. w. Unterstand geben, wodurch zahlreiche Ehebrüche, Deflorirungen und eine üppige Verbreitung der Syphilis Platz greifen, so muss man sie schlechterdings verdammen und zwar um so mehr, als alle diese Frequentantinnen nicht den Prostituirten angehören und die Polizei daher über sie keine Gewalt hat. Zu solchen Absteigequartieren benützt man in Wien, obgleich in anderer Form, einige Hôtels, in welchen die Zimmerkellner Zimmer auf eine oder mehrere Stunden zu Prostitutionszwecken vermiethen. Auch die altgewordenen

Freudenmädchen treten häufig ihre Wohnungen für zeitweilige Benützung zu Prostitutionszwecken ab.

c) In galante Liebeshäuser (*Maisons à parties*). Einige Damen von Geist, feiner Bildung, guten Manieren und intriguantem Charakter, halten, namentlich in Frankreich, eigens Häuser zu Prostitutionszwecken. Sie veranstalten Dejeuners und Diners, bei denen sich Männer aller Classen der Gesellschaft einfinden, um dort mit reizenden Persönlichkeiten erotische Liaisonen anzuknüpfen. Es gibt derlei Häuser, wo man auf grossem Fusse lebt, ungeheure Summen vergeudet, viel in Prostitution macht; auf deren Vorsteherinnen die Polizei aber nicht fahnden kann, weil sie sich modest und mit einer so gemessenen Reserve benehmen, dass sie sogar in der ganzen Nachbarschaft für honnete Familien gehalten werden. In diesen Häusern werden Intriguen angesponnen und Rendezvous vermittelt. Hieher kommen von ihren Männern verlassene Frauen, die sich als veritable Messalinen den ausgelassensten Orgien hingeben; hier verabredet man sich, wie man reichen Männern gegen grosse Geldsummen Befriedigungen verschaffen könne, deren Realisirung diese selbst für unmöglich gehalten haben.

d) Tanzbordelle*). Man begreift unter diesen jene öffentlichen Tanzlocale, welche Damen, die den allein wohnenden Prostituirten angehören, desswegen besuchen, um dort in Prostitution Geschäfte zu machen. Man findet solche Tanzbordelle in England, Deutschland, Frankreich, aber auch in Wien (Währingergasse) u. s. w. Wo Stationement an der Thür oder den Strassenecken und Raccrochage nicht tolerirt sind, wo es der isolirten Prostitution verboten ist, gewisse Strassen einer Stadt abzusuchen, da sind diese Locale ganz geeignet, dem Angebot und der Nachfrage Raum zu gönnen. Die Tanzbordelle zerfallen in 2 Classen: *a)* solche mit *private rooms for ladies*, d. i. Locale mit Nebengemächern, welche an die Gäste zur Prostitution vermiethet werden, und *b)* solche, welche dergleichen abzuschliessende Nebengemächer nicht haben oder nicht haben dürfen. Die Ersteren sind in England häufig. Es ist gegen diese Locale in sanitätspolizeilicher Bedeutung viel einzuwenden.

---

*) Papenheim, Handbuch der Sanitätspolizei, Artikel „Tanzbordelle." Berlin 1859.

e) Geheime Bordelle. Zu geheimen Bordellen werden häufig verschiedene Schanklocale benützt, in denen man Mädchen zur Bedienung der Gäste hält, welche in einem anstossenden Gemache in Prostitution machen, wie dies in einigen Kneipen und Kaffeesurrogatschänken Wiens der Fall ist. Die meisten Kupplerinnen Wiens benützen ebenfalls ihre Wohnungen zu Bordellen, indem sie des Tages über jungen Mädchen aus allen Classen der Gesellschaft bei sich Unterstand geben, um sie an vermögliche Männer zu verkaufen und sie dann Abends wieder wegschicken, damit sie bei allenfalls des Nachts stattfindenden Hausdurchsuchungen mit der Polizei in keine Conflicte kommen.

B. Geschichte und Statistik der Bordelle.

Die Entstehung der Bordelle fällt in das Dunkel grauer Vorzeit. Diese Institute haben sich durch die verschiedensten Entwicklungsphasen des Menschengeschlechtes, von den Griechen und Römern an, durch das ganze Mittelalter bis auf den heutigen Tag erhalten, so oft auch einseitige religiöse Bedenken mit dem ganzen Aufwande barbarischer Massregelungen gegen sie aufgetreten sind.

Die ersten Spuren einer öffentlichen Preisgebung der Frauen *„en masse"* in einer eigens dazu bestimmten Localität findet man nach dem Geschichtsschreiber Herodot (Herodot's Geschichte 1. Buch § 199) 440 v. Chr. G. in Babilon. Die babilonischen Frauen und Mädchen ergaben sich dem Cultus der Venus Mylitta, der darin bestand, dass sie sich fremden Männern in dem für diese Göttin errichteten Tempel gegen ein Geldgeschenk, das sie auf den Altar der Göttin opferten, hingaben. Die Anzahl der Verehrerinnen dieser Göttin wurde bald so gross, dass sie der Tempel nicht mehr fassen konnte und man den weiten Raum, der sich um denselben befand, zu diesem Behufe mit Zellen, Laubengängen, Hecken, Bassins und kleinen Gärten versah. Man nannte diesen Raum „das Lager der Prostituirten." Die Frauen, die in demselben der Liebe pflegten, durften weder von ihren Vätern noch ihren Gatten bei ihrem Liebesopfern gestört werden. Dieser Tempel stellte somit eine Art „Cultusbordell" dar, weil hier unter dem Schutze einer Göttin und der Beaufsichtigung ihrer Priester, religiöse Prostitution getrieben wurde.

In Armenien verehrte man nach Strabo die Venus Anaitis in einem ihr zu Ehren errichteten Tempel, der von zahlreichen Gebäuden (kleinen Bordellen) umgeben war, in denen die Töchter der besten Familien des Landes, die auf den Wunsch ihrer Eltern in den Dienst dieser Göttin traten, der Debauche sich hingaben. In diese Serails wurden liebeslustige Männer gegen Darbringung von Geschenken an diese Venuspriesterinnen eingelassen. Ein Theil der Geschenke wurde auf den Altar der Göttin niedergelegt. Es ereignete sich nicht selten, dass heiratslustige Männer in diesem Tempel über die religiösen Antecedentien dieser Mädchen Erkundigungen einzogen und diejenigen, welche die grösste Anzahl von Männern zugelassen hatten, zu ihren Frauen wählten. Dieser Venuscultus in Verbindung mit Bordellen verbreitete sich allmälig über Syrien, Phönizien, die Insel Cypern, durch alle Inseln des Mittelmeeres bis nach Griechenland und Italien.

Ganz Klein-Asien ergab sich mit Jubel diesem Cultus, der die sinnlichen und fleischlichen Gelüste so sehr ergötzte.

In Griechenland wurde im Jahre 594 v. Chr. G. in Athen das erste Bordell unter Solon errichtet. Als Solon sah, dass die Altäre und ihre Priester sich aus den Revenuen des Venuscultus so ungemein bereicherten, gedachte er durch die Errichtung eines Bordells diese Einkünfte dem Staatsschatze zuzuwenden und dadurch die Gesundheit der Jugend und die Ehre der Frauen zu beschützen. Er gründete ein grosses Bordell (Dicterion, Porneion) als Staatsanstalt, kaufte Sclavinnen im Auslande und unterhielt sie aus Staatsmitteln. Die in dieser Anstalt eingehenden Gelder mussten an die Staatscasse eingeliefert werden. Ausser den angegebenen Gründen schien die Errichtung dieser Anstalten auch desshalb als eine Nothwendigkeit, weil sich schon damals die Unzucht gegen die Natur in Athen in einer Weise, welche die ganze gesellschaftliche Entwicklung bedrohte, bemerkbar machte. Später wurden noch in der Nähe des Hafens, am Korameikos und im Innern der Stadt mehrere Bordelle errichtet.

Diese Bordelle wurden von einem Aufseher nach einem bestimmten Reglement administrirt. Nach dem letzteren durften die Bordellmädchen die ihnen vorgeschriebenen Quartiere der Stadt nicht verlassen, bei gewissen Festen und religiösen Ceremo-

nien öffentlich nicht erscheinen und nur die vorgeschriebenen
Kleider tragen. Ausser diesen Bordellen hielt man auch in den
Wirthshäusern Lustmädchen, die so wie die Wirthe unter der
Aufsicht der Agoranomen, welche die Prostitutionstaxen bestimm-
ten, standen. Diese Wirthe, wie die Lustmädchen mussten eine
Abgabe (Hurenzins) entrichten. Diese Abgabe verpachtete der
Magistrat an eigene Hurenzinspächter. — Welche enorme Sum-
men der Staat aus dieser Abgabe bezogen haben muss, erhellt
daraus, dass Solon aus derselben der Göttin Aphrodite Pandemos
einen prächtigen Tempel erbauen liess.

Die Bordellmädchen hiessen Pornae, die Strassendirnen
Dicteriaden, die in den Wirthshäusern musicirenden Mädchen
Auletrieden, und die vornehmeren Prostituirten Hetären.
Unter die berühmtesten griechischen Hetären zählte man die Lais,
die Aspasia, die Gnathaena und die Phryne.

In Rom fällt die Errichtung der Bordelle in die Zeit der Entstehung der legalen Prostitution (260 n. d. Eb. Roms), in der die
Aedilen wegen der Uebergriffe der Strassenprostitution ein eigenes
Prostitutionsgesetz, nach welchem alle Individuen, welche die Erlaubniss zur Prostitution *(licentia stupri)* erlangen wollten, sich in
das Prostitutions-Register (moderne Inscription) eintragen lassen
mussten, zu erlassen gezwungen waren *).

Die Einschreibung in dieses Register entäusserte aber die Betreffenden aller bürgerlichen Rechte, sie durften ihr Vermögen nicht
mehr selbst verwalten, keine Erbschaften und Schenkungen annehmen, die Vormundschaft ihrer Kinder nicht führen, keine
öffentlichen Chargen bekleiden, vor Gericht nicht klagen und
keine Eide ablegen. Um jedoch die Strassenprostitution möglichst
zu beschränken und doch die öffentliche Sittenlosigkeit durch zu
strenge Verbote gegen die Unzucht nicht zu gefährden, beschloss
das Gouvernement die Errichtung von Bordellen.

Die Zahl der öffentlichen Mädchen soll unter Trajan **)
bei einer Bevölkerung von 1,500.000 Einwohner 32.000 betragen
haben, so dass auf 10.000 Seelen 214 Prostituirte entfielen, wäh-

---

*) *Dufour V. P. Hist. de la Prostit.*, wie oben.

**) *V. Richelot, de la Prostitution en Angleterre*, in *Parent-Duchatelet Pro-
stitution dans la ville de Paris*, *3. édit. t. II. p.* 567.

rend Paris im Jahre 1854, bei 2,500.000 Einwohnern, 230 Prostituirte auf 10.000 Seelen zählte.

In Rom hatte man mehrere Kategorien von Bordellen:

a) Staats-Bordelle *(lupanaria, fornices)*, deren es 70 gab, diese wurden von den Aedilen beaufsichtigt.

b) Ein Cultusbordell, nämlich den Isis-Tempel mit seinen zahlreichen Gärten, Hecken und Gebüschen, in welchem die römischen Matronen, unter dem Schein der Verehrung dieser Göttin, ungehindert in den Armen ihrer Buhlen, ohne von den Blicken ihrer Männer und nächsten Anverwandten gestört zu werden, schwelgen konnten, weil während der zehntägigen Andacht Niemand als Frauen den Tempel betreten durfte.

c) Oeffentliche Bäder. Nach Sextus Rufus wurden in Rom 84 Bäder zu Prostitutionszwecken benützt, ohne der Aufsicht der Aedilen zu unterstehen.

d) Der grosse Circus. Die zahlreichen Zellen desselben wurden von den unteren Volksclassen während der Vorstellung in demselben zu Prostitutionszwecken ausgebeutet. In diesen Zellen gaben sich besonders die weiblichen Mitglieder der Circusgesellschaft, ohne von den Aedilen beaufsichtigt zu werden, der Prostitution hin.

e) Eine grosse Anzahl von Wirthshäusern, Gasthöfen, Tavernen u. s. w. wurde von den Frauenspersonen zur Uebung der Prostitution besucht. — Die Bordelle Roms befanden sich in den verschiedensten Gegenden der Stadt, ihr äusserer Bau war so ziemlich ein gleichförmiger und ihre innere Einrichtung differirte nach Verhältniss der Qualität der Bewohner jenes Stadttheiles, in welchem sie gelegen waren.

Kein Bordell durfte vor 4 Uhr Nachmittags eröffnet werden. Die Staatsbordelle bestanden aus kleinen Zellen, die keine Fenster, nur eine Thür und als Mobiliar nur ein Bett und eine Lampe hatten. Ober der Thür war eine transparente Lampe und unter derselben eine Tafel angebracht, auf deren einer Seite die Taxe für die Besuche angeschrieben war. War die Zelle besetzt, so wurde die Tafel umgekehrt, worauf das Wort „*occupata*" (besetzt) zum Vorschein kam.

Diese Bordelle benützte nur der gemeine Mann. Die gemeinsten Bordelle hiessen „*stabula*," weil in denselben auf dem Boden nur Stroh zur Lagerstätte aufgestreut war. In diesen scheusslichen Spelunken feierten die gemeinsten Dirnen, der sogenannte „Frauensenat," ihre ekelhaften Orgien.

Die Gebahrung in diesen Bordellen war sehr verschieden, bald hatten der Bordellwirth *(leno)* oder die Bordellwirthin *(lena)* ihr eigenes Haus und ihre eigenen Sclavinnen *(maisons publiques)*; — bald vermietheten sie die Zellen ihres Hauses an die öffentlichen Mädchen für eine bestimmte Zeit *(maisons de passe)*; — bald besorgten sie in eigener Person die Geschäfte des Hauses; — bald hielten sie sich zu dem Ende eigene Verwalter *(villicus puellarum)*, die Buch und Rechnung über die Revenuen führten und einige Männer oder Weiber, die um das Bordell herumschlichen, um als Kuppler *(lenocinium)* Kunden für dasselbe anzuwerben.

Die Bordelldirnen mussten als Kennzeichen ihres Lebenswandels blonde Perrücken tragen. Bei der Ausübung ihres Geschäftes waren sie grösstentheils nackt, oder nur von einem leichten Schleier verhüllt.

Ausser den Bordelldirnen gab es aber auch noch eine grosse Anzahl von Dirnen, die sich auf den Strassen, öffentlichen Plätzen, Grabmälern, in den abgelegenen Winkeln der Stadt, in den Gehölzen der Umgegend u. s. w. preisgaben.

Rom besass drei Gattungen von öffentlichen Mädchen, nämlich:

a) Die *Scorta nobilia,* die sogenannte Aristokratie unter den Lustmädchen;

b) die *Meretrices,* die nur des Nachts, und

c) die *Prostibulae,* welche bei Tag und Nacht in Prostitution machten.

Die Prostituirten, welche sich dem Prostitutions-Reglement fügten, wurden von den Aedilen nicht beunruhigt. Die ausserordentliche Ueberhandnahme der Prostitution rief nach Celsus eine so schreckenerregende Verbreitung der Syphilis hervor, dass man genöthigt war, öffentliche Volksärzte *(archiatri populares)* anzustellen, welche den syphilitischen Armen unentgeltlich ordiniren und sie mit Arzneien gratis betheilen mussten. (Moderner Vorschlag des Wiener Professoren-Collegiums.)

Selbst nach dem Auftreten des Christianismus, der einen erbitterten Kampf gegen die Prostitution begann, bedurfte es noch dreier Jahrhunderte, um die Tempel der Isis, Ceres, Flora, Venus u. s. w., die zu Bordellen missbraucht wurden, zu stürzen. Der Christianismus übte wohl auf die römische Gesetzgebung über die Prostitution einen grossen Einfluss, allein die christlichen Kaiser von Constantin an bis auf Justinian duldeten doch noch immer die bestehenden Bordelle, wenn sie auch gleich keine neuen Bordell-Concessionen weiters bewilligten.

Die Zeit, wann später die privilegirten Bordelle in einzelnen Städten wieder entstanden und verschwanden, kann nicht von allen genau angegeben werden. Ihre weiteste Verbreitung fällt in's 15. Jahrhundert.

In Frankreich gab es schon unter den ersten Herzogen der Normandie in Rouen*) ein Bordell. Später entstanden in den meisten Städten der Normandie Bordelle. — In Paris gab es schon im Jahre 1170 Bordelle. — Wilhelm IX., Herzog von Aquitanien und Graf von Poitiers, errichtete zu Niort ein Bordell, welches er jedesmal dem berüchtigtsten Freudenmädchen seiner Staaten zur Beaufsichtigung anvertraute, wesshalb er vom Papste Calixtus II. vor das Concil von Rheims (1129) vorgeladen wurde. —

Toulouse hatte *(rue de Comenge)* im Jahre 1201 so wie die vorzüglichsten Städte von Languedoc zahlreiche Bordelle.

Strassburg besass im Jahre 1455 an 100 Bordelle *(abbayes)* mit königlichen Privilegien. — Petrarca erzählt von Avignon, dem Wohnsitze der Päpste, dass man allda im Jahre 1336 an 11 Bordelle zählte **), die man „Mädchenklöster" nannte. Im Jahre 1347 erliess die Municipalität dieser Stadt für diese Bordelle ein Reglement, welches Johanna I., Königin beider Sicilien und Gräfin der Provence, bestätigte. Dieses aus 6 Paragraphen bestehende Reglement wurde von Astruc in seinem Werke „*De morbis venereis*" im Jahre 1736 zuerst veröffentlicht. Ausser den Bordellen gab es in Avignon noch mehrere Badestuben (gleichfalls Bordelle), deren Besuch durch eine im

---

*) *Histoire de la Prostitution par M. Dufour*, wie oben.

**) Das Bordell als Staatsanstalt. Leipzig 1851.

Jahre 1441 abgehaltene Synode den verheirateten Männern bei Strafe der Excommunication verboten wurde.

Nachdem Ludwig der Heilige im December 1254 von Palästina zurückkehrte, befahl er die Schliessung aller Bordelle; als er sich aber überzeugte, dass durch sein Verbot die Verführungen der Frauen und Mädchen ausserordentlich zunahmen, hob er das diesfalls erlassene Verbot wieder auf. Im Jahre 1367 hatte man in Paris in den Strassen *de la Boucherie, de Glatigni, Froidmantel, Maçon* etc. Bordelle, die noch heute, nahezu nach 6 Jahrhunderten, in denselben Strassen fortbestehen. Nach den Kreuzzügen tauchten auch in Paris zahlreiche Badeanstalten auf, welche förmliche Bordelle darstellten, und eigenthümliche Bordelle, unter dem Namen „*clapiers*", die mit den schmutzigen Lupanarien der Römer viele Aehnlichkeit hatten.

Im Jahre 1560 wurden nach dem Art. 101 der grossen Ordonnanz Carl IX. die Bordelle neuerdings verboten und selbst der König aller ähnlichen Institutionen, die sogenannte „*la mère Cardine*" aufgehoben; in den Jahren 1619 und 1684 wurde dieses Verbot erneuert; durch eine Ordonnanz Ludwig XIV vom Jahre 1713 dasselbe verschärft und letztere bis zum Ende des 18. Jahrhunderts aufrecht erhalten. Mit dem Eintritte der Revolution im Jahre 1791 wurden alle Verbote gegen die Prostitution beseitigt und die Prostitution hörte von nun an auf, ferner noch ein Object legislativer Dispositionen zu sein. Von dieser Zeit an erhob die Prostitution in Frankreich immer frecher ihr Haupt, im ganzen Reiche erstanden Bordelle, ja selbst das Palais-Royal wurde zum ersten Bordell der Welt umgestaltet. Dieser Stand der Dinge dauerte bis zum Jahre VIII, wo die Polizeipräfectur eingeführt wurde. Erst unter den Bourbonen wurden die Excesse der Prostitution beschränkt. Die Julirevolution vertrieb sie aus dem Palais-Royal und den Galerien des Théâtre-français.

Gegenwärtig besitzen alle grösseren Städte Frankreichs Bordelle. Paris zählte im Jahre 1856 an 204 Bordelle. Frankreich besitzt kein Repressivgesetz gegen die Prostitution. Nach dem Art. 484 des *Code pénal* steht das Recht über die Prostitution Strafen zu verhängen, nicht dem Polizeipräfecten sondern nur den Tribunalen zu. Der Magistrat kann daher dem Scandal nur vorbeugen, ihn aber nicht unterdrücken. —

In Spanien trifft man auf eine Organisation der Prostitution erst im Jahre 1486, obgleich schon lange vorher in Malaga, Loja, Ronda, Alhama und Marbella Bordelle existirten *).

Nach der Einnahme von Malaga (1487) ertheilten die katholischen Könige dem Palais-Inspector Alonzo Yanez Fayardo das Anrecht über die Bordelle *(Mancebias)* der obigen Städte, welchem sie später noch jenes über die Bordelle der eroberten Städte Velez, Malaga, Almeria, Almunecar, Guadix, Baza und Grenada hinzufügten. Von da an erstanden in den meisten Städten des südlichen Spaniens Bordelle, die sich später über das Littorale der beiden Meere bis Valencia, Cadix und an die Gränzen Portugals verbreiteten. Alle Bordelle lagen ausserhalb der Stadtmauern. Unter Philipp II. gab es sogenannte Bestellhäuser *(monasteres)*, welche der geheimen Prostitution zum Asyle dienten. Die Vorsteherinnen dieser Häuser *(majorala)* hiessen *abbesse*. — Durch die Ordonnanzen Karl V. von Granada (J. 1539), welche für das ganze Reich Geltung hatten, wurde eine aus 124 Artikeln bestehende Bordellordnung unter dem Titel: „Ueber die Hausväter der öffentlichen Häuser" auf allen öffentlichen Plätzen angeschlagen. Es ist erwähnenswerth, dass der Hausvater des Bordelles in Salamanca, der einen Eid ablegen musste, vom Consistorium ernannt wurde. Um diese Zeit wurde auch eine öffentliche Untersuchung der Bordellmädchen durch einen vom Stadtconseil ernannten Chirurgen angeordnet.

Valencia hatte unter Ludwig dem Schönen, König von Castilien, nach den Angaben von Antoine de Lalaing *(Le merveilleaux bordeau)* im Jahre 1501 ein Bordell mit 800 Freudenmädchen. Dasselbe bildete 4 Strassen mit kleinen Häusern, die mit einer Mauer, welche nur eine Eingangsthür hatte, eingeschlossen waren. In diesen Häusern befanden sich Tavernen, Cabarets, mehrere Aerzte, die Freudenmädchen, der Bordellwirth *(hostalers)* und die Dienerschaft. Die Taxe für eine Nacht betrug *4 maravedis.* Unter Philipp IV. wurde am 10. Februar 1625 durch den Einfluss der Jesuiten die Aufhebung aller Bordelle im ganzen spanischen Reiche angeordnet, eine Massregel, die selbst von vielen Theologen missbilligt wurde.

---

*) *De la Prostitution en Espagne, par le docteur J. M. Guardia.*

Juan del Olmo, ein Priester aus dem Orden der Observance, veröffentlichte sogar eine Denkschrift, in der er zur Duldung der Bordelle aufforderte. Als sich unter Ferdinand VII. die Syphilis in schaudererregender Weise in Spanien verbreitete und die öffentlichen Sitten eine beklagenswerthe Verschlimmerung erlitten, veröffentlichten die Cortes im J. 1822 ein Programm über das „öffentliche Gesundheitswohl,“ in welchem sie die gemassregelten Bordelle mit aller Wärme, aber vergebens, bevorworteten. Seit dem J. 1860 hatte jede Beaufsichtigung der Prostitution aufgehört, die mittelalterlichen, gleichwohl nicht aufgehobenen Gesetze werden nicht mehr gehandhabt und die Polizei gefällt sich der Prostitution gegenüber nur mehr in der Rolle eines müssigen Zuschauers, unbekümmert um das „*Salus populi suprema lex esto.*“

In England, wo die Bordelle gesetzlich verboten sind, gab es dennoch schon im Jahre 1180 Bordelle (*disorderly houses*) und heute zu Tage hat kein Land der Erde mehr geheime und unbeaufsichtigte Bordelle, als England. Diese Anomalie basirt auf der gesetzlichen Unverletzlichkeit des Hausrechtes (*Habeas - Corpus -* Acte), nach welchem die englische Polizei nur dann in die Wohnungen dringen darf, wenn ein Verbrechen vorliegt oder ein richterlicher Erlass sie dazu ermächtigt. Will man gegen einen Bordellinhaber klagbar einschreiten, so verlangt das Gesetz, dass zwei steuerzahlende Ankläger, die in der Pfarre des Thatortes wohnen, dem Constabler oder Einnehmer der Armentaxe die Klage überreichen, worauf diese die Ankläger vor den Friedensrichter führen, wo sie für die Verfolgungskosten eine Caution von 500 Francs und für die materiellen Beweise zum Processe 1200 Francs erlegen müssen. Ist dies geschehen, dann erst erlässt der Magistrat einen Verhaftsbefehl gegen den Angeklagten. Hierauf stellen sich die Ankläger vor die Justiz, welche den Angeklagten gegen das Versprechen, bei der Session zur Vertheidigung zu erscheinen, auf freien Fuss setzt. Bei der Session müssen die Kläger den materiellen Beweis führen. Wird der Angeklagte verurtheilt, so erwächst jedem der Kläger das Recht auf eine Indemnitätsforderung von 250 Francs; wird er freigesprochen, so kann dieser die Kläger gerichtlich belangen. Zur Beweisführung verlangt man, dass eine Person vor dem Tribunale erklärt, sie habe in dem klagbar gewordenen Bordell einen Unzuchtsact begangen. Es ist begreiflich, wie schwer eine solche Beweisführung ist. Fürchtet der Angeklagte seine Verurtheilung, so verlässt er die Pfarre wo er klagbar geworden, wodurch die bereits angestrengte Procedur eingestellt wird und der in eine andere Pfarre Uebersiedelte wieder von zwei in der neuen Pfarre sesshaften Personen, unter Reproducirung der obigen Modalitäten, angeklagt werden müsste. Erfolgt endlich die Verurtheilung eines Bordellinhabers, so hat diese nur eine zehntägige Arreststrafe zur Folge. Im Jahre 1850 wurde wohl durch die Bemühungen der Gesellschaften *): *„The Society for the suppression of vice"* und *„The London Society for the protection of young females and prevention juvenile prostitution"* der Erlass eines Gesetzes, nach dem Personen, die geschlechtliche Vermischungen zwischen Männern und Mädchen unter 21 Jahre vermitteln, zu zweijähriger Gefängnissstrafe verurtheilt werden, zu Stande gebracht; allein auch dieses Gesetz hat keine Erfolge aufzuweisen. Beweise dafür liefern die Kühnheit, mit welcher die Bordellinhaber zahlreiche Annoncen *(list of Ladies)* in den Zeitungen veröffentlichen, in denen sie dem Publicum bekannt geben, dass in ihren Bordellen aus allen Theilen des Reiches frische junge Mädchen angekommen seien — und das Factum, dass noch immer alljährlich eine grosse Menge unreifer Mädchen und Knaben plötzlich den achtbarsten Familien geraubt werden, welche die Bordellinhaber zu Prostitutionszwecken ausbeuten und dann des Nachts in abgelegenen Quartieren der Stadt auf die Strasse setzen. Abgesehen davon, dass diese unbeaufsichtigten Bordelle in England eine fürchterliche Verbreitung der Syphilis (1,460.000 syphilitische Erkrankungen pr. Jahr im ganzen Königreiche) erzeugen und zahllosen Verbrechern Unterstand geben, bedrohen sie auch noch die persönliche Sicherheit ihrer Gäste. Man verhält diese zu übertriebenen Zahlungen, betäubt sie mit narkotischen Getränken, beraubt sie oder prügelt sie tüchtig durch und wirft sie im halbnackten Zustande auf die Strasse. In den Quartieren Fleetdich, wo sich mehrere Bordelle befinden, besteht ein in die Themse ausmün-

---

dender Aquäduct, in welchem öfter Männer als Leichen aufgefunden werden. Derlei Mordthaten werden jedoch selten entdeckt, weil der Strom diese Leichen unmittelbar in's Meer treibt. Man zählt nach Chadwick in London 3335 geheime Bordelle und bei 5000 Branntweinläden, Kneipen, Rauchlocale u. s. w., in denen Lustmädchen gehalten werden. — An der Themse befinden sich grosse Salons *(long-rooms)*, in denen 500 Dirnen in Reihen neben einander sitzen, um von den Gästen zur Befriedigung ihrer Lüste in die Nebencabinete abgeführt zu werden. —

Es gibt aber auch elegante Salons, in denen sich Abends oft an 200 reichgeputzte Lustmädchen versammeln, um mit den Geldaristokraten Orgien abzuhalten.

Liverpool zählte nach Dr. Tait im Jahre 1856 — 770, Manchester 263, Edimburgh 203 und Glasgow 204 Bordelle.

In Nordamerika liegt die Regelung der Prostitution noch mehr im Argen als in Spanien und England.

In New-York gab es im Jahre 1860 *):

Bordelle *(houses of prostitution)*	378
Bestellhäuser *(houses of assignation)*	89
Tanzsäle, Weinhäuser u. s. w. mit dort sesshaften Prostituirten	151
also im Ganzen Bordelle . . .	618
Oeffentlich bekannte Prostituirte . . . . :	6000
Bestellhäuser-Besucherinnen blos aus Lust	1260
„ „ gegen Honorar	400
Unterhaltene Mädchen *(Kept mistresses)*	200
Der geheimen Prostitution Angehörige	12140
also im Ganzen Prostituirte . . .	20000
In den Spitälern an Syphilis behandelte Prostituirte . . .	9847
Von Privatärzten behandelte syphilitische Prostituirte . .	4923
An Syphilis behandelte Prostituirte . . .	14770

Erwägt man, dass die Bevölkerung New-Yorks um ein Unbedeutendes grösser ist als jene von Berlin, so erscheinen die Prostitutionsverhältnisse dieser Stadt als ganz aussergewöhnliche. Nach M. Dowall, Kaplan am Magdalenenstifte **), gehen meh-

---

*) *The history of Prostitution. By William W. Sanger M. D. New-York 1858.*
**) *Report an the American Magdalene Asylums New-York 3.*

rere Hunderte von Knaben und Mädchen unter 11 Jahren in New-York alljährlich an der Syphilis zu Grunde.

In Italien gab es in Rom, wo die Prostitution wie in Spanien, England und New-York gleichfalls keiner gesetzlichen Beaufsichtigung unterliegt, schon im Jahre 1033 unter Papst Benedict ein Bordellhaus. — Mehrere Jahrhunderte später legte der Marschall von Rom (Barisel) den Bordellhäusern eine Steuer auf, die nach Bourquelet *) noch im Jahre 1557 in der Epoche der Expedition des Herzogs von Guise erhoben wurde. Unter Sixtus IV. wurden in Rom öffentliche Bordelle angelegt, welche eine Steuer (Milchzins) entrichten mussten, die innerhalb 3 Jahren an 5 Millionen Ducaten eingetragen haben soll **). Unter Sixtus V. wurden diese Bordelle aufgehoben. Gegenwärtig gibt es in Rom mehrere geheime Bordelle, einige *maisons de passe* und 7 gemischte Bordelle an der Rampe des Capitols und in der Fremdenlegion, welche die Gefahren der beiden ersteren gleichfalls ganz unbeaufsichtigten Anstalten vereinigen.

Venedig, das schon sehr früh eine gewisse Civilisation erhielt, und dessen Staatseinrichtungen dem Mittelalter lange als Muster dienten, besass schon im 13. Jahrhunderte Verordnungen, nach welchen den öffentlichen Mädchen eine gewisse Gegend (*alle Case Rampane*) angewiesen war. Die Bordelle waren Staatsanstalten, die man auf Grundlage eines Gesetzes vom Jahre 1412 mit aus Deutschland verschriebenen Mädchen bevölkerte, um die Keuschheit der Eingeborenen zu bewahren. Die von der Regierung dieser Anstalt vorgesetzten Bordellwirthinnen mussten von den Gästen die Bordelltaxe eincassiren und den Ueberschuss alle Monate an die Bordellmädchen vertheilen. Nach Keysler gab es in Padua und den meisten italienischen Städten zahlreiche Bordelle im Mittelalter.

In Deutschland gab es in den deutschen Reichsstädten, wie: Nürnberg, Worms, Speyer u. a. m., in mehreren Handelsstädten, Universitäts- und Garnisonsstädten und in der Nähe der an der See gelegenen Städte wie: Königsberg, Bremen, Rostok,

---

*) *Mss. du seizième siècle. Bibl. Nat. suppl. Français, n° 2036.*
**) Vergl. Agrippa in seinen Reden gegen Louvain c. 46.

Lübeck, Danzig, Stettin, — dann in Würzburg, Augsburg, Erfurt, Halle, Hildesheim, Ingolstadt, München, Oberebenheim, Prag, Quedlinburg, Regensburg (1355), Schwabach, Ulm und Volkach, schon im Mittelalter Bordelle.

In Hamburg gab es nach dessen „Stadtrecht" schon im Jahre 1292 Frauenhäuser *(Bodae meretricum)*. Es befanden sich damals dort, wo jetzt die Altstädter Neustrasse ist, Buden, die an öffentliche Mädchen vermiethet wurden, wofür sie an die Stadt eine Steuer entrichten mussten *).

In dem Recesse vom Jahre 1483 wurden Fragmente einer Bordellordnung veröffentlicht. Die Municipalität schloss um diese Zeit mit zwei Bordellunternehmern einen Vertrag, nach welchem diese für jedes Bordellmädchen jährlich eine Taxe von 5 bis 9 Talenten zahlen mussten, eine Steuer, die im Jahre 1562 bis auf 569 Talente erhöht wurde. Im Jahre 1603 wurden die öffentlichen Häuser (§ 170 des Reglements von demselben Jahre) aufgehoben und auf die Uebertretung dieses Verbotes der Pranger, Gefängnisshaft in der Roggenkiste (ein alter Gefängnissthurm, der dem Bahnhofe gegenüber lag) oder Landesverweisung gesetzt. Nach dem Einzuge der französischen Emigration tauchten die Bordelle wieder auf. Im Jahre 1807 veröffentlichte der Senator A b e n d r o t h ein neues, aus 21 §§ bestehendes Bordellreglement für Hamburg. — Nach der Besetzung Hamburgs durch die Franzosen erliess der General-Commissär D'Aubignose ein aus 19 §§ bestehendes Reglement für die Bordelle und die öffentlichen Mädchen. — Nach dem Abzuge der Franzosen wurde bis zum Jahre 1825 keine Steuer von den öffentlichen Mädchen erhoben, von da ab aber wurde endlich eine noch heute geltende B o r d e l l o r d n u n g, die der Herr Senator Dr. H u d t - w a l k e r, der damals Polizeiherr war, entworfen hatte, eingeführt, welche unter dem Namen das „b l a u e B u c h" bekannt ist und aus 30 §§ besteht. — Gegenwärtig hat Hamburg 28 B e s t e l l h ä u s e r *(maisons de passe)* und 96 B o r d e l l e.

Die feinsten Bordelle befinden sich: in der Schwiegerstrasse, auf der kleinen und grossen Drehbahn, dem Damenthorwall, der Ulrikusstrasse, der Hütten-, Pilatuspool-, der Breiten-

---

*) Die Prostitution in Hamburg, von Dr. H. Lippert. Hamburg 1848.

strasse, beim Pferdemarkt, der Kurzerstrasse, Klefekerstrasse u. s. w., die gemeineren: im langen Gang, Specksgang, Kugelsort, Schulgang, Trampgang, Kirchenstrasse, Gerkenswiete, dem Ebräergang, dem Amidamachergang u. s. w., die gemeinsten: in der Vorstadt St. Pauli, für die Matrosen.

In Berlin gab es schon im Jahre 1410 ein privilegirtes Bordell in der jetzigen Rosenstrasse. Damals übte der Scharfrichter von Berlin über die Bordellmädchen eine vollständige Gerichtsbarkeit aus, denn er hatte über sie ohne weiterer Appellation ein volles Züchtigungsrecht. — In Alt-Cöln befand sich das erste Bordell in der kleinen Spreegasse, der Aufseher über dasselbe hiess: „Jungfernknecht." — Die zahlreichen Badehäuser, welche sich im XIV. Jahrhundert in Berlin am Krögel befanden, waren gleichfalls Bordelle. Die Bordelldirnen nannte man „Stadtjungfern." Durch den Einfluss der Reformation wurden im Jahre 1607 ein strengeres Vorgehen gegen die Bordelle und 1698 ihre Aufhebung anbefohlen. Als man sich später von den Nachtheilen der Aufhebung der Prostitutionshäuser überzeugte, gestattete man im Jahre 1769 neuerdings, jedoch unter Anordnung einer strengeren polizeilichen Ueberwachung, ihre Errichtung. In demselben Jahre erschien auch das erste „Reglement für die Bordelle," das bis zum Jahre 1792 in Wirksamkeit verblieb. Während des 30jährigen Krieges hatten die Bordelle so zugenommen, dass um das Jahr 1780 Berlin schon über 100 Bordelle besass. Im Jahre 1792 erschien mit einer neuen Organisation der Bordelle ein neues Reglement, das bereits Spuren eines gesteigerteren Rechtsgefühles beurkundete, indem es eine grössere Vorsicht gegen unterhaltene Maitressen und solche Frauenzimmer anbefahl, die sich nur aus Neigung Einem Liebhaber hingaben, „indem es besser sei, in Ungewissheit eine und die andere Schuldige zu überschen, als eine einzige Unschuldige zu kränken." — Dieses, obgleich noch mangelhafte Bordell-Reglement erhielt sich bis zum Jahre 1829. Am 13. März 1829 erschien ein verbessertes Reglement unter dem Titel: „Verordnung wider die Verführung junger Mädchen zu Bordellen und zur Verhütung der Ausbreitung venerischer Uebel." Damals zählte Berlin 39 Bordelle. Noch vor Ende des Jahres 1845 wurden in Folge clericaler Einflüsse durch eine allerhöchste Cabinets ordre sämmtliche Bordelle Berlins aufgehoben. Da aber nach ihrer Aufhebung die Sittlichkeit und die öffentliche Sicherheit mit jedem Tage mehr gefährdet erschienen und, die Syphilis an Ausdehnung und Bösartigkeit ausserordentlich zunahm, so wurde im Jahre 1851 die Wiedereröffnung der Bordelle neuerdings angeordnet *).

Leipzig beherbergt 66 Bordelle, die sich in der Pleissengasse, dem Kupfergässchen, der Ulrichsgasse, der Münzgasse (am bekanntesten ist dort das sogenannte Leichenbret), der kleinen Fleischergasse, an der Wasserkunst, im Preussengässchen, im Sporergässchen, in der Magazinsgasse, in der langen Gasse, in der Schlossergasse, am Neukirchhof, am Fleischerplatz, im alten Hof, der Webergasse, der Glockenstrasse u. s. w. befinden, einer Menge von Absteigquartieren *(maisons de passe)* nicht zu gedenken. Die Bordellmädchen sind selten Leipzigerinnen, sie stammen meist aus Berlin, Altenburg, Braunschweig, Böhmen, Oesterreich und Hannover. Man zählt an 2500 sich preisgebende Frauen und Mädchen, von denen nur 300 inscribirt sind.

München hatte schon im Jahre 1439 ein Frauenhaus, wo die „gemeinen Töchterlein" unter polizeilicher Aufsicht standen. Noch vor einem Decennium bestand hier ein Bordell unter dem Namen „das Vogelmanische."

In Frankfurt befanden sich in der Judenmauer, Judengasse, Brunngasse und dem nahe gelegenen Pockenstein Bordelle, deren es gegenwärtig noch einige gibt.

Mainz strotzt noch gegenwärtig von Bordellen. Die besseren befinden sich in der Neumünstergasse, Schlossergasse, im Hambacherschlösschen, Adolfseck u. s. w.

Unter den Frauenhausordnungen des Mittelalters, die sich bis jetzt erhalten haben, muss jene der Stadt Ulm vom Jahre 1430 genannt werden **).

Man nannte die Bordelle Deutschlands damals: Frauenhäuser, offene oder gemeine Häuser, Häuser der gelüstigen Fräulein, Jungfrauenhöfe, Venustempel und ihre Bewohnerinnen: Frauenhäuserinnen, offene und gemeine Weiber, thö-

---

*) Die Prostitution aller Zeiten und Völker, von D. Ph.-Löwe. Berlin 1852.
**) Jäger's schwäbisches Städtewesen des Mittelalters.

richte, gelüstige, fahrende oder wohl auch schöne Dirnen, Hübschlerinnen, gemeine Töchter, lustige oder barmherzige Schwestern, Mitmacherinnen, Matzen, beruchte oder gemene wandelbare Frauen," ihre Unternehmer aber: Frauenwirthe, Metzenwirthe.

In Belgien *) haben alle grösseren Städte Bordelle. — Brüssel hat 42 Bordelle und 28 Absteigquartiere. In den Communen Molenbeek, Saint-Jan und Saint Josse ten Noode und im Faubourg de Cologne herrscht die Prostitution am ungebundensten. Brüssel besitzt ein ausgezeichnetes, vom Bürgermeister M. Ch. de Broukère entworfenes „Prostitutionsreglement," das am 24. März 1844 veröffentlicht wurde. In Belgien gibt es auch Bordelle, welche Mädchen auf Bestellung in die Wohnungen der Männer senden. Belgien und Holland verdanken ihre Bordelle der Berührung mit Spanien im Mittelalter.

In Holland **) hat man in Haag 10, in Rotterdam 16, in Amsterdam 20 und in Utrecht 4 Bordelle. Die holländischen und belgischen Bordelle haben die eigenthümliche Einrichtung, dass man beim Eintreten in den Hauptsaal des Bordelles nicht die Bordellmädchen selbst, sondern nur ihre Porträts, die entweder an den Wänden hängen oder in einem Album verwahrt sind, zu sehen bekommt. Zu jedem Bilde an der Mauer gehört eine Klingel, auf deren Zug das gewünschte Individuum erscheint.

In der Schweiz ***) gab es in Bern und dessen anliegenden Ortschaften schon im Mittelalter öffentliche Bäder, in denen öffentliche Mädchen für die Badegäste gehalten wurden. Man findet in vielen älteren und neueren Werken des 16. und 17. Jahrhunderts naive Abbildungen der damaligen gemeinschaftlichen Bäder und verweisen wir Neugierige auf die „*Osmographia universalis* des Sebastian Munster vom Jahre 1550, *libr. III., Thermae fabariae,*" unser heutiges *Pfeffers pr. 383* und *Thermae Badenses pr. 388*. Später wurden in der Nähe dieser Bäder eigene Etablissements zu gleichen Zwecken errichtet.

---

*) *De la Prostitution à Bruxelles par M. J. J. Marinus.*

**) *De la Prostitution en Hollande par M. D. G. V. Schneevoogt.*

***) Ueber die Prostitution in Bern, von Dr. Ch. Erlach de Diesbach.

Bei der Invasion der Franzosen wurde zuerst ein eigenes Bordell in der Arsenalstrasse Nr. 13 eingerichtet. Mit dem Untergange der helvetischen Republik wurde im Jahre 1828 dieses Bordell und die Bäder durch einen Staatsrathsbeschluss unterdrückt. Gegenwärtig bestehen daselbst zwei Bordell - Etablissements unter der Form von Badeanstalten, bekannt als *„del Isle"* und *„de l'Aarzichle"*. Gibt es in den Provinzialstädten auch keine eigentlichen Bordelle, so finden sich daselbst doch eine Menge Foyers, eine Art von *„maisons de passe"* zu Prostitutionszwecken, wie in den Umgebungen des Bernischen Oberlandes, Interlaken, Unterseen, und in den kleineren Städten, wie in Berthoud und Brienz. In Basel*) gab es in der Vorstadt Spalen Häuser auf der Lys bei „Egelolssthor" und die „offenen Häuser der fro Vrenen" unmittelbar innerhalb des Thores zu Spalen (1380) als Sitze der Unzucht. Die Häuser der Unzucht scheinen nicht wie einige vermeinen aus dem XIV. Jahrhundert zu stammen, sie sind weit älteren Datums. Die Besitzer solcher Häuser wurden in den Urkunden nach ihrem Gewerbe benannt, wie andere, die ein ehrliches Gewerbe betrieben.

Schon 1293 gab es in Basel einen Frauenwirth Namens Burchard von Esch. Einzelne Männer oder Hausfrauen machten sich ein Gewerbe daraus, fahrende Töchter oder Frauen bei sich zu beherbergen. Im Jahre 1384 verordnete der Rath, dass die Frauen von dem Verdienste dieser fahrenden Töchter nur den dritten Pfenning begehren und (1409) auch von ihnen keine Geschenke annehmen sollten **). In der inneren Stadt wurden dergleichen Wirthschaften nicht geduldet. Später ging der Rath so weit, dass er den Hurenwirthen „Hüslie" (Häuser) kaufte oder verlieh, „da die hübschen Frowen einsitzen" und dieselben in baulichem Stande auf seine Kosten unterhielt. Erhielt ein Frauenwirth ein solches geliehen, so hatte er alsdann dem obersten Rathsknecht ein paar Hosen oder einen Gulden und alle Jahre einen Lebkuchen zum guten Jahr zu geben. Derlei Häuser gab es in den Vorstädten

---

*) Basel im XIV. Jahrhundert. Geschichtliche Darstellungen zur 5. Säcularfeier des Erdbebens am St. Lucastage 1356. Herausgegeben von der Basler historischen Gesellschaft. Basel 1856.

**) Rechtsquellen von Basel Stadt und Land, von Schnell, J. 1408—1409, § 88. Basel 1856.

vorzugsweise an der Lys, eines auch in der Malazengasse. Im 15. Jahrhunderte vermehrten sich diese Bordelle, deren heute noch mehrere in Basel bestehen. Solothurn, Zürich (in den drei Vorstädten: Oberstrass, Unterstrass und Gottinger), — Luzern (Badeanstalten, Gasthof am See, Barbierstuben, wo leichtfertige Mädchen rasiren), hatten gleichfalls schon im Mittelalter und gegenwärtig noch die oben angedeuteten Bordelle.

In Russland gibt es zahlreiche Bordelle, namentlich findet man in Petersburg in den Häfen viele privilegirte Bordelle. Auf Allerhöchsten Befehl wurde im J. 1843 ein medicinisch-polizeiliches Comité beim Ministerium des Innern zur Regulirung und Verwaltung des Bordellwesens zusammengesetzt. Ueber Vorschlag dieses Comités wurde eine regelmässige Beaufsichtigung der Bordelle und ihrer Lustdirnen, so wie die Einführung der Einregistrirung beschlossen. Zu dem Ende wurde die Stadt in 6 Bezirke (utchastok) abgetheilt und die 6 ordinirenden Aerzte des Hospitales für syphilitische Weiber zur Untersuchung aller in diesen Bezirken domicilirenden Frauenspersonen verpflichtet. Petersburg zählt in diesen 6 Bezirken 178 Bordelle, in denen sich 770 öffentliche Mädchen aufhalten. Die Vertheilung ist folgende:

1 Bezirk mit	48	Bordellen	und	228	Mädchen
2	56		„	238	„
3 „	11		„	56	„
4 „	18			78	
5	43			155	
6 „ „	2	„	„	15	„
6 Bezirke mit	178	Bordellen	und	770	Mädchen.

Im 1. Bezirke, der aus dem zwischen der Moika und dem Katharinencanale liegenden 2. Admiralitäts-Stadttheil besteht und im Mittelpuncte der Stadt liegt, leben fast alle öffentlichen Mädchen, die meist der Mittelclasse angehören, in den Bordellen. Die beiden Metschanski, die Phonarni und Pratscheschni Pernulek-Strassen sind die beständigen Sitze der Prostitution.

Der 2. Bezirk, der aus dem zwischen dem Katharinencanale und der Fontanka bis an den Krinkowcanal gelegenen 3. Admiralitäts-Stadttheile besteht, dessen Mittelpunkt der Heumarkt bildet, ist der Hauptsammelplatz der Prostitution.

Der 3. Bezirk, der aus dem 1. und 4. Admiralitäts-Stadt-theile und Wassiliostrow besteht, besitzt die theuersten Bordelle und die wenigsten Freudenmädchen.

Der 4. Bezirk, der aus dem Moskovischen, Narwaschen und Karetnaja-Stadttheile besteht, hat in den ersten 2 Stadttheilen eine nicht unbedeutende Anzahl Freudenmädchen aus der unteren Volksclasse, in dem letzten aber gar keine Prostituirten, weil die dort wohnenden Altgläubigen die öffentliche Prostitution nicht dulden.

Der 5. Bezirk, der aus dem Litainaja- und Roshestwenskaja-Stadttheil besteht, zählt zahlreiche Prostituirte besonders in der Nähe der Landungsplätze für die Newabarken.

Der 6. Bezirk, der aus den Stadttheilen der St. Petersburger und Wiburger Seiten besteht, zählt die wenigsten Bordelle und Freudenmädchen. Im Sommer findet man daselbst noch die meisten bei der Ueberfahrt nach Krestovsky.

Ausser den 770 Bordellmädchen gab es im Jahre 1858 noch 353 polizeilich Einregistrirte, also im Ganzen, die geheime Prostitution ungerechnet, 1123 einregistrirte Prostituirte in Petersburg. Ausser den obenangeführten der Polizei bekannten Bordellen gibt es in Petersburg noch eine Menge nicht controlirter geheimer Bordelle unter dem Aushängschilde von Modemagazinen, die im Innern wirkliche Bordelle darstellen.

Es gibt aber hier auch noch einige sehr geheim gehaltene elegante Bordelle, in welchen nur Personen aus den höchsten Ständen Zutritt haben, deren Inhaberinnen zur Untersuchung ihrer Venus-Priesterinnen sich eigene Privatärzte halten. Die Bordellmädchen sind meistens Finnländerinnen, Französinnen und Deutsche, Memel liefert die meisten *).

---

*) Vermischte Abhandlungen aus dem Gebiete der Heilkunde von einer Gesellschaft praktischer Aerzte zu St. Petersburg. 7. Sammlung. 8. St. Petersburg, 1847. — A. Buddeus, St. Petersburg im kranken Leben. Stuttgart und Tübingen 1846.

Tableau der vorzüglichsten Bordelle [1]).

Städte	Bordelle	Bordell-mädchen	Inscribirte allein wohnende Lustmädchen	Anzahl der innerhalb Jahresfrist in den Spitälern an Syphilis Behandelten
Paris	204	1502	5000 [2])	8094
Bordeaux	12	70	493	529
Lyon	54	370	690	473
Marseille	51	413	816	930
Nantes	31	234	264	287
Strassburg	30	247	250	336
Petersburg	178	770	1123	1032
London	3335	30015 [3])	—	12670 [4])
Liverpool	770	2900	—	—
Edimburg	203	800	—	—
Glasgow	204	1475	— [5])	—
Manchester	266	710	—	—
New-York	618	7860	6000	14770
Madrid	105	1175	—	2867
Brüssel	42	208	658	212
Haag	10	74	306	250
Rotterdam	16	131	231	213
Amsterdam	19	200	700	530
Utrecht.	4	87	111	86
Berlin	24	240	600	2133
Hamburg	124	712	174	632
Kopenhagen	68	194	56	—
Rom	7	56	—	—
Leipzig	66	264	300	7800
Schweizerstädte	49	352	—	—
	6490	51061	17572	53708

[1]) Wir führen nur die Bordelle jener Städte vor, von welchen uns ämtliche statistische Daten vorliegen und haben wir das Jahr 1858 als Basis angenommen.

[2]) Ausser den inscribirten öffentlichen Mädchen schätzt die Polizei die Zahl der nicht eingeschriebenen sich prostituirenden Frauenspersonen auf 26,000.

[3]) Die Polizei schätzt die Zahl der Lustmädchen Londons auf 40,000. Wir haben die Zahl der inscribirten Mädchen frei lassen müssen, weil man in England die Einregistrirung nicht eingeführt hat.

[4]) Auf 1000 Prostituirte kommen ungefähr 181 Syphilitische.

[5]) Von diesen 5 Städten konnte die Zahl der inscribirten Mädchen nicht angegeben werden, weil man in denselben wie in London die Einregistrirung nicht kennt.

C. Nothwendigkeit der Bordelle.

Um die Nothwendigkeit der Bordelle ausser allen Zweifel zu stellen, werden wir

a) alle gegen dieselben erhobenen Einwände widerlegen, und dann

b) ihre unläugbaren Vortheile besprechen.

Einwände gegen die Bordelle.

Unter die vorzüglichsten Einwände, welche bisher gegen die Bordelle erhoben worden sind, gehören folgende:

1. Man behauptete: „der Staat dürfe nur das Sittliche wollen, das Sittliche ohne alle und jede Nebenrücksicht, er müsse das Unsittliche verfolgen und strafen, wo und wann er es findet.“

Alles planmässige Hervorsuchen des sogenannten christlichen Principes, mit welchem man dem Staate, weil er ein christlicher ist, beliebig allerlei zu- und abmuthet, erachten wir in Sachen der Prostitution für unzukömmlich *).

Der Staat, wenn auch ein christlicher, hat bezüglich der Prostitution, so wie in allen anderen Angelegenheiten der menschlichen Natur die Zugeständnisse zu machen, die er unvermeidlich machen muss, selbst wenn die Kirche, als in ihm fussend, ähnliche Concessionen nicht machen darf. Der Eifer, mit dem die Kirche zu allen Zeiten gegen die Prostitution ankämpfte, war und ist für sie eine Pflicht, aber sie darf in diesem Eifer dem Staate bei der Unmöglichkeit die Prostitution auszurotten, nie so weit gehen, dass sie ihm mit einem kategorischen „Veto“ entgegen tritt, weil eben nicht alle Pflichten der Kirche auch Pflichten des Staates sind. Der Staat greift nach keiner Richtung hin über das Niveau der Menschennatur hinaus; denn aus ihr hervorgegangen, besteht er mit ihr und für sie und desshalb muss er sich jederzeit dem, was er als unzurück-

---

*) Die Prostitution in Berlin. Berlin 1856.

weisbare Thatsache erkannt hat, unbedingt unterordnen. Eine
solche Thatsache ist die Prostitution, die eben so wie der Geschlechtstrieb unausrottbar war, ist und bleibt und die man dadurch nicht ausmerzt, wenn man sie läugnet, verfolgt, oder sich
so anstellt, als ob sie keiner Regelung benöthigte.

Es ist für den Staat eine ernste Pflicht Alles auf-
zubieten, dass er das Treiben der Prostitution klar
erschaut, dass er ihre Unvertilgbarkeit anerkennt, dass
er sie duldet, ihr bestimmte Asyle anweist, sie im Interesse der öffentlichen Sittlichkeit und des Gesundheitswohles stetig beaufsichtigt und ihr jedes Eindrängen in die sittlichen Gesellschaftskreise unmöglich
macht. Bestrebungen des Staates, wodurch er den aggressiven
Verwüstungen der Prostitution dadurch entgegentritt, dass er
die Excesse ihres unsittlichen Gebahrens in verschwindend kleine Kreise d. i. in die Bordelle zusammen-
drängt, müssen daher ohnstreitig von allen Vorurtheilsfreien
als sittliche bezeichnet werden *). Wollte der Staat im Sinne
der Gegner der Bordelle handeln, so müsste er nicht nur die
Einregistrirung der alleinwohnenden öffentlichen Mädchen desavouiren, sondern überhaupt jede Preisgebung
verpönen, verfolgen und bestrafen, wo und wann er sie findet;
mithin die vollständige Ausmerzung der Prostitution anstreben,
ein Ansinnen, dessen Realisirung erfahrungsgemäss nie und nirgends gelungen ist und auch nie gelingen wird.

2. Man behauptete: „Die Obrigkeit verliere wegen
der Duldung der Bordelle an der ihr so nothwendigen
Achtung und Autorität in den Augen der Bevölkerung, wenn es dieser erscheint, als nehme jene ein
wirkliches Laster in Schutz und lasse es unter ihrer
Aufsicht gedeihen.“ Die Obrigkeit hat noch in keinem Lande,
wo man bisher die Duldung der Bordelle ausgesprochen, weder
von den Gebildeten noch von der urtheilslosen Masse eine Ver-
kennung dieser Massregel erfahren, weil bei der schon von Plato **)
erwiesenen Unmöglichkeit, die Prostitution auszutilgen, die Be-

---

*) Die Prostitution in Berlin. Berlin 1856.
**) Charikles, von W. A. Becker. Leipzig 1840.

völkerung die Einpferchung derselben in abgegränzte, einer strengen Controle unterworfene Asyle ihres eigenen Wohles wegen überall billigen musste. In Berlin hat gerade die Aufhebung der Bordelle die dortige Polizeibehörde bei dem Volke in einen wahren Misscredit gebracht*), so dass man nur ihr alle die Nachtheile und traurigen Folgen, die sich nach ihrer Aufhebung zeigten, zuschrieb, ja sie sogar beschuldigte, dass sie nur wegen clericaler Einflüsse das Wagniss eines so gefährlichen Experimentes unternommen hätte. Das Volk, auf welches die Wirkungen einen weit grösseren Eindruck als die Motive abstracter Theorien ausüben, einsehend, dass nach Aufhebung der Bordelle die Moralität und das Gesundheitswohl mehr als vor ihrer Schliessung in Frage gestellt wurden, forderte desshalb die Polizei laut zur Beseitigung ihres Missgriffes, also zur Wiedereinführung der Bordelle auf, und so kam es, dass die im Jahre 1845 aufgehobenen Bordelle im Jahre 1851 wieder eingeführt wurden. Auch wegen dieses gegnerischen Einwandes müsste man die Einregistrirung der öffentlichen Mädchen beseitigen, weil auch durch sie gleichfalls das Laster von der Obrigkeit in Schutz genommen wird.

3. Man behauptete: die Bordelle wären keine absoluten Schutzanstalten gegen die Verbreitung der Syphilis. Die Menschheit wäre Jenen, die absolute Schutzanstalten gegen die Syphilis namhaft machen könnten, zu grossem Danke verpflichtet; da es aber bis nun Niemandem gelungen ist und höchst wahrscheinlich auch Niemanden gelingen wird, die Syphilis durch Repressivmassregeln auszurotten, so können wir nicht umhin obigen Einwand als eine bizarre Marotte zu erklären. Möchten doch die Gegner der Bordelle es sich stets gegenwärtig halten, dass insoferne bei der Einregistrirung der öffentlichen Mädchen, ob sie gleich eine grössere Garantie gegen die Verbreitung der Syphilis bietet als eine gänzliche Nichtbeaufsichtigung der Lustmädchen, unter ihrer Aegide wochentlich höchstens eine zweimalige Untersuchung derselben möglich ist, in der Zeit zwischen diesen beiden Untersuchungen dennoch zahl-

---

*) Dr. Fr. J. Behrend „Die Prostitution in Berlin." Erlangen 1850.

reiche Ansteckungen Platz greifen können. Glauben die Gegner der Bordelle etwa in der Einführung der Gesundheitsbücher diese absoluten Schutzanstalten gegen die Syphilis entdeckt zu haben? Die Bordelle werden gegen die Verbreitung der Syphilis immer eine weit grössere Garantie bieten als die Einregistrirung, weil die Bordellmädchen täglich untersucht und diese Untersuchungen ohne alle Schwierigkeit weit genauer controlirt werden können. Die Bordelle wären noch die einzigen Anstalten, welche zu absoluten Schutzanstalten gegen die Syphilis umgestaltet werden könnten, wenn man auch ihre Gäste einer ärztlichen Untersuchung unterziehen könnte, denn die Syphilis wird vorerst in die Bordelle eingeschleppt, und dann erst aus ihnen weiter verschleppt. Der Vorwurf, dass durch die Bordelle häufige Ansteckungen vermittelt werden, kann übrigens nur die Behörden, denen die Controlirung des Gesundheitszustandes der Bordellmädchen obliegt, aber nicht die Anstalten als solche treffen.

4. Man behauptete: „Die Bordelle seien in früheren Zeiten Staatsanstalten gewesen, die durch Staatsorgane verwaltet, allgemein als dem öffentlichen Wohle zuträglich anerkannt wurden, während die modernen Bordelle blos Privatunternehmungen darstellen, die nicht das öffentliche Wohl, sondern nur die Speculation ihrer Unternehmer begünstigen." Wenn die Gegner der Bordelle sich die Mühe genommen hätten, die Geschichte der Bordelle durchzublättern, so würden sie dem Publicum nie solche Albernheiten aufgetischt haben. Allerdings hat man in einer längst entschwundenen Zeit Bordelle als Staatsanstälten errichtet, aber die Regierungen haben dieselben als solche nur so lange unterhalten, bis sich die öffentliche Meinung für ihre Nützlichkeit ausgesprochen hatte. Nur die griechischen Bordelle waren wirkliche Staatsanstalten. Solon, welcher der Erste in Athen ein solches Bordell errichtete, erhielt von der Bevölkerung desshalb folgende sehr beherzigenswerthe Dankadresse:

„Sei gepriesen! denn du kauftest öffentliche Frauen für das Heil der Sitten einer Stadt, die erfüllt ist von kräftigen jungen Männern, welche sich ohne deine weise Einrichtung den störenden Verfolgungen der besseren Frauenclasse überlassen würden" *).

Die römischen Bordelle waren schon keine vollkommenen Staatsanstalten mehr, weil das Gouvernement wohl einzelne Gebäude für Prostitutionszwecke abgab, die Beistellung der Mädchen aber Privatunternehmern überliess und die öffentlichen Mädchen von Caligula an, sogar eine hohe Steuer *(vectigal ex capturis)* für den Betrieb ihres Unzuchtsgewerbes an die Aedilen entrichten mussten. Nach dem Untergange des alten Roms und Griechenlands verschwanden diese beiden Kategorien von Bordellen.

Im Mittelalter entstanden Bordelle, welche, da sie von den Municipalitäten errichtet wurden, förmliche „Communalánstalten" repräsentirten. Einzelne Municipalitäten erhoben von den Bordellmädchen Abgaben, wie jene von Würzburg, Ulm, Frankfurt, Augsburg, Regensburg, Bologna, Strassburg u. s. w.; andere wie die der deutschen Reichsstädte von Nürnberg, Mainz, Worms, Genf und Speier verpachteten ihre Bordelle an Privatunternehmer. Es gab auch Bordelle, die so zu sagen „souveraine Anstalten" darstellten, wie z. B. jenes welches Papst Sixtus IV. auf seine Kosten erbaute und von dem er eine sehr namhafte Abgabe einzog **). Auch der Marschall von Rom (Barisel) besteuerte noch im Jahre 1557 die Bordelle ***). — Einige Bordelle wurden sogar zum Lehen gegeben, wie dies aus dem Lehensbriefe des Herzogs Albrecht IV. von Oesterreich vom Jahre 1395, „über das hintere und vordere Frauenhaus" in Wien vor dem Widmerthore an den Oberst-Kampfrichter von Oesterreich und aus dem Lehensbriefe, womit Albrecht V. im Jahre 1415 das hintere Frawenhaus „vnserer Lehnschaft" an Konrad Poppenberger übertrug, erhellt †). — So belehnte auch der Bischof

---

*) Die Sittenverderbnisse unserer Zeit und ihre Opfer. Leipzig 1855.

**) Die Prostitution in Berlin, Berlin 1846. — Das Bordell als Staatsanstalt, Leipzig 1851. — *Dufour, Histoire de la Prostitution etc.* — *Baluzi, Vitae paparum Avenionensium, Notae, p. 810.*

***) *Bourquelet, du seizième siècle. Bibl. Nat. suppl. française, n° 2036.*

†) J. Freih. v. Hormayr: Wien, seine Geschichte und Denkwürdigkeiten Wien 1823, p. CXXXI, Uk. CLVII.

von Würzburg die gefürsteten Grafen von Henneberg, als Burggrafen und Marschälle des Bisthums, unter Anderem mit dem „Frauenhause" und dem Schölderplatze (1457) — und im Jahre 1577 wurde ein gewisser Michael Küchle vom Kaiser und Reich mit dem „Frauenhause zu Ober-Ebenheim" belehnt, sowie überhaupt zu den Amts- und Lehensemolumenten des Erbmarschalls des Reiches auch das Schutz- und Politengeld von den unzüchtigen Weibern gehörte, auf welches der Graf von Pappenheim im Jahre 1614 zuerst verzichtete.

Mehrere der berühmtesten Rechtsgelehrten der damaligen Zeit, wie Konrad Rittershusen (1613) *), Arnoldus Clapmarus u. a. m. sprachen sich zu Gunsten der Privat bordelle aus.

Aus dieser geschichtlichen Skizze erhellt es, dass die alten Bordelle mit wenigen Ausnahmen, mochten sie corporative oder private Unternehmungen gewesen sein, wie die modernen, gleichfalls pecuniären Interessen dienstbar gemacht worden sind. Ob die Unternehmer nun Municipalitäten, Regenten oder Private gewesen, das ist wohl einerlei. Es ist daher nicht einzusehen, warum bei dem gleichen Stande der Dinge von Einst und Jetzt, heute der Nutzen der Bordelle wegen der pecuniären Vortheile, die man aus ihnen gezogen und noch zieht, negirt werden solle, den man *caeteris paribus* schon vorlängst auch aus ihnen gezogen hat. Was sich die Unternehmer der alten Bordelle durch die Steuern aus dem Verdienste der öffentlichen Mädchen entnahmen, das beziehen die Unternehmer der neuen Bordelle unmittelbar aus ihrem Verdienste. Man hat den Verdienst der öffentlichen Mädchen zu allen Zeiten, aber nur unter verschiedenen Titeln, aus egoistischen Interessen verkürzt.

5. Man behauptete: „dass durch das öffentliche Erscheinen der Bordellmädchen grosses Aergerniss hervorgerufen werde." Dieser Vorwurf zeigt von einem gänzlichen Verkennen des Bordellwesens. Die Zahl der Bordellmädchen ist an und für sich schon gegen jene der eingeschriebenen Lustmädchen eine verschwindend kleine, ausserdem

---

*) Ersch & Gruber: Encyclop. Art. Frauenhäuser.

aber dürfen die Bordellmädchen nie ohne Begleitung, nur an bestimmten Tagen, zu bestimmten Stunden, und nie Abends die Strasse betreten, während die übrigen öffentlichen Mädchen diesen Beschränkungen nicht unterworfen sind. Hieraus erhellt es zur Genüge, dass der Vorwurf der Hervorrufung eines grösseren öffentlichen Aergernisses nicht die Bordellmädchen, sondern nur die Unzahl der eingeschriebenen und uneingeschriebenen allein wohnenden Lustmädchen treffen kann, weil eben diese bei Tag und Nacht mit einer eminent ostensiblen Effronterie die Passanten der Strassen beunruhigen.

6. Man behauptete: „Die Bordelle seien desshalb zu verurtheilen, weil neben ihnen dennoch die Winkelprostitution ihr Treiben fortsetzt." Allerdings werden die Bordelle die Ausmerzung der Prostitution nicht erzielen, jedenfalls aber werden sie dieselbe eher herabzumindern vermögen, als die Einregistrirung. Nur durch die Einführung der Bordelle wird es möglich, die alleinwohnende Prostitution bis auf ein Minimum abzumindern, durch die neugeschaffene Concurrenz die geheimen Kupplerinnen-Bordelle zu unterdrücken und durch die festgestellten billigen Taxen den Ruin Tausender von Genusssüchtigen zu verhindern. Dem Treiben der Winkelprostitution können die Behörden bei dem Bestande von Bordellen viel leichter durch eine Erschwerung der Verleihung von Gesundheitsbüchern und durch eine strengere, gleichförmige Bestrafung der geheimen Prostitution entgegenwirken.

Durch die Bordelle wurde erfahrungsgemäss thatsächlich überall die Winkelprostitution erheblich abgeschwächt. Als wir vor zwei Jahren Paris nach allen Richtungen bei Tag und Nacht durchfurchten, machte es auf uns einen besonders wohlthuenden Eindruck, dass wir von Morgens an bis 7 Uhr Abends nirgends das schmachvolle Schauspiel des sogenannten „Striches" der öffentlichen Mädchen wie in Wien, zu sehen bekamen, ein Umstand, der nur den 204 Bordellen, deren sich Paris erfreut, zugeschrieben werden kann. — So oft in Berlin die Bordelle aufgehoben wurden, nahm die Strassenprostitution sogleich in erschreckender Weise zu, während sie nach der jedesmaligen Wiedereinführung der Bordelle in kurzer Zeit wieder auffallend abnahm.

7. Man behauptete: „dass die Bordelle concessionirte Wucher- und Betrugsanstalten seien, — dass durch sie zahlreiche Verführungen vermittelt werden, — dass sie die persönliche Freiheit der Bordellmädchen beeinträchtigen — und deren Rückkehr zu einem moralischen Lebenswandel verhindern." Wir geben es gerne zu, dass jene Bordelle, welche noch nach den alten Bordellreglements geleitet werden, wie die spanischen und portugiesischen, von einigen dieser Vorwürfe nicht entlastet werden können; man muss es aber eingestehen, dass jene Bordelle, welche nach den später erlassenen Reglements administrirt werden, wie die Bordelle Frankreichs, Italiens, Hollands, Russlands u. s. w., diese Beschuldigungen nicht verdienen. Es wird aber nur von den Behörden abhängen, alle obigen Anschuldigungen gegen die Bordelle durch passendere Reglements zu paralysiren. Die Behörden verleihen die Concession zur Einrichtung der Bordelle, ihnen steht daher auch das Recht zu, den Unternehmern solche Instructionen zur Darnachachtung vorzulegen, durch welche den obgenannten Missbräuchen vorgebeugt wird.

Sollen die Bordelle wirklich jene Vortheile gewähren, welche sie thatsächlich schaffen können, so müssen neue, zeitgemässe, den modernen constitutionellen Regierungs-Maximen bezüglich der persönlichen Freiheit entsprechende Bordellreglements entworfen und eine bei weitem schärfer eingreifende Aufsicht über das gesammte Bordellwesen eingeführt werden. Man wird die erhobenen Anschuldigungen gegen die Bordelle fallen lassen müssen, wenn zwischen den Bordellinhabern und den Bordellmädchen nur mehr das Verhältniss wie zwischen einem Miethsherrn und seiner Miethpartei und einem Kostherrn und seiner Kostpartei geduldet, und beide für die genaueste Beobachtung der in dem Bordellreglement enthaltenen Bestimmungen verantwortlich gemacht werden.

Die Bordelle werden keine Wucher- und Betrugsanstalten sein können, wenn die für die Besuche vorgeschriebenen Taxen nicht wie bisher von den Bordellinhabern, sondern von den Bordellmädchen eingehoben werden dürfen; wenn für die Miethe, die tarifmässige Kost, Bedienung und sonstigen Erfordernisse der Mädchen eine Taxe festgesetzt wird; wenn die Bordellinhaber an die Mädchen weder Kleider oder sonstige Putz-, Schmuck- und Toilettegegenstände verkaufen oder gegen Bezahlung ausleihen dürfen und wenn ihre allenfallsigen Belustigungen u. s. w. nur aus dem Säckel der Mädchen bestritten werden. Durch die strenge Aufrechthaltung dieser Verbote würde jene „künstliche Creditlosigkeit," wie sie Dr. Avé-Lallemant *) nennt, in der die Bordellinhaber die Bordellmädchen halten und bei welcher sie gezwungen sind, alle ihre gewöhnlichen Bedürfnisse von dem Wirthe selbst zu kaufen, beseitigt werden.

Die Bordelle können nie Verführungen von Mädchen vermitteln, weil die Bordellunternehmer nach allen Bordellreglements der älteren und neueren Zeit nur bereits verführte Mädchen und diese nur nach ihrer Vorstellung vor die Behörden aufnehmen und keiner anderen Frauensperson, bei Verlust der Concession, in ihren Häusern einen sträflichen Unterstand geben dürfen. — Die Bordelle beeinträchtigen die persönliche Freiheit der Bordellmädchen nicht, weil nach allen bekannten Bordellreglements kein Bordellunternehmer ein aus seiner Anstalt austretenwollendes Mädchen zurückhalten darf. Die persönliche Freiheit dieser Mädchen wurde in früheren Zeiten nur dadurch beeinträchtigt, dass die Bordellunternehmer die Mädchen absichtlich in Schulden stürzten und sie dann nicht eher entlassen wollten, bis sie dieselben bezahlt hatten. Nach den neueren Bordellreglements dürfen aber die Bordellunternehmer, bei Verlust der Darlehenssumme, den Bordellmädchen höchstens 25 fl. borgen, eine Massregel, durch welche die bisherigen gewaltsamen Zurückhaltungen der Mädchen grösstentheils beseitigt wurden. Werden die Behörden die Bordellunternehmer verpflichten, an die Mädchen gar keine Darlehen zu geben, so wird damit jeder Vorwand für ihre mögliche Zurückhaltung

---

*) Dr. Fr. Chr. B. Avé-Lallemant, das deutsche Gaunerthum. Leipzig 1858. 2. Thl., p. 335.

beseitigt sein. — Die Bordelle verhindern endlich durchaus nicht die Rückkehr der Mädchen zu einem moralischen Lebenswandel, weil nach dem heutigen Usus jeder Bordellwirth ein Bordellmädchen sogleich entlassen und auf die von ihr bei ihm gemachten Schulden Verzicht leisten muss, sobald dasselbe vor dem Sanitätsbureau erklärt, dass sie zu einem moralischen Lebenswandel zurückkehren wolle. Unseres Erachtens ist ohnedem die Monotonie des Bordelllebens weit eher dazu angethan, die Bordellmädchen zur Rückkehr in moralischere Lebensbahnen zu bewegen, als das vielbewegte Leben der alleinwohnenden Prostituirten. Die Ausweise der „Magdalenen-Institute," in welche sich reumüthige Prostituirte flüchten, zeigen, dass acht Zehntel ihrer Bewohnerinnen der Classe der Bordellmädchen und nur zwei Zehntel der Classe der alleinwohnenden Prostituirten angehören. Da endlich die Bordellmädchen im Publicum weniger bekannt werden und der Ruf ihrer Lasterhaftigkeit keiner so schnellen und allgemeinen Verbreitung fähig ist, wie jener der sich vor aller Welt herumtreibenden Einzelnprostitution, so können sie auch eher und ungescheuter in das öffentliche Leben zurücktreten und auch weit leichter eheliche Verbindungen anknüpfen.

8. Man behauptete: „Die Bordelle seien nicht mehr zeitgemäss und man hätte sie in Berlin und Frankfurt a. M. aufgehoben." Diese Behauptung entbehrt aller thatsächlichen Begründung; denn in Berlin hat man die im Jahre 1845 aufgehobenen Bordelle im Jahre 1851 wieder eingeführt und sogleich 20 Bordelle eingerichtet — und in Frankfurt a. M. haben wir im Jahre 1861 selbst Gelegenheit gehabt, die Existenz von Bordellen in dieser Stadt zu verificiren. In Frankreich, Spanien und Italien hat man in Folge clericaler Vorstellungen die Bordelle wiederholt aufgehoben, sie aber jedesmal wieder eingeführt.

Wer ausserdem noch unser bereits mitgetheiltes statistisches Tableau über die vorzüglichsten Bordelle eingesehen hat, wird, von der Höhe der Ziffer bewältigt, gewiss das Zeitgemässe dieser Institution nicht mehr anzweifeln.

Gründe für die Nothwendigkeit der Errichtung von Bordellen.

Nachdem wir die bemerkenswerthesten Einwände, welche gegen die Bordelle von verschiedenen Seiten erhoben worden sind: durch die Macht der Thatsachen, durch geschichtliche Belege und durch ämtliche statistische Daten hinreichend widerlegt zu haben glauben, erübrigt uns noch einige der wichtigsten Gründe für die Nothwendigkeit der Errichtung von Bordellen anzuführen. Da wir aber wünschen, dass die Darstellung dieser Gründe ein geschlossenes Ganzes bilde, so ist es bei dem Umstande, als viele derselben schon bei der Widerlegung der Einwände gegen die Bordelle geltend gemacht wurden, unmöglich, einzelne Wiederholungen zu vermeiden.

1. Durch die Bordelle wird die öffentliche Sittlichkeit mehr gewahrt als durch die Einregistrirung der geduldeten Einzelprostitution.

a) Wo es Bordelle gibt, kann die Polizei, wenn dieselben den Bevölkerungsverhältnissen möglichst annäherungsweise entsprechen, die Einzelnprostitution durch Repressivmassregeln erheblich beschränken und dadurch das öffentliche Aergerniss, welches die Strassenpromenaden der öffentlichen Mädchen und die Kupplerwirthschaften erregen, merklich abschwächen.

b) Da die Bordellmädchen unter einer bestimmten Zucht und Regel leben, sind sie von geringerer Gemeingefährlichkeit als die selbstständigen allein wohnenden Lustmädchen; — und da sie ausserdem nie ohne Beaufsichtigung in die Oeffentlichkeit treten, sind sie auch nicht in der Lage, wie die allein wohnenden Lustmädchen, andere Mädchen zur Prostitution zu verführen. Der selbstständige Betrieb der Einzelnprostitution ist die Hauptursache der rapiden Geschwindigkeit, mit der die Prostitution um sich greift, ein Uebelstand, welcher der Bordellprostitution durchaus nicht in demselben Masse zur Last fällt. Während die Bordellmädchen in ungünstigen Fällen als Lastträgerinnen, Taglöhnerinnen u. s. w. enden, beschliessen die allein wohnenden Lustmädchen ihre Laufbahn als Diebshehlerinnen, Kupplerinnen, Diebinnen, Selbstmörderinnen u. s. w., weil sie eben immer selbstständig gewesen und nie einer Zucht und Ordnung unterworfen waren. Der Einzelnprostitution den selbstständigen Erwerb durch Gesundheitsbücher in unbeschränkter Weise verstatten, heisst die Axt an die Wurzel ihrer weiblichen Natur und Bestimmung legen, sie für die letztere absolut verloren machen und der Gesellschaft ein Heer von Dämonen erziehen.

c) Durch die Bordellmädchen werden die Männer nicht so zahlreichen Verführungen preisgegeben, wie durch das Treiben der alleinwohnenden Lustmädchen, da die Bordellmädchen sich jeder Anreizung der Männer enthalten müssen und die Bordellinhaber für die Decenz ihres öffentlichen Auftretens verantwortlich sind. Da aber die alleinwohnenden öffentlichen Mädchen bei ihren geduldeten Promenaden durch ihr herausforderndes Benehmen, ihre die Sinnlichkeit aufregenden Costüme, ihre eigenthümlichen wollusterregenden Bewegungen, gegen viele männliche Passanten, die oft gar keine geschlechtlichen Excesse im Schilde führen, auf das unverschämteste aggressiv vorgehen, wird es klar, dass durch sie weit zahlreichere Verführungen der Männer stattfinden. Bei der Einzelnprostitution suchen die Lustmädchen die Männer auf offener Strasse auf; — bei der Bordellprostitution suchen die Männer die Lustmädchen in abgelegenen und geschlossenen Häusern auf. Bei der Einzelprostitution werden die geschlechtlichen Excesse oft ohne einem positiven Bedürfnisse durch externe Verführung, — bei der Bordellprostitution meist wegen eines positiven Bedürfnisses und mit selbstbewusstem Entschlusse der Männer vollzogen.

Während also die Bordellprostitution die Debauche nur befriedigt, wird diese durch die Einzelnprostitution unmittelbar provocirt!

2. Durch die Bordelle wird das öffentliche Gesundheitswohl weniger bedroht als durch die geheime und concessionirte Einzelnprostitution, weil die Bordellmädchen täglich, die concessionirten Prostituirten wöchentlich höchstens zweimal, die uneinregistrirten Prostituirten aber gar nicht ärztlich untersucht werden können. — Die Bordelle gewähren also bezüglich der Verbreitung der Syphilis die meiste Garantie! — Die Bordellmädchen werden durch ihre Besucher seltener krank gemacht

als die übrigen Lustmädchen, weil sie durch ihre gesicherte Existenz und die Mittheilungen ihrer Aerzte über die Symptome der bei den Männern vorkommenden Syphilis aufgeklärt, vor jeder Begehung eines geschlechtlichen Excesses ohne alle Scheu ihre Gäste untersuchen und Jeden ihnen verdächtig Erscheinenden zurückweisen, — während die allein wohnenden Priesterinnen der concessionirten Prostitution, welche theils die Symptome der Syphilis nicht kennen, theils aus Furcht, eine gute Kundschaft zu verlieren, eine Untersuchung der Männer häufig nicht zu beantragen wagen, — und die meist sehr bedürftige Strassenprostitution, welche überhaupt um jeden Preis einen Verdienst anstrebt, sogar wegen Mangel an einer ausreichenden Beleuchtung solche Untersuchungen gar nicht vornehmen kann.

3. Die Bordelle wirken vortheilhafter auf die öffentliche Sicherheit ein als die geheime und concessionirte Einzelnprostitution.

Die Mittheilungen der Polizisten aller Länder wo Bordelle bestehen, stimmen darin überein, dass verbrecherische Individuen mit einer besonderen Vorliebe ihren Aufenthalt in den Bordellen wählen, weil nach den bisherigen Bordellreglements die Bordellwirthe zur Meldung ihrer Gäste nicht verpflichtet sind und daher polizeischeue Personen sich als „Ungemeldet" in den Bordellen für sicherer halten, als an anderen Orten. Da aber die Polizei jederzeit in die Bordelle freien Zutritt hat und die Bordellwirthe von ihr insgeheim verpflichtet werden, alle verdächtigen Gäste sogleich anzuzeigen, so wird sie bei diesem Sachverhalte in der Ausfindigmachung der Verbrecher durch die Bordelle ungemein unterstützt. Die Geschichte der alten Bordelle, namentlich jener zur Zeit der rheinischen und aller späteren Räuberbanden und die Flüche der grössten Räuber vom Schaffot herab gegen die Bordelle, als die Orte ihrer Gefangennehmung, beweisen unsere Behauptung.

Man sollte glauben, dass die Verbrecher durch den häufigen Verrath der Bordellwirthe gewitzigt, die Bordelle meiden sollten. Nach Dr. Behrend's Erfahrung hat es sich aber herausgestellt, dass es Verbrecher gegeben, die mehreremale in den Bordellen von der Polizei eingezogen wurden, nach ihrer jedesmaligen Entlassung, wie durch einen unwiderstehlichen Zauber getrieben, dennoch immer wieder von Neuem in dieselben zurückkehrten, wenn sie neue Verbrechen begangen hatten. So ist es nicht nur in Berlin, sondern auch in Paris, London, Lyon, Hamburg u. s. w. constatirt worden. Die gewandten Polizisten, welche mit der Aufsuchung von Dieben, Verbrechern, entwichenen Sträflingen u. s. w. beauftragt werden, wissen es schon längst, dass sie in den Bordelldirnen und ihren Wirthen einen überaus hilfreichen Beistand finden. — Durch die Bordelle gelangt aber die Polizei auch noch zu einer genaueren Kenntniss der Winkelprostitution, da die Bordellunternehmer und die Bordellmädchen behufs der Unterdrückung der ihrem Erwerbe Eintrag leistenden Concurrenz Alles aufbieten, um dieselbe der Polizei namhaft machen zu können.

4. Die periodisch vorgenommenen Schliessungen der Bordelle in einzelnen Ländern haben die Nothwendigkeit ihrer Existenz auffällig dargethan. Man hat in Frankreich, Spanien, Portugal und Preussen sowohl im Mittelalter als in der neuesten Zeit wiederholt die Bordelle geschlossen, sie aber jedesmal wegen der durch ihre Aufhebung hervorgerufenen ausserordentlichen Nachtheile wieder privilegirt. Die Nachtheile, welche die Aufhebung der Bordelle hervorgerufen, waren in allen Ländern fast die nämlichen. Zur Exemplification wollen wir nur ein Beispiel aus der neuesten Zeit mittheilen. Nach Dr. Behrend hat die Aufhebung der Bordelle in Berlin im Jahre 1846 folgende schlechte Resultate zur Folge gehabt:

a) Die concessionirte Einzelnprostitution und die geheime Prostitution nahmen bedeutend zu. — Während im Jahre 1845 (vor Aufhebung der Bordelle) bei der Polizei nur 600 öffentliche Lustmädchen einregistrirt waren, stieg ihre Zahl im Jahre 1847 (nach Aufhebung der Bordelle) auf 1250.

b) Die Syphilis gewann eine grössere Ausbreitung und Bösartigkeit sowohl unter dem Civile als unter dem Militärstande.

α) Während die Zahl der Syphilitischen aus dem Civilstande in der Charité im Jahre 1845 (vor Aufhebung der Bordelle) sich auf 1225 bezifferte, betrug sie im Jahre 1847 (nach Aufhebung der Bordelle) schon 1814. — Während die Zahl der Verpflegstage (Beweis für die Bösartigkeit der

Syphilis) im Jahre 1845 (vor der Aufhebung der Bordelle) 34²/₃ per Kopf betrug, bezifferte sie sich im Jahre 1847 (nach Aufhebung der Bordelle) auf 43¹/₂ Tage.

β) Während die Zahl der Syphilitischen aus dem Militärstande in dem Militärlazarethe vom Anfang des Jahres 1844 bis Ende Juni 1845 (vor Aufhebung der Bordelle) 551, mit 17·152 Kurtagen betrug; bezifferte sie sich vom Anfang 1846 bis Ende Juni 1847 (nach Aufhebung der Bordelle) auf 678, mit 23·021 Kurtagen. Die Zahl der durch die Syphilis dem Dienste entzogenen Mannschaften (bisweilen an 20 Percent) nahm nach der Aufhebung der Bordelle im Jahre 1848—49 dergestalt zu, dass der Oberbefehlshaber Herr General v. Wrangel dem Polizeiminister die Eröffnung machte, dass wegen der unter den Soldaten so ungemein überhand nehmenden Syphilis die Wiedereinführung der Bordelle, unter strenger polizeilicher Observanz, sehr wünschenswerth wäre.

c) Die öffentliche Moralität verschlimmerte sich zusehends, die concessionirte und die geheime Prostitution nahmen rasch und in ganz ungewöhnlichen Dimensionen zu. — Die geheimen Kupplerwirthschaften vermehrten sich. — Die Entheiligung der Ehe wurde zu Gunsten eines freieren Betriebes der Prostitution massenhaft in die Scene gesetzt, denn die meisten öffentlichen Mädchen, welche von der Polizei zu fürchten hatten, suchten sich ihrer Verfolgung durch eine Verehelichung mit nach Berlin zuständigen Männern, die meist Diebe, Sträflinge, Vagabunden, Hehler u. s. w. gewesen, zu entziehen. Derlei verheiratete Prostituirte trieben ihr Unzuchtsgewerbe dann noch viel schamloser und frecher als vordem und ihre Wohnungen wurden förmliche Höhlen für die Excesse der Debauche, für die Gauner, Verbrecher u. s. w. — Wien besitzt eine grosse Anzahl solcher verheirateter Lustdirnen. Der Verfasser „der gefährlichen Classen Wiens" (Wien 1851) gibt ihre Zahl auf 1000 an.

Die unehelichen Geburten mehrten sich derart, dass, während früher jede siebente Geburt eine uneheliche war, nun schon jede sechste Geburt sich als eine illegitime präsentirte.

d) Die öffentliche Sicherheit wurde häufiger in Frage gestellt. Nach der Aufhebung der Bordelle fiel der Verrath, den die Bordellwirthe an den verbrecherischen Individuen übten, und die allein wirthschaftende Einzelnprostitution, die selbst Acht haben' musste, um mit der Polizei in keine Conflicte zu gerathen, war eher dazu angethan, das bei ihr Zuflucht suchende Gesindel vor polizeilichen Nachforschungen zu verbergen, als es ihr zu denunciren.

5. Die Ueberwachung der Bordellprostitution unterliegt geringeren Schwierigkeiten, als jene der concessionirten und geheimen Einzelnprostitution. Die Ueberwachung der Einzelnprostitution ruft, abgesehen davon, dass sie in vielen Fällen gar nicht Platz greifen kann und zahlreichen Illusionen ausgesetzt ist, schlimme Conflicte hervor, da sie eine Beeinträchtigung der persönlichen Freiheit und der Ehre involvirt. Durch die Tactlosigkeit einzelner Polizeiagenten wurden in Berlin nach der jedesmaligen Aufhebung der Bordelle oft ganz unschuldige Mädchen oder ehrbare Frauen, als der Prostitution verdächtig, zum Entsetzen ihrer Verwandten verhaftet. Welche Willkürlichkeiten endlich können die Polizeiagenten blos bei der Ausfindigmachung der Prostituirten sich zu Schulden kommen lassen? Die Erfahrung zeigt es, dass in Berlin, während die liederlichsten öffentlichen Mädchen jahrelang ihr Gewerbe unbeanständet betrieben, ganz ungefährliche Dilettantinnen im Venusdienste verhaftet wurden, weil sie weder durch ihre Schönheit, noch durch andere Opferwilligkeiten, sich die Gunst der Polizeiagenten zu erringen gewusst haben.

6. Wo es keine Bordelle gibt, da liefert die heimliche Prostitution, welche die Moralität und das Gesundheitswohl am ärgsten bedroht, das grösste Contingent. Zum Beweise der Richtigkeit dieser Behauptung genügt es, die Aussprüche einiger der gewiegtesten Autoritäten in der Prostitutionsliteratur anzuführen.

Potton *) sagt: „Die Lustmädchen, statt auf einem einzigen Punct, wie in den Bordellen concentrirt zu sein, statt unter strenger Ueberwachung sich zu befinden, verlieren sich ohne Bordelle in die Masse des Volkes. Durch diese Beimischung der

---

*) *De la Prostitution et de ses consequences dans les grandes villes, en particulier dans la ville de Lyon. Paris, 1842. 8.*

öffentlichen Mädchen unter das Volk verlieren die Sitten immer mehr und mehr von ihrer ursprünglichen Reinheit und die vorhandene Generation bereitet dadurch der ihr nachfolgenden ein trauriges Erbtheil." —

Parent-Duchatelet *) sagt: „Die Pflicht der Behörden ist es, die Prostituirten zu überwachen, durch alle möglichen Mittel die Uebelstände, die ihnen zukommen, zu vermindern, sie nicht öffentlich vortreten zu lassen, sie in die dunkelsten Winkel zu verbannen, kurz ihr Dasein durch die Bordelle so unbemerkbar als möglich zu machen. Wenn keine Bordelle da sind, dann wird die geheime Prostitution euere Töchter und Mägde in Dienst nehmen, die Familie untergraben, Eltern und Kinder und in Folge dessen die ganze Bevölkerung unglücklich machen. Die Bordelle sind eine Nothwendigkeit für volkreiche Städte!"

P. Frank **) sagt: „Es wird allerdings Niemandem einfallen, die Bordelle als eine moralische Anstalt zu betrachten, sie sind aber das kleinere zwischen zwei Uebeln und werden unter Einhaltung gewisser Massregeln in grossen Städten gegen die geheime Prostitution nützlich werden können."

Dr. Sandouville ***) bemerkt: „In den Provinzen sowohl wie in Paris erscheint es vortheilhaft, die öffentlichen Mädchen in Bordelle zu vereinigen, weil durch sie ihre Ueberwachung sowohl in Rücksicht der allgemeinen Ordnung als der Gesundheit, so wie der Repression der geheimen Prostitution erleichtert wird."

Dr. Rotareau †) aus Alençon führt an: „Die geduldeten Häuser haben keine solche Gefahr für die öffentliche Moral, wie die geheime Prostitution, denn sie sind vollkommen geschlossen, und die Mädchen gehen selten und nie ohne Ueberwachung aus."

Dr. Behrend ††) deutete in seiner Denkschrift über das Bordellwesen Berlins, welche er im Auftrage des Herrn Staatsmini-

---

*) De la Prostitution dans la ville de Paris. Paris 1857, II. Thl.

**) P. Frank, medicinische Polizei. 8. Manheim, 1780.

***) Dr. Sandouville des mesures administratives à prendre dans le but d'empecher la propagation des maladies veneriennes, dans Annales et hygiène publique et de médicine legale. Paris, Juillet, 1851.

†) Annales d'hygiène publique et de médicine legale. Paris, Juillet, 1851.

††) Dr. Fr. J. Behrend, die Prostitution in Berlin. Erlangen, 1850.

sters von Ladenberg abfasste, ausdrücklich darauf hin, dass ohne die Bordelle die geheime Prostitution erfahrungsgemäss überall in erschreckenden Dimensionen um sich gegriffen habe. Durch die geheime Prostitution werden zuerst das Ehr- und Schamgefühl betäubt und dann die Sitten corrosivisch vergiftet.

Die geheime Prostitution ist der männlichen und weiblichen Jugend mehr gefährlich als die Bordell-Prostitution. — Sie ist der männlichen Jugend gefährlich, weil sie ihr überall begegnet und von ihr zu jeder Stunde und auf allen Strassen gesehen wird, und weil sie im Besitze der vollkommensten Freiheit die am leichtesten zu arrangirenden Zusammenkünfte ermöglicht. — Sie ist der weiblichen Jugend gefährlich, weil das Beispiel ihrer Unabhängigkeit und ihres vergnügensreichen Müssigganges auf die Jungen und Unerfahrenen ihres Geschlechtes leider nur zu verführerisch einwirkt. Von so tiefgreifenden Nachtheilen wird die öffentliche Sitte, die Gesundheit und das Familienglück durch die Bordellmädchen nicht bedroht! Die Bordellmädchen werden von den Männern an öffentlichen Orten sogar sorgfältig gemieden und die Bordellmädchen, die sich selbst unter dem Alpdrucke eines unheimlichen moralischen Bannes fühlen, weichen ohnedem so viel als es nur möglich ist, der Oeffentlichkeit aus, denn sie bedürfen ihrer eben nicht, weil sie kein Interesse haben die Aufmerksamkeit der Männerwelt auf sich zu lenken, indem durch das Bordell für ihre physischen und geschlechtlichen Bedürfnisse ohnedem genügend vorgesorgt wird.

7. Nur durch die Bordelle wird die Prostitution factisch prostituirt, während die geheime und Einzeln-Prostitution doch immer mehr oder weniger von einem blendenden Nimbus umgeben erscheint.

So lange das unvertilgbare Bedürfniss der geschlechtlichen Genüsse der Ehelosen und die Preisgebung entarteter Weiber auf einige wenige, aber mit dem Stempel der Schmach markirte Orte, wie die Bordelle, angewiesen sind, erscheint das Laster angethan mit den Attributen der Lasterhaftigkeit und entblösst von allen beschönigenden Hüllen, die es nur noch reizender und anlockender machen. Durch die moralische Aechtung der Bordelle wird in dem öffentlichen Bewusstsein der Unterschied

von Sitte und Unsitte, von Ehre und Schande, von Schimpf und
Glimpf aufrecht und wach gehalten. Will man die Prostitution
blamiren, so muss sie thatsächlich prostituirt werden, prostituirt heissen und als prostituirt erscheinen, was nur
durch die Bordelle möglich ist, denn die Bordelle sind, was sie
sein sollen und nie aufhören, sein zu dürfen: wahrhafte Scheide-
wände von Sitte und Unsitte, wahrnehmbare Warnungstafeln
für die weibliche Jugend, abschliessende Gränzpfähle für die
Wollust, greifbare Merkmale, durch welche das öffentliche moralische Urtheil die Begriffe über Tugend und Laster, Zucht und
Unzucht, Ehre und Schande in allen Schichten der Bevölkerung
wach erhalten wird*). Das Bordell nennt sich, seine Bewohner und
seine Besucher mit unbeschönigten und ungeschminkten Namen,
und das ist es eben, dessen das heutige herabgekommene sittliche Gefühl bedarf, nämlich der factisch prostituirten Prostitution.

Alle übrigen Administrations-Massregeln, welche diesen
Standpunct verrücken, werden dieses sociale Uebel unvermeidlich noch weiter verschlechtern, es in alle Schichten der Gesellschaft verpflanzen und anstatt seine verheerenden Aeusserungen
einzudämmen, es bis in's Unfassbare hinaufsteigern. Sobald die
Prostitution nicht mehr prostituirt erscheint, bemächtigt
sich die geheime Prostitution sofort aller Phasen und Functionen
des Geschlechtslebens der Gesellschaft. Man begegnet der geheimen
Prostitution zur Stunde unter einem von ihr künstlichgeschaffenen
Nimbus in allen Gestalten, unter allen Formen und Verkleidungen,
und es scheint fast, als wäre sie schon nahe daran, das Ansehen
eines allgemein zugestandenen Cultus zu erlangen, weil fast Niemand mehr einen Anstoss daran findet oder dadurch erzeugt, an
der Seite sogenannter geheimer Prostituirten öffentlich zu erscheinen. Dass diese fortschreitende prostitutive Durchdringung des
privaten, wie des öffentlichen Lebens die Familien, das städtische
Gemeinwesen, Kirche und Staat bedroht und dass sie eine Zer-
setzung der gesellschaftlichen und sittlichen Zustände, Begriffe
und Lebensäusserungen im Gefolge haben muss, ist selbstverständlich. Wo das Bedürfniss, Bordelle herzustellen,

---

*) Die Prostitution in Berlin. Berlin, 1856.

nicht mehr empfunden wird, da haben Tugend und Sitte der Gesellschaft ihre Abschiedskarte überreicht, und die geheime, d. h. die allgemeine Prostitution ist bereits der Normalzustand der Bevölkerung geworden*)!

8. Nur bei der Existenz von Bordellen ist es möglich, gerechtfertigte Strafgesetze gegen die geheime Prostitution zu erlassen. Wo keine Bordelle bestehen, muss bei dem Umstande, als die Prostitution einen unvertilgbaren Factor der Gesellschaft darstellt, der Gesetzgeber, will er nicht die Moralität und das Gesundheitswohl der Familien in Frage stellen, *nolens volens* immer ein Auge zudrücken.

9. Wo Bordelle bestehen, kann die Polizei deren Zahl, sowie jene ihrer Bewohnerinnen dem Bedürfnisse der Bevölkerung anpassen, was ihr bei der Einregistrirung, nach welcher sie alle Frauenspersonen, die sich der Prostitution hingeben wollen, einzeichnet, nicht möglich ist. Bei der Einregistrirungs-Methode melden sich nicht nur die arbeitsscheuen Mädchen, sondern auch Jene, die vor ihrer Einführung äusserlich noch einen gewissen Anstand beobachtet haben, um den polizeilichen Verfolgungen zu entgehen. Dadurch wird sich die Zahl der einregistrirten Lustmädchen über das Bedürfniss vermehren und die Polizei kommt dadurch in eine schwierige Lage, weil sie der Einen das nicht abschlagen kann, was sie unter ganz gleichen Verhältnissen Tausenden bereits anstandslos zugestanden hat. Der Herr Regierungsrath Peters äusserte sich in seinem, an den Herrn Polizeipräsidenten von Puttkammer in Berlin gerichteten Memoriale vom 26. April 1845 über die Einregistrirung in folgender Weise: Die Polizei wählte damit das schlechteste Mittel, indem sie dadurch dem Publicum gegenüber als Kupplerin im Grossen gilt und der grossen Bevölkerung recht eigentlich die Wege anzeigt und fördert, wodurch dem Laster in seiner Ungebundenheit Thür und Thor geöffnet ist, indem man der Schamhaftigkeit keinen Vorschub leistet, die Begierde in ihrer Nacktheit zulässt, dem weiblichen Charakter den einzigen Anhalt, den Schein der Geheimhaltung entreisst und das Verächtliche in den Augen des bei weitem

---

*) Die Prostitution in Berlin. Berlin, 1856.

zahlreichsten Theiles des Volkes geflissentlich hinwegräumt und das Schamgefühl ausrottet, zerstört man die tugendhaften Regungen, welche bis jetzt Schirm und Schranke für das Laster gewesen sind.

10. **Wo keine concessionirten Bordelle bestehen, da gibt es der geheimen Bordelle in Menge.** — Wenn auch aus dem Bureau der Wiener Polizei über die Existenz zahlreicher geheimer Bordelle in unserer Metropole nichts in die Oeffentlichkeit verlautbaret, so ist es nichtsdestoweniger dem Wiener Publicum bekannt, dass in Wien geheime, von raffinirten Kupplerinnen mit einem wahren Kunstsinne gehegte Bordelle, in denen begüterten Wollüstlingen Alles geboten wird, was die verwöhnteste Gourmandisserie nur immer begehren kann, bestehen. Man wird bei diesen Phrynen-Verkäuferinnen zu jeder Stunde, bei Tag und Nacht, mit den verschiedensten Sorten erotischer Waaren entweder augenblicklich bedient, oder man erhält über gemachte Bestellungen für einen der folgenden Tage Jungfrauen, verheiratete Frauen, Lustmädchen u. s. w. ganz in dem Genre, den man zu verkosten beliebiget. Diese nimmermüden Kämpinnen auf dem Wahlplatze des geheimen Dienstes der Cythere halten also in ihren Hallen sozusagen erotische Kliniken und Ambulatorien für ihre debauchirenden Habitués. Aber fragen wir, sind diese geheimen Bordelle, die weder ärztlich noch polizeilich überwacht werden, in denen die Unschuld verführt und das Ehebett gebrandmarkt wird, nicht weitaus gefährlicher als concessionirte Bordelle? Ist etwa das verschleierte und durch die Polizei schwer greifbare Laster kein Laster? Das Laster, dem man in diesen geheimen Bordellen fröhnt, ist ein noch weit furchtbareres, weil die Kuppelei mit in seinem verderbenbringenden Bunde steht, weil es aalartig selbst den gewiegtesten Griffen der Polizisten entschlüpft und weil es tagtäglich neue Opfer fordert!

11. **Die Polizeipräsidien der civilisirtesten Staaten in denen Bordelle bestehen, haben sich fast einstimmig gegen die Aufhebung der Bordelle ausgesprochen,** weil alle von ihnen in dieser Beziehung vorgenommenen Versuche, mit einer Beeinträchtigung der Moralität, des Gesundheitswohles und der öffentlichen Sicherheit verbunden waren.

12. Die Bordelle sind für die Fremden, welche in allen grossen Städten zahlreich vertreten sind, ein Bedürfniss. Was sollen Fremde, die sich längere Zeit in grossen Städten aufhalten, wenn von ununterdrückbaren Naturbedürfnissen gemahnt, bei dem Mangel aller Platzkenntniss bezüglich der Prostituirten, ohne die Existenz von Bordellen beginnen? In diesem Falle erübrigt es ihnen nur die Zimmerkellner der Hôtels um Beischaffung von Frauen oder Mädchen anzugehen. Diese in das Treiben der geheimen Prostitution zumeist wohl eingeweihten Commis sind in der Besorgung solcher Aufträge selten verlegen und in der Lage, den Passagieren verschiedenartige, ja oft die feinsten Waaren anbieten zu können. Wer die Geschichte dieser Zubringereien kennt, weiss es, dass durch sie verheiratete Frauen, unschuldige oder bereits verführte Mädchen aus den verschiedensten Gesellschaftsclassen mitunter um hohe Preise, welche die Zubringer und jene geheimen Dienerinnen der Cythere unter sich vertheilen, den Fremden offerirt werden. Die obigen Kategorien von Damen bieten sich, um ihrem Luxus, den weder die Gatten noch die Eltern zu bestreiten vermögen, fröhnen zu können, entweder diesen diensteifrigen Commissionären selbst an, oder werden den Letzteren mit ihren Adressen und Preiscourants von dritten Personen, welche als Vermittler ihrer geheimen Sünden benützt werden, angetragen.

Die Preisgebung an Fremde wird jeder anderen besonders vorgezogen, weil durch eine solche jene Elevinnen der geheimen Prostitution nicht so leicht in die Gefahr gerathen, in öffentlichen Zirkeln oder auf der Strasse vor Scham erröthen, oder die stete Furcht vor einer zufälligen Entdeckung aushalten zu müssen. Da aber nicht alle Fremde so ergiebige Geldmittel besitzen, um derlei kostspielige Liaisonen bestreiten zu können, so werden sie bei dem Mangel an Bordellen geradezu gezwungen, sich der so gefährlichen Strassenprostitution in die Arme zu werfen.

13. Durch die Bordelle wird die Zahl der unehelichen Geburten, der Fruchtabtreibungen, der Kinderweglegungen und der Kindermorde vermindert.

Nach Dr. Behrend*) wurde in Berlin nach Aufhebung der Bordelle die Zahl der unehelichen Geburten sofort vermehrt, während nach Dr. Parent-Duchatelet**) die Fruchtbarkeit der Bordellmädchen eine kaum erwähnenswerthe ist.

14. Die Zahl der Bordelle steht mit der Winkel- und Strassenprostitution im umgekehrten Verhältnisse. — Nach den Erfahrungen, die man in allen grossen Städten gemacht hat, stellte es sich heraus, dass mit jeder Zunahme ihrer Bordelle eine Abnahme ihrer Winkel- und Strassenprostitution stattgefunden hat.

15. Durch die Bordelle wurden die Verbrechen der Nothzucht, und der gewaltthätigen Angriffe auf die Scham, namentlich aber die an Kindern unter 16 Jahren begangenen, vermindert. Aus dem Rapport *sur l'administration de la justice criminelle en France de* 1826 — 1850 geht hervor, dass die obgenannten unsittlichen und verbrecherischen Attentate, welche in Frankreich begangen wurden, besonders auf dem Lande, wo keine Bordelle bestehen, seit 25 Jahren zugenommen haben. Auf 1000 der obigen Attentate gegen Erwachsene zählte man durchschnittlich 742 Landbewohner und nur 258 Städter, — und auf 1000 derselben Attentate gegen Kinder 625 Landbewohner und nur 375 Städter.

16. Die Nichteinführung von Bordellen kann wohl durch Machtsprüche octroyirt, ihre Entbehrlichkeit aber einzig und allein nur durch eine Innovation des Geistes jener Sitten, welche diese Anstalten in's Leben gerufen und sie bis auf die neueste Zeit forterhalten hat, ermöglicht werden! — Geben wir daher alles unnatürliche Declamiren gegen die Unmoralität der Bordelle auf und tragen wir lieber mit offenen Augen und wissentlich einen kleinen Schaden, als dass wir mit geschlossenen Augen und dem nicht Wissenwollen fortwährend moralische Schlappen erleiden ***)!

*) Dr. Behrend, über die Prostitution, wie oben.
**) Dr. Parent-Duchatelet, wie oben.
***) Das Bordell als Staatsanstalt. Leipzig, 1851.

VI.

Ueber die Veröffentlichung eines Prostitutions-Reglements.

Zur Durchführung einer erfolgreichen Regelung der Prostitution müssen die Normen über das von allen Kategorien der Prostituirten einzuhaltende Benehmen, — über die innere Einrichtung und Leitung der Bordelle, über das Verhalten der Bordellinhaber, über die Art und Weise der behördlichen Ueberwachung des gesammten Prostitutionswesens und über die Bestrafung der von den Prostituirten oder den Bordellinhabern begangenen Contraventionen, — in einer mit Gesetzeskraft versehenen Instruction genau formulirt werden. Derlei Instructionen hat man mit dem Namen „Prostitutions-Reglements" belegt.

Die in den verschiedenen Ländern bisher erlassenen Prostitutions-Reglements zerfallen in zwei Classsen, wovon die eine blos die Normen für das Bordellwesen, — die andere aber jene für die alleinwohnende Prostitution und das Bordellwesen enthalten. Ausser diesen Reglements wurden übrigens, je nach dem Eintreten verschiedener Eventualitäten, über die Duldung oder Unterdrückung der Prostitution in einzelnen Staaten periodisch mancherlei Gesetze, Ordonnanzen und dergleichen erlassen, welche aber mit den Prostitutions-Reglements nicht verwechselt werden dürfen.

Als das älteste Prostitutions-Reglement der ersten Classe gilt jenes, welches Johanna I. Königin beider Sicilien und Gräfin der Provence, für das Bordell zu Avignon, welches unter dem Namen das „Mädchenkloster" bekannt war, im Jahre 1347, über Anempfehlung der Municipalität, bestätigte.

Nachdem damals fast die meisten italienischen Bordelle nach diesem Polizeistatute eingerichtet waren, glauben wir dasselbe vorführen zu sollen. Es lautet wie folgt:*)

1. Im Jahre 1347, den 8. August, hat unsere gute Königin Johanna erlaubt, ein Mädchenkloster zum Vergnügen des Publicums in Avignon zu errichten. Sie will nicht zugeben, dass

---

*) Peter Frank, medicinische Polizei. Manheim, 1780. (II. Bd. S. 33.)

alle galanten Weibsleute sich in der ganzen Stadt verbreiteten, sondern sie befiehlt ihnen, sich in dem Hause allein aufzuhalten, und sie will, dass sie, um kenntlich zu sein, auf der linken Schulter eine rothe Nessel (Masche) tragen.

2. Wenn ein Mädchen einmal schwach gewesen ist und auf's neue fortfährt schwach werden zu wollen, so soll sie der Gerichtsdiener bei dem Arme nehmen und unter Trommelschlag, mit der rothen Masche auf der Schulter, durch die Stadt führen und in das Haus bringen, wo ihre künftigen Gespielinnen versammelt sind. Er soll ihr verbieten, sich in der Stadt antreffen zu lassen, bei Strafe im ersten Uebertretungsfall im Geheimen gepeitscht, im zweiten aber öffentlich mit Ruthen gestrichen und des Landes verwiesen zu werden.

3. Unsere gute Königin befiehlt, dass das Haus in der Strasse *don Pontroucat (rue du pont rompu)* nahe bei dem Kloster der Augustiner bis zum steinernen Thore aufgerichtet werden soll. Es soll eine Thüre daran angebracht werden, durch welche Jedermann eingehen könne; aber sie soll so verschlossen bleiben, dass keine Mannsperson ohne Erlaubniss der Vorsteherin Aebtissin *(l'abadesso ou bailauno)*, welche alle Jahr durch den Stadtrath neu zu erwählen ist, die angestellten Mädchen besuche. Die Vorsteherin soll den Schlüssel in Verwahrung haben und die jungen Leute ernstlich warnen, keinen Lärm zu erheben, noch die Mädchen zu quälen; denn bei der geringsten wider sie erhobenen Klage müssen solche sogleich in den Thurm zum Verhaft gebracht werden.

4. Der Königin Wille ist anbei noch, dass an jedem Sonnabend die Priorin und der vom Rath erwählte Wundarzt jedes Mädchen untersuchen sollen und wenn sie darunter eine finden, die mit einem aus dem Beischlafe entspringenden Uebel behaftet ist *(se ben trobo qualcuno qu'abia mal vengut de paillardiso)*, so soll man sie von den übrigen absondern und in ein besonderes Gemach thun, damit sich Niemand ihr nähere und der Ansteckung der Jugend vorgebeugt werde.

5. Wenn eines unter diesen Mädchen schwanger würde: so soll die Vorsteherin sorgen, dass sie sich der Leibesfrucht nicht unzeitig entledige; sie muss es daher den Räthen anzeigen, damit von diesen dem Kinde alles Nöthige angeschafft werden möge.

6. Die Vorsteherin soll nie gestatten, dass eine Mannsperson auf den Charfreitag, Charsamstag oder auf den heiligen Ostertag, das Haus betrete: bei Strafe der Cassation und der öffentlichen Peitsche.

7. Gleichfalls will die Königin, dass alle Mädchen ohne Zank und Eifersucht leben, dass sie einander nichts entwenden und sich nicht schlagen; im Gegentheil will sie, dass solche sich wie Schwestern lieben sollen; erhebt sich ein Streit unter ihnen, so soll die Priorin Einigkeit und Ruhe herstellen und jede soll sich dem Urtheil derselben zu unterwerfen verpflichtet sein.

8. Hat ein Mädchen einen Diebstahl begangen, so soll die Priorin es anhalten, das Gestohlene gütlich wieder zu ersetzen; weigert sich die Thäterin diesem nachzukommen, so soll dieselbe durch einen Gerichtsdiener in einem besonderen Zimmer gepeitscht werden; begeht sie diesen Fehler zum zweitenmal, so soll sie der Scharfrichter öffentlich peitschen.

9. Ferner ist der Königin Wille, dass die Priorin keinen Juden den Eintritt in dieses Haus verstatte; schleicht sich dessenungeachtet einer listiger Weise ein und macht sich mit einer Klosterjungfrau zu schaffen, so soll er in Verhaft genommen und sofort durch alle Strassen der Stadt gepeitscht werden.

Als das zuletzt veröffentlichte Prostitutions-Reglement dieser Classe muss „die Bordellordnung Hamburgs" vom Jahre 1834 genannt werden. Diese Bordellordnung, welche der Polizeiherr von Hamburg Dr. Hudtwalcker verfasste, ist daselbst unter dem Namen des „blauen Buches" bekannt. Es findet sich dasselbe in der Broschüre: „Die Hamburger Prostitution" (Altona, 1859, Heilbutt'sche Verlagshandlung) abgedruckt.

Unter die Prostitutions-Reglements der zweiten Classe, die zumeist Schöpfungen der neueren und neuesten Zeit sind, gehören jene von: Marseille (1821), Brest (1829), Bern (1832), Kopenhagen (1836), Nantes (1838), Bordeaux (1839), Brüssel (1844), Lyon (1852), Algerien (1852), Berlin (1853), Amsterdam, Haag, Rotterdam (1854), Strassburg (1855) Turin (1855) u. s. w.

Sämmtliche Prostitutions-Reglements der vorgenannten Städte zeigen bezüglich ihrer objectiven Behandlung eine gewisse Gleichförmigkeit, sie enthalten nämlich alle die üblichen sanitären und polizeilichen Vorschriften für die allein wohnenden Prostituirten, die Bordellwirthe und die Bordellmädchen. Unter die besten Prostitutions-Reglements gehören jene, welche der Bürgermeister M. Ch. de Brouckére für Brüssel und Dr. Sperino für Turin ausgearbeitet haben. Bei der Abfassung eines Programmes für ein Prostitutions-Reglement für Wien haben wir das praktisch brauchbarste Materiale aus allen bekannten Prostitutions-Reglements, unter steter Berücksichtigung der Local-Verhältnisse und der neuesten Erfahrungen, verwerthet und dasselbe zur besseren Uebersicht in zwei Sectionen abgetheilt, wovon die erstere, das Reglement für die allein wohnende Prostitution, — die letztere jenes für die Bordelle umfasst.

Prostitutions-Reglement

für die

Reichs-Haupt- und Residenzstadt Wien.

I. Section.

A. Reglement für die allein wohnenden öffentlichen Mädchen.

Als öffentliche Mädchen (Prostituirte) werden alle Frauenspersonen angesehen, die notorisch mit ihrem Körper gegen Entlohnung ein unzüchtiges Gewerbe treiben.

Die öffentlichen Mädchen bilden 2 Classen, nämlich:

a) die allein wohnenden öffentlichen Mädchen, und

b) die Bordellmädchen, welche sich in den von der Administration geduldeten Prostitutionshäusern (Bordellen) aufhalten.

Vom Tage der Veröffentlichung dieses Reglements an wird die Duldung der Preisgebung (Prostitution) allen Frauenspersonen, die sich entweder freiwillig in die Prostitutions-Matrikel eintragen lassen, oder die von dem Sanitätsbureau zwangsweise eingetragen werden und von demselben eine Sicherheitskarte erhalten haben, zugestanden. In die Prostitutionsmatrikel eingetragene und mit einer Sicherheitskarte versehene Frauenspersonen unterliegen, wenn sie sich den in dem Prostitutions-reglement enthaltenen Vorschriften gemäss benehmen, wegen der gewerbsmässigen Betreibung der Prostitution keinerlei gesetzlichen Ahndung.

A) Von der Einregistrirung.

§ 1. Die Einregistrirung der öffentlichen Mädchen in die Prostitutions-Matrikel des Sanitätsbureaus hat die Evidenzhaltung der Prostituirten und die Erhaltung des Gesundheitswohles der Bevölkerung zum Zwecke.

§ 2. Die Einregistrirung der öffentlichen Mädchen ist

a) eine freiwillige, welche von den Frauenspersonen die Prostitution treiben wollen, selbst angesucht werden muss;

b) eine zwangsweise, die über alle bei der geheimen Prostitution überraschte Frauenspersonen von dem Sanitätsbureau unmittelbar verhängt wird. Diese letztere ist aber wieder:

α) eine provisorische, wenn der Thatbestand der Prostitution noch nicht vollkommen sichergestellt ist; und

β) eine definitive, wenn der Thatbestand richtig gestellt worden ist.

§ 3. Zur Einschreibung haben die Petentinnen ihren Pass oder Heimatschein, ihren Taufschein, das letzte Dienstzeugniss und wenn sie verheiratet sind, den Copulirschein mitzubringen.

§ 4. Vor der Einschreibung in die Prostitutionsmatrikel haben die Petentinnen sich der Aufnahme eines Protocolles, das sie nach dessen Vollendung unterschreiben müssen, zu unterziehen.

§ 5. Nach der Unterfertigung des Protocolles müssen die Petentinnen einen Revers unterschreiben, in dem sie versprechen, das ihnen vorgelesene und eingehändigte Prostitutions-Reglement auf das pünctlichste zu befolgen.

§ 6. Mädchen unter 16 Jahren werden zur Einregistrirung nicht zugelassen.

§ 7. Minderjährige Mädchen werden nur dann in die Prostitutions-Matrikel eingetragen, wenn sich ihre Eltern, Verwandte oder Vormünder über an sie ergangene ämtliche Aufforderungen weigern, dieselben bei sich aufzunehmen, oder anderweitige Schritte zu thun, um sie von ihrem Vorhaben abzubringen.

§ 8. Verheiratete Frauen werden in die Prostitutions-matrikel nur dann eingetragen, wenn deren Männer nicht mit ihnen in einem Hause wohnen, keinen Vortheil aus ihrem Geschäfte ziehen und mündlich oder schriftlich ihre Zustimmung zu der Einschreibung geben.

§ 9. Die in die Prostitutions-Matrikel eingetragenen Individuen erhalten eine „Sicherheitskarte,“ auf welcher sie ihren Tauf- und Zunamen eigenhändig verzeichnen müssen.

§ 10. Die Prostituirten dürfen ihre Sicherheitskarte nicht ausleihen, sie müssen selbe stets bei sich tragen und auf Verlangen des Sanitätsbureaus oder eines Polizeiagenten jederzeit anstandslos vorweisen. Verliert eine Prostituirte ihre Karte, so muss sie sich sofort beim Sanitätsbureau um eine neue bewerben.

§ 11. Jede Verwechslung der Wohnung müssen die Prostituirten sofort im Sanitätsbureau anzeigen und ihre Sicherheitskarten bei dem Polizeicommissariate, das sie verlassen, so wie bei jenem, in das sie übersiedeln, vidiren lassen. Keine Prostituirte darf in einem Monate öfter als zweimal ihre Wohnung verändern.

§ 12. Keine Prostituirte darf ohne Bewilligung des Sanitätsbureaus sich aus ihrer Wohnung über zwei Tage entfernen.

§ 13. Wird eine mit einer Sicherheitskarte Betheilte unterstandslos betroffen, so wird ihr die Sicherheitskarte abgenommen.

§ 14. Jede Prostituirte erhält eine gedruckte Belehrung über die auffälligsten Symptome der syphilitischen Erkrankungen an Frauen und Männern, deren Erhalt sie bestätigen muss.

B) Von der Ausstreichung aus der Prostitutions-Matrikel.

§ 15. Um in die Prostitutions-Matrikel eingetragene öffentliche Mädchen, welche aus was immer für einem Grunde ihr Unzuchtsgewerbe aufgeben, nicht weiterhin der polizeilichen Ueberwachung und ärztlichen Untersuchung preiszugeben, wird denselben über Ansuchen bei dem Sanitätsbureau die Ausstreichung aus der Matrikel bewilligt.

§ 16. Die Gesuche um die Ausstreichung müssen von den Prostituirten bei dem Sanitätsbureau schriftlich überreicht und in demselben von ihnen die Mittel bezeichnet werden, durch welche sie in der Zukunft ihre Existenz begründen wollen.

§ 17. Die Ausstreichung wird bewilligt:

a) bei einer eintretenden Verehelichung, wenn diese durch einen Ehecontract oder durch auf die Verehelichung bezügliche Certificate der Civilbehörde dargethan wird;

b) bei dem Auftreten eines durch ein ärztliches Zeugniss ausgewiesenen körperlichen Leidens, welches die Bittstellerin zur ferneren Ausübung ihres Gewerbes untauglich macht; und

c) bei Reclamationen, welche von den Eltern, Verwandten oder Vormündern der Petentinnen bei dem Sanitätsbureau angestrengt werden.

§ 18. Die ausgestrichenen Prostituirten werden noch durch 3 Monate von dem Sanitätsbureau überwacht.

§ 19. Kehrt eine ausgestrichene Prostituirte wieder zu ihrem früheren Lebenswandel zurück, oder wird sie von der Polizei bei einer neuen Preisgebung ertappt, so wird sie, wenn sie sich nicht schon freiwillig wieder in die Prostitutionsmatrikel eintragen liess, von Amtswegen in dieselbe eingetragen.

C) Von der ärztlichen Untersuchung.

§ 20. Alle eingeschriebenen öffentlichen Mädchen müssen sich wöchentlich zweimal an den ihnen vorgeschriebenen Tagen zwischen 10 und 3 Uhr im Untersuchungslocale des Sanitätsbureaus zur ärztlichen Untersuchung unter Mitbringung ihrer Sicherheitskarte vorstellen.

§ 21. Von Particuliers unterhaltene, oder bei solchen wohnende öffentliche Mädchen haben sich, wenn ihre Souteneurs nicht die genügenden Subsistenzmittel besitzen und selbe nicht auch gleichzeitig die Verantwortung für die Unschädlichkeit ihrer ferneren Lebensweise übernehmen, gleichfalls bei den vorgeschriebenen Untersuchungen vorzustellen.

§ 22. Die öffentlichen Mädchen müssen allen Anordnungen der Aerzte der Untersuchungsanstalt pünctlich nachkommen und sich gegen dieselben jederzeit achtungsvoll benehmen.

§ 23. Wird ein öffentliches Mädchen durch eine nicht syphilitische Erkrankung gehindert, bei der vorgeschriebenen Untersuchung zu erscheinen, so muss sie sich über ihr Ausbleiben durch ein ärztliches Zeugniss rechtzeitig ausweisen. Bleibt sie unentschuldigt am nächsten Untersuchungstage wieder weg, so wird sie, wenn sie ausgehen kann, sogleich durch einen Polizeidiener zur nachträglichen Untersuchung in das Sanitätsbureau abgeführt.

§ 24. Bei der Untersuchung im 7. Monate schwanger befundene öffentliche Mädchen werden, wenn sie nicht die Mittel besitzen, sich zu einer autorisirten Hebamme begeben zu können, der Gebäranstalt übergeben.

D) Vorschriften über das Verhalten der öffentlichen Mädchen.

§ 25. Es ist den öffentlichen Mädchen verboten:

a) bei Ausschänkern von was immer für geistigen Getränken, in Surrogat-Caffeelocalen, bei Auskocherinnen, Hebammen u. s. w. zu wohnen;

b) in unanständiger oder ihre Blössen zu sehr bemerkbar machender Kleidung oder berauscht auf den Strassen zu erscheinen;

c) vor den Hausthüren oder den Fenstern ihrer Wohnungen sich zu zeigen und von da aus Männer durch Anrufe oder andere Manipulationen anzulocken;

d) auf den ihnen untersagten Plätzen, Strassen oder Promenaden herumzustreichen;

e) einzeln oder mit ihren Genossinnen öffentlich in Gruppen stehen zu bleiben, sich unanständig zu benehmen und dort laut obscöne Gespräche zu führen;

f) die Passanten auf der Strasse mit Zudringlichkeiten zu verfolgen, oder sonst deren Aufmerksamkeit auf sich zu ziehen;

g) die Fenster ihrer Wohnungen sowohl bei Tag als Nachts unverhängt zu belassen;

h) in Theatern, Concerten oder anderen öffentlichen Unterhaltungsorten andere, als die ihnen erlaubten Plätze einzunehmen;

j) nach 10 Uhr sich auf den Strassen herumzutreiben, anderswo als in ihren eigenen Wohnungen mit den Männern Zusammenkünfte zu haben;

k) ohne männliche Begleitung Caffee-, Branntwein- oder Wirthshäuser zu besuchen;

l) unbeleuchtete Stiegen, offenstehende Schoppen, öffentliche Gärten, abgelegene Orte, Wagen u. dgl. zur Ausübung der Prostitution zu benützen;

m) in der Nähe der Kirchen, der Universität, der Gymnasien, des politechnischen Institutes, der Kasernen, Exercirplätze, Revuen u. s. w. herumzulungern;

n) eigene oder fremde Kinder in ihren Wohnungen zu beherbergen;

o) über Nacht Männer oder Geschäftsgenossinnen in ihren Wohnungen schlafen zu lassen;

p) sich zum Betriebe der Prostitution in die Wohnungen von Kupplerinnen zu begeben;

q) Besuche von männlichen Individuen anzunehmen, die ersichtlich noch dem Knabenalter angehören;

r) Dieben oder Diebshehlern Unterstand zu geben;

s) Soldaten über die Retraite bei sich zu behalten;

t) Nachts in den Hôtels oder in den Wohnungen ihrer Verehrer sich aufzuhalten;

u) der Polizei Vorgänge zu verschweigen, welche auf die Gefährdung der öffentlichen Ruhe und Sicherheit irgend einen Einfluss nehmen können;

v) ihren Besuchern durch was immer für Drohungen Geld abzupressen oder abzuschwindeln;

w) zur Zeit ihrer monatlichen Periode, oder wenn sie syphilitisch erkrankt sind, Besuche anzunehmen;

x) ihre stattgefundene Schwängerung zu verheimlichen;

y) ihre Dienstboten zur Preisgebung auszunützen;

z) mit Genossinnen ihres Gewerbes Orgien in ihren Wohnungen abzuhalten;

aa) widernatürliche Mittel zur Aufreizung der Sinneslust der Männer in Anwendung zu bringen, und

bb) die Namen der sie besuchenden und ihnen bekannten Männer anderen Personen bekannt zu geben.

E) Strafen.

§. 26. Uebertretungen dieses Reglements werden das erste Mal mit einer Geldstrafe von 5—20 fl. öst. W., in Wiederholungsfällen mit einer Arreststrafe von 3—21 Tagen belegt.

§ 27. Uebertretungen dieses Reglements, deren Bestrafung ohnedem im Strafgesetzbuche vorgesehen ist, werden nach den Bestimmungen desselben geahndet.

II. Section.

B. Reglement über das Bordellwesen.

Vom Tage der Veröffentlichung dieses Reglements an werden die Bordelle geduldet. Die Bordellconcession ertheilt das Sanitätsbureau.

A) Vorschriften über die Lage und innere Einrichtung der Bordelle.

§ 1. Die Bordelle müssen abseits von Klöstern, Kirchen, Palästen, öffentlichen Etablissements, Wohnungen hervorragender Staatsbeamten, Unterrichtsanstalten, Kasernen, grosser Hôtels und Hôtels garnis eingerichtet werden.

§ 2. Die Bordelle müssen in ziemlicher Entfernung von einander und in den abgelegeneren Stadttheilen placirt werden.

§ 3. Die Bordelle müssen in den einzelnen Stadttheilen so vertheilt werden, dass ihre Qualität dem Charakter des Stadttheiles nach Möglichkeit entspricht.

§ 4. Eine und dieselbe Person darf nicht zwei Bordelle, und verschiedene Personen dürfen nicht in einem und demselben Hause Bordelle mit einem gemeinschaftlichen Eingange oder mit Benützung einer und derselben Stiege, einrichten.

§ 5. Die Zahl der in einem Bordelle befindlichen öffentlichen Mädchen muss mit dessen räumlichen Verhältnissen im Einklange stehen.

§ 6. Die Localitäten eines Bordelles dürfen mit denen der übrigen Bewohner desselben oder des Nachbarhauses in keiner Verbindung stehen.

§ 7. Die Bordelle dürfen keine verborgenen Schlupfwinkel, keine Zimmer ohne Fenster, keine Kisten, grosse Kästen, Waffenschränke oder sonstige Behältnisse, welche einen Menschen verbergen können, besitzen. Sie dürfen keine sogenannten Judas, d. i. Gucklöcher in dem Fusswerke eines oberen Stockwerkes, an den Thüren, Spiegeln, Bildern u. s. w., durch welche man die Vorgänge in anderen Zimmern beobachten kann und keine gesundheitswidrige Beschaffenheit haben.

§ 8. Die Bordellhäuser müssen ober ihrer Eingangsthür nummerirte, des Nachts erleuchtete Laternen haben.

§ 9. Die Eingangsthüren der Bordelle müssen Tag und Nacht geschlossen sein.

§ 10. Die Parterrewohnungen der Bordelle müssen mit mattgeschliffenen Gläsern, sogenannten Jalousiegläsern, versehen sein.

§ 11. Jedes Bordellmädchen muss ein eigenes Zimmer mit einer nummerirten Eingangsthür bewohnen.

§ 12. Auf allen Thüren der Zimmer, welche die Bordellmädchen bewohnen, müssen nicht nur von aussen, sondern auch von innen deutlich die gleichen Nummern angebracht werden.

§ 13. In jedem Zimmer der Bordellmädchen muss sich eine Lösung von Chlorkalk, Seife, eine Mutterspritze, mehrere Schwämme, Handtücher, ein Waschbecken, das nöthige Mobilare und ein Glockenzug befinden, der so eingerichtet werden muss, dass nach dessen Benützung in der Vorhalle sogleich die Nummer des Zimmers ersichtlich wird, wo geläutet wurde.

B) Vorschriften für die Bordellinhaber.

§ 1. Die Bordellconcessionen werden von dem Director des Sanitätsbureaus ertheilt und können diese nach dessen Ermessen jederzeit, ohne dass dagegen von den Bordellunternehmern ein Recurs angemeldet werden darf, zurückgenommen werden.

§ 2. Wer ohne die Bewilligung des Sanitätsbureaus ein Bordell einrichtet, wird mit ein- bis zweijähriger Zuchthausstrafe belegt.

§ 3. Wer eine Bordellconcession erlangen will, muss bei dem Sanitätsbureau ein Gesuch einreichen und nach erhaltener Bewilligung einen Revers unterschreiben, in welchem er verspricht, das Bordellreglement auf das pünctlichste zu befolgen, die vorgeschriebene Caution zu erlegen und die auf die Contraventionen des Reglements gesetzten Geldstrafen, welche von der Caution entnommen werden, bei sonstigem Verluste der Concession, jedesmal anstandslos zu zahlen.

§ 4. Bordellconcessionen werden nur Personen, gegen

welche keinerlei sicherheitsgefährliche oder finanzielle Bedenken vorliegen, verliehen.

§ 5. Eine Bordellconcession kann ohne Zustimmung des Sanitätsbureaus auf die Erben des Bordellwirthes nicht übertragen werden.

§ 6. Verheiratete Frauen erhalten ohne schriftliche Zustimmung ihrer Männer keine Bordellconcession.

§ 7. Wer ein Bordell einmiethen will, muss früher die schriftliche Zustimmung des betreffenden Hausbesitzers dem Sanitätsbureau vorlegen.

§ 8. Die Bordellwirthe dürfen ihre Locale ohne Zustimmung des Sanitätsbureaus nicht verändern. Jede willkürliche Einmiethung oder Veränderung eines solchen Locales wird mit der Annullirung der Miethcontracte und einer Geldstrafe von 25—50 fl. Oe. W. belegt. Lässt sich der Vermiether die Annullirung des Contractes nicht gefallen und kann das Sanitätsbureau den Fortbestand eines solchen Bordelles, wegen der Nähe einer Kirche, Schule u. s. w. nicht dulden, so wird dem Bordellwirth die Concession entzogen. Setzen solche Bordellinhaber dessenohnerachtet den verbotenen Bordellbetrieb fort, so werden sie nach § 2 dieses Reglements bestraft.

§ 9. Die Bordellwirthe erwerben dadurch, dass ihnen der Betrieb eines Bordelles an einem bestimmten Orte durch längere Zeit gestattet wurde, weder ein Local- noch ein Real-Recht, vielmehr bleibt die Entziehung der Concession dem Sanitätsbureau jederzeit unbenommen.

§ 10. Die Errichtung von nicht concessionirten Etablissements für unsittliche Zusammenkünfte, wie der sogenannten Bestellhäuser *(maisons de passe)* ist verboten. Dawiderhandelnde werden mit Zuchthaus von 3—6 Monaten bestraft.

§ 11. Die Bordellwirthe müssen die gewöhnlichen An- und Abmeldungen der bei ihnen aufgenommenen Personen nicht nur bei dem Sanitätsbureau sondern auch bei dem betreffenden Polizeicommissariate besorgen. Dawiderhandelnde werden mit einer Geldstrafe von 5—10 fl. Oe. W. belegt.

§ 12. Die Bordellwirthe müssen, ehe sie eine Frauensperson in ihr Etablissement aufnehmen, dieselbe früher dem Sanitätsbureau zur ärztlichen Untersuchung vorstellen. Sie dürfen mit ihnen ohne Intervention des Sanitätsbureaus keine Verträge abschliessen. Die abgeschlossenen Contracte werden vom Bureau im Originale aufbewahrt, und die Contrahenten mit Abschriften versehen.

§ 13. Bordellwirthe, welche die Meldung eines Frauenzimmers unterlassen und überführt werden, ein solches über 48 Stunden zu Prostitutionszwecken bei sich aufgehalten zu haben, werden das erstemal mit einer Geldstrafe von 50 fl., das zweitemal mit einer Geldstrafe von 200 fl. Oe. W., das drittemal mit dem Verlust der Concession bestraft. Die Entschuldigung der Bordellwirthe: „Die Unangemeldeten blos als Dienstmägde aufgenommen zu haben," befreit sie nicht von den obigen Strafen, weil sie eben alle Individuen, welche sie in ihre Häuser aufnehmen, zu melden verpflichtet sind. Die unterlassene Anzeige des Austritts eines ihrer Bordellmädchen unterliegt den gleichen Strafen.

§ 14. Locken die Bordellwirthe unschuldige Mädchen unter falschen Vorspiegelungen zum Bordellgebrauch in ihr Haus, so werden sie mit Zuchthaus von 2—5 Jahren bestraft.

§ 15. Nehmen die Bordellwirthe Mädchen vor dem erreichten 20. Lebensjahre unter Vorlegung eines falschen Taufscheines zum Bordellgebrauche auf, so werden sie nach den bestehenden Gesetzen bestraft.

§ 16. Die Bordellwirthe dürfen uneinregistrirte Frauenspersonen unter 40 Jahren als Freundinnen, Verwandte, u. s. w. bei sich nicht aufhalten und solche auch nicht als Dienstmädchen aufnehmen. Dawiderhandelnde werden das erstemal mit einer Geldstrafe von 50 fl. Oe. W., im Wiederholungsfalle mit dem Verluste der Concession bestraft.

§ 17. Die Bordellwirthe dürfen die persönliche Freiheit der bei ihnen wohnenden Mädchen auf keine Weise beeinträchtigen. Dawiderhandelnde werden nach den bestehenden Gesetzen über die Beraubung der persönlichen Freiheit bestraft.

§ 18. Die Bordellwirthe dürfen keinem ihrer Mädchen, das seine Lebensweise verlassen will, den Austritt aus ihren Bordellen erschweren oder etwa gar verwehren; selbst die von solchen Mädchen bei ihnen gemachten Schulden geben ihnen zu einem derlei Vorgehen kein Recht. Dawiderhandelnde werden mit der im vorhergehenden Paragraphe angegebenen Strafe belegt.

§ 19. Die Bordellwirthe dürfen keines ihrer Mädchen beschimpfen oder misshandeln. Dawiderhandelnde werden nach den bestehenden Gesetzen bestraft.

§ 20. Die Bordellwirthe dürfen keinem ihrer Mädchen mehr als 10 fl. Oe. W., bei Strafe der Annulirung einer solchen Schuld, borgen.

§ 21. Die Bordellwirthe müssen sowohl den freiwillig austretenden, wie den von ihnen selbst entlassenen Mädchen einen brauchbaren vollkommenen Anzug, die bei ihrem Eintritte mitgebrachten Effecten, und eine Abfertigung von 10 fl. Oe. W. übergeben.

§ 22. Die Bordellwirthe müssen bei der Aufnahme der Mädchen über die Gegenstände, welche sie mitbringen, so wie über jene, welche sie bei ihrem Austritte mit sich nehmen, Inventare anfertigen und dieselben innerhalb 24 Stunden dem Sanitätsbureau zur Einsicht vorlegen. Dawiderhandelnde werden mit einer Geldstrafe von 5—25 fl. belegt.

§ 23. Die Bordellwirthe müssen die Preise, welche sie für Wohnung, Beköstigung, Wäsche und Bedienung von den Mädchen ansprechen, dem Sanitätsbureau zur Genehmigung vorlegen. Zahlungen, welche die Bordellwirthe für diverse Anschaffungen als: Kleider, Wäsche, Schmucksachen, Toilettegegenstände, Unterhaltungen u. s. w. für die Mädchen leisten, müssen von ihnen mit Originalcontis belegt werden. Die Bordellwirthe müssen die Einnahmen und Ausgaben der Mädchen dergestalt regeln, dass für sie ein reiner Fünfttheil von den Einnahmen erübrigt wird. Diese Ersparnisse müssen sie auf den Namen der Mädchen monatlich bei der Sparcasse hinterlegen und die Sparcassabüchel dem Sanitätsbureau vorweisen. Damit die Einnahmen und Ausgaben der Mädchen controlirt werden können, müssen sie für Jedes ein Rechnungsbuch führen und die Rechnungsbücher aller Mädchen so wie die Sparcassabücheln dem Sanitätsbureau alle Monat zur Vidirung vorlegen. Bordellwirthe, welche sich in dieser Beziehung Contraventionen zu Schulden kommen lassen, werden mit dem Verluste der Concession bestraft.

§ 24. Die Bordellwirthe dürfen sich die den Bordellmädchen von den Gästen gemachten Geschenke nicht aneignen.

Dawiderhandelnde werden mit dem Verluste der Concession bestraft.

§ 25. Die Bordellwirthe müssen allenfallsige syphilitische Erkrankungen ihrer Mädchen sogleich dem Sanitätsbureau anzeigen und es verhindern, dass diese noch weiters Besuche annehmen. Dawiderhandelnde werden mit 3 — 6 Monaten Zuchthaus bestraft.

§ 26. Bordellwirthe, die es einem syphilitischen Mädchen gestatten, Besuche von den Männern anzunehmen oder sie zu solchen nöthigen, werden mit der Entziehung der Concession, Zuchthaus von 6 Monaten bis zu einem Jahre bestraft und zur Tragung der Kurkosten der dadurch angesteckten Männer verhalten.

§ 27. Die Bordellwirthe müssen die Heilungskosten der in ihren Localen syphilitisch gewordenen Mädchen tragen, da selbe als Geschäftskosten angesehen werden. Bordellwirthe, welche sich die erlegten Heilungskosten von den Mädchen zurückerstatten lassen, werden mit einer Geldstrafe von 20 — 25 fl. Oe. W. belegt.

§ 28. Bordellwirthe, welche Mädchen zum Beischlafe zwingen, werden mit Gefängniss von 1—2 Jahren bestraft.

§ 29. Die Bordellwirthe dürfen ihren Mädchen Schmuck, Kleider, Toilettegegenstände u. s. w. nie gegen ein Honorar ausleihen. Dawiderhandelnde werden mit einer Geldstrafe von 20—25 fl. Oe. W belegt.

§ 30. Die Bordellwirthe dürfen ihren Mädchen die Haltung eines Liebhabers nicht verbieten, wenn gegen ihn nichts Polizeiwidriges vorliegt.

§ 31. Die Bordellwirthe sind für Contraventionen, welche sich die Bordellmädchen gegen das Reglement zu Schulden kommen lassen, verantwortlich.

§ 32. Die Bordellwirthe dürfen für die Besuche von den Gästen nur die von dem Sanitätsbureau bewilligte Taxe erheben. Bordellwirthe, welche sich Taxüberschreitungen zu Schulden kommen lassen, werden mit einer Geldstrafe von 50—100 fl. Oe. W. belegt.

§ 33. Beim Eintritte eines Gastes in das Bordell übernehmen die Bordellwirthe von ihm die vorgeschriebene Taxe. Um die Bordellmädchen gegen Uebervortheilungen zu schützen, müssen sie den Gästen eine Eintrittskarte einhändigen, welche diese den Mädchen, die sie besuchen, übergeben. Durch diese Manipulation wird es den Mädchen möglich, sich mit dem Bordellwirthe verrechnen zu können. Dawiderhandelnde Bordellwirthe werden mit dem Verluste der Concession bestraft.

§ 34. Die Bordellwirthe sind verpflichtet, die von dem Sanitätsbureau genehmigten Taxen für die Besuche in dem allgemeinen Besuchzimmer und auf den Zimmerthüren der Cabinete der Mädchen zu affichiren. Dawiderhandelnde werden mit einer Geldstrafe von 10—20 fl. Oe. W. belegt.

§ 35. Die Bordellwirthe dürfen es nicht gestatten, dass Männer mit anderen Mädchen, als jenen die zum Bordelle gehören, in ihren Localen Zusammenkünfte haben. Dawiderhandelnde werden mit der im § 2 dieses Reglements ausgesprochenen Strafe belegt.

§ 36. Die Bordellwirthe sind verpflichtet, jeden Austritt eines Bordellmädchens dem Sanitätsbureau alsogleich anzuzeigen. Dawiderhandelnde werden mit einer Geldstrafe von 20—25 fl. Oe. W. belegt.

§ 37. Die Bordellwirthe sind verpflichtet, alle zur ärztlichen Untersuchung der Mädchen nöthigen Apparate bereit und im guten Stand zu halten, als: einen Untersuchungsstuhl, Mutterspiegeln, Schwämme, Mutterspritzen u. dgl.

§ 38. Die Bordellwirthe erhalten zu ihrer und ihrer Mädchen Belehrung vom Sanitätsbureau eine gedruckte Anweisung über die ersten Zeichen einer erst vor kurzem begonnenen, oder weiter vorgeschrittenen syphilitischen Erkrankung beiderlei Geschlechtes.

§ 39. Die Bordellwirthe erhalten einen Abdruck des von ihnen einzuhaltenden Reglements.

§ 40. Die Bordellwirthe müssen in der Nähe der Hausthüre wohnen, um den Eingang überwachen, und bei entstehenden Unordnungen sogleich interveniren zu können.

§ 41. Den Bordellwirthen wird, zur Erhaltung der Ruhe und Ordnung in und vor den Bordellen, der Beistand der Polizei über jedesmaliges Ansuchen sogleich gewährt.

§ 42. Die Bordellwirthe dürfen in ihren Häusern keinen

Lärm, Gesang, Streit, oder Schlägerei dulden, vielmehr müssen sie wenn Ermahnungen nichts fruchten, die Hilfe der Polizei ansuchen. Werden desshalb von den Nachbarn bei der Polizei Beschwerden angebracht und können die Wirthe es nicht darthun, dass sie ihren Verpflichtungen pünctlich nachgekommen sind, so werden sie als Theilnehmer dieser Unfüge angesehen und mit einer Geldstrafe von 10—20 fl. Öc. W. belegt; in Wiederholungsfällen ihnen aber die Bordellconcession entzogen.

§ 43. Die Bordellwirthe dürfen in ihren Bordellen Spiele, was immer für einer Art, nicht gestatten. Dawiderhandelnde werden mit einer Geldstrafe von 20—25 fl. Oe. W. belegt.

§ 44. Bordellwirthe, denen Restaurationen bewilligt werden, müssen die Tarife für Speisen und Getränke in dem allgemeinen Besuchszimmer und auf den Thüren der Cabinete der Mädchen affichiren. Dawiderhandelnde werden mit einer Geldstrafe von 10—15 fl. Oe. W. belegt.

§ 45. Die Bordellwirthe dürfen sich gegen die Gäste Erpressungen oder Gewaltthätigkeiten, bei Verlust der Concession und den im Strafgesetze vorgesehenen Strafen, nicht zu Schulden kommen lassen.

§ 46. Die Bordellwirthe erhalten von dem Sanitätsbureau ein Register, in welches sie den Vor- und Zunamen, das Alter, den Geburtsort, das letzte Domicil, den Ein- und Austritt und das künftige Domicil ihrer Mädchen eintragen müssen. Will ein aus einem Bordell ausgetretenes Mädchen in dasselbe wieder zurückkehren, so müssen sie dies dem Sanitätsbureau anzeigen.

§ 47. Die Bordellwirthe haben als Vergütung für die Auslagen, welche das Sanitätsbureau zur Aufrechthaltung der Bestimmungen dieses Reglements bestreiten muss, alljährlich ein, nach der Qualität und Grösse der Bordelle sich richtendes, Pauschale zu entrichten.

§ 48. Die Bordellwirthe haben zu allen Stunden bei Tag und Nacht, bei Verlust der Concession den Agenten des Sanitätsbureaus den Eintritt in ihre Locale zu gestatten.

§ 49. Die Bordellwirthe müssen eine ihnen bekannt gewordene Schwängerung eines ihrer Mädchen dem Sanitätsbureau alsogleich anzeigen. Die Unterlassung dieser Anordnung wird mit einer Geldstrafe von 100—200 fl. Oe. W. geahndet.

§ 50. Die Bordellwirthe dürfen ohne Bewilligung des Sanitätsbureaus ihre Etablissements nicht länger als 24 Stunden bei einer Geldstrafe von 5—25 fl. Oe. W. verlassen.

§ 51. Die Bordellwirthe dürfen nach 12 Uhr Nachts keine Gäste in die Bordelle eintreten lassen. Dawiderhandelnde werden mit einer Geldstrafe von 10—25 fl. Oe. W. belegt.

§ 52. Unverheiratete oder von ihren Männern geschiedene Bordellwirthinnen müssen sich, sowie ihre unter 40 Jahre alten weiblichen Dienstboten, von dem dejourirenden Arzte täglich untersuchen lassen.

C. Vorschriften für die Bordellmädchen.

§ 1. Die Bordellmädchen sind verpflichtet, sich innerhalb des Bordelles täglich von einem der Aerzte der Untersuchungsanstalt des Sanitätsbureaus anstandslos untersuchen zu lassen.

Diejenigen, welche dieser Anordnung einen beharrlichen Widerstand entgegenstellen, werden mit Arrest von 1—3 Tagen bestraft.

§ 2. Die Bordellmädchen sind verpflichtet, jede wie immer Namen habende Erkrankung oder Schwängerung dem Bordellinhaber und dem dejourirenden Arzte sogleich anzuzeigen.

Dawiderhandelnde werden mit Arrest von 1—14 Tagen bestraft.

§ 3. Die Bordellmädchen sind verpflichtet, die von dem Arzte des Sanitätsbureaus bezüglich der Reinlichkeit ihres Körpers anempfohlenen Massregeln genau zu befolgen.

Dawiderhandelnde werden im Betretungsfalle mit Arrest von 1—3 Tagen bestraft.

§ 4. Die Bordellmädchen dürfen während der Dauer der Menstruation keine Besuche annehmen. Dawiderhandelnde werden mit Arrest von 1—3 Tagen bestraft.

§ 5. Die Bordellmädchen müssen nach Ablauf der Menstruation ein Bad und frische Wäsche nehmen.

§ 6. Die Bordellmädchen müssen sich nach jeder Preisgebung mit einer leichten Lösung von Chlorkalk waschen und mit einer Mutterspritze reinigen.

Dawiderhandelnde werden mit Arrest von 1—3 Tagen bestraft.

§ 7. Die Bordellmädchen sind verpflichtet, ihre Besucher auf Grundlage der gedruckten Unterweisung: „über die Erkenntniss der syphilitischen Erkrankungen," welche ihnen von dem Bordellinhaber eingehändigt wird, einer Untersuchung zu unterziehen.

§ 8. Die Bordellmädchen sind berechtigt, Gäste, welche keine Eintrittskarte vorweisen, oder die ihnen bezüglich ihres Gesundheitszustandes verdächtig erscheinen, oder gegen welche sie eine positive Abneigung empfinden, zurückzuweisen.

§ 9. Die Bordellmädchen sind berechtiget, einen Gast gerichtlich auf die Unterhaltungs- und Heilungskosten zu klagen, wenn sie ihn überführen können, dass er sie syphilitisch inficirt hat.

§ 10. Die Bordellmädchen erhalten eine „Sicherheitskarte," auf welcher der Untersuchungstag und der Befund der Untersuchung von dem dejourirenden Arzte eingetragen wird. Diese Karte müssen die Bordellmädchen in einer an der inneren Seite der Thüre ihrer Wohnung angebrachten Metallhülse verwahren und über Begehren jedem ihrer Besucher vorweisen.

Der Verlust dieser Karte wird mit Arrest von 1—8 Tagen bestraft.

§ 11. Die Bordellmädchen haben das Recht, die von den Gästen erhaltenen Geschenke für sich zu behalten.

§ 12. Bordellmädchen, die sich Veruntreuungen oder Diebereien zu Schulden kommen lassen, werden nach den bestehenden Gesetzen bestraft.

§ 13. Die Bordellmädchen dürfen weder fremde noch eigene Kinder bei sich beherbergen. Dawiderhandelnde werden mit Arrest von 8—21 Tagen bestraft.

§ 14. Die Bordellmädchen dürfen nur in Begleitung an den vom Sanitätsbureau bestimmten Tagen und Stunden das Bordell verlassen.

Jedes unsittliche Benehmen der Bordellmädchen ausserhalb der Bordelle, sowie jeder Fluchtversuch von ihrer Seite wird mit Gefängniss von 1—3 Monaten bestraft.

§ 15. Die Bordellmädchen dürfen nach 7 Uhr Abends nicht ausserhalb des Bordelles verweilen.

Dawiderhandelnde werden mit Arrest von 8—14 Tagen bestraft.

§ 16. Die Bordellmädchen dürfen sich weder an der Haus-
thür e noch an den Fenstern zeigen, noch viel weniger aber die
Passanten durch Zuwinken, Anrufe u. s. w. an sich locken.

Dawiderhandelnde werden mit Arrest von 8—14 Tagen
bestraft.

§ 17. Bordellmädchen, die unter dem Vorwande einer zu
ergreifenden ehrbaren Lebensweise ein Bordell verlassen und
nachträglich bei Betreibung der Prostitution, ohne neuerdings
einregistrirt worden zu sein, betroffen werden, verfallen einer
Arreststrafe von 1—3 Monaten.

§ 18. Die Bordellmädchen haben das Recht, ihre Entlassung
aus den Bordellen zu begehren, wenn sie versprechen, künftig
einen ehrbaren Lebenswandel führen zu wollen. Zu diesem Ende
haben sie von dieser ihrer Absicht dem dejourirenden Arzte die
betreffende Anzeige zu machen, der sodann ihre Entlassung
durch den Einfluss des Sanitätsbureaus vermittelt.

§ 19. Die Bordellmädchen haben das Recht, ihre allenfallsigen Klagen über eine willkürliche oder rohe Behandlung und
Uebervortheilungen, wenn sich die Bordellwirthe solche zu Schulden kommen lassen, bei dem dejourirenden Arzte anzubringen,
welcher dieselben sodann ungesäumt zur weiteren Austragung
dem Sanitätsbureau mitzutheilen hat.

VII.

Ueber die Ermittlung der syphilitischen Ansteckungen.

Es ist nicht zu verkennen, dass durch die ärztliche Untersuchung der einregistrirten öffentlichen Mädchen, — der
Bordellmädchen, — der durch die Agenten aufgebrachten,
die geheime Prostitution betreibenden weiblichen Individuen im Dispensaire des Sanitätsbureaus, durch welche
die sogleiche Fortschaffung der Syphilitischen in die Spitäler
ermöglicht wird, — und durch die anstandslose Aufnahme,
welche alle syphilitischen Personen beiderlei Geschlechtes in
den Spitälern finden, — der Ausbreitung der Syphilis nachhaltig
entgegengewirkt wird. Eine noch weit nachhaltigere Beschränkung

der Syphilis würde aber durch die Ermittlung der Quellen der syphilitischen Ansteckungen, d. i. durch die Ausforschung jener Individuen, welche die in die Spitäler geschafften Syphilitischen beiderlei Geschlechtes angesteckt haben, erzielt werden. Zur Kenntniss dieser Individuen wird man aber nur dann gelangen, wenn die Aerzte des Sanitätsbureaus und der Spitäler sich bemühen, ihre syphilitischen Kranken zur Namhaftmachung der Individuen, von welchen sie angesteckt wurden, zu bestimmen.

Da aber die Syphilitischen entweder in Civil-, oder Militärhospitälern, die als solche verschiedenen Jurisdictionen unterstehen, untergebracht werden, so wird desshalb die Erforschung der Ansteckungsquellen verschiedenen Modificationen unterworfen werden müssen.

1. Ueber die Ermittlung der Ansteckungsquellen beim Civile.

Die Erforschung der Quellen der Ansteckungen beim Civile muss: *a)* im Dispensaire des Sanitätsbureaus, — *b)* in den Bordellen — und *c)* in den Civilspitälern vorgenommen werden.

a) Alle bei den Untersuchungen in dem Dispensaire des Sanitätsbureaus als syphilitisch befundenen Frauenspersonen müssen von den Anstaltsärzten um die Namhaftmachung der Quellen ihrer Ansteckung angegangen werden. Die erhaltenen Mittheilungen haben die Aerzte in ein Register einzutragen, und eine Abschrift desselben dem Sanitätsbureau täglich vorzulegen. Gehören die von den Prostituirten angezeigten Individuen Ständen an, die nicht in der Lage sind sich auf ihre Kosten ärztlich behandeln zu lassen, so hat das Sanitätsbureau die allsogleiche Transportirung derselben in die Spitäler zu veranlassen. Frauenspersonen, welche über die Quelle ihrer Ansteckung im Dispensaire keine Eröffnungen gemacht haben, müssen von dem Sanitätsbureau den Spitals-Directionen zur weiteren Fortsetzung der von den Anstaltsärzten fruchtlos angestrengten Vernehmung bezeichnet werden.

b) Alle bei den Untersuchungen in den Bordellen als syphilitisch befundenen Frauenspersonen müssen gleichfalls um die Quellen ihrer Ansteckung befragt und die erhaltenen Mit-

theilungen von den dort dejourirenden Aerzten dem Sanitätsbureau rapportirt werden.

c) Alle bei den Untersuchungen in den Spitälern als
syphilitisch befundenen Personen beiderlei Geschlechtes
müssen von den dejourirenden Aerzten um die Namhaftmachung
der Individuen, welche sie angesteckt haben, angegangen werden. Die gewonnenen Auskünfte haben die Spitalsärzte in ein
Register einzutragen und eine Abschrift desselben durch die
Spitalsdirection dem Sanitätsbureau täglich zuzumitteln. —

Auf diese Weise erhält das Sanitätsbureau durch
die Erforschungen der Quellen der Ansteckungen in dem Dispensaire, in den Bordellen und in den Spitälern ein ziemlich
vollständiges Generaltableau über alle Individuen,
welche sich der Verbreitung der Syphilis schuldig
gemacht haben und wird es durch dasselbe gleichzeitig in die Lage versetzt, der weiteren Fortpflanzung der Syphilis Einhalt zu thun.

Ist das angezeigte syphilitische Individuum ein
öffentliches Mädchen, so wird das Bureau ein solches durch
einen seiner Agenten vorführen und im thatsächlichen Erkran-
kungsfalle auch sofort in's Spital transportiren lassen. — Ist das
angezeigte syphilitische Individuum der geheimen Prostitution
zugehörig, so wird das Bureau dasselbe, wenn es der weiblichen
dienenden oder der Arbeiterclasse angehört, durch eine Vorladung sich vorstellen lassen und im thatsächlichen Erkrankungs-
falle zur freiwilligen Begebung in ein Spital auffordern. Kömmt
ein derlei Individuum dieser seine Ehre schonenden Aufforderung nicht an einem der nächsten Tage nach, so hat es das Bureau
gleichfalls durch einen Agenten sofort in's Spital schaffen zu
lassen. — Ist das angezeigte syphilitische Individuum dem Fabriks-,
Gesellen-, Handwerker- oder einem anderen Stande angehörig, so
hat das Bureau dasselbe durch eine Vorladung vorzufordern und
denselben Vorgang wie bei der weiblichen dienenden Classe ein-
zuhalten. — Ist das angezeigte syphilitische Individuum ein Militär-
urlauber oder ein anderweitig detachirter Soldat, welche als solche
den regelmässigen Untersuchungen in den Casernen nicht unterliegen, so wird das Bureau über ihre Erkrankung an die betreffende Militärbehörde zu deren weiterer Amtshandlung berich-

ten. — Sind die angezeigten syphilitischen Personen beiderlei Geschlechtes Ständen zugehörig, die ohnedem nach ihrem Vermögen oder ihrer Stellung bei ihren Erkrankungen sogleich ärztliche Hilfe suchen, so hat das Bureau keinesfalls zu interveniren. — Wohnt die angezeigte syphilitische Person nicht an dem Orte, wo die Anzeige gemacht wird, so hat das Sanitätsbureau der Behörde ihres Domicils hierüber Bericht zu erstatten.

Durch eine genaue und continuirliche Durchführung dieser Manipulationen wird man viele der geheimen Prostitution dienstpflichtige Individuen ermitteln und nebstbei zahlreiche geheime Bordelle und Winkelkneipen, in denen gleichfalls Prostitution getrieben wird, entdecken.

2. Ueber die Ermittlung der Ansteckungsquellen beim Militär.

Die Erforschung der Quellen der Ansteckungen beim Militär muss entweder *a)* bei den üblichen ärztlichen oder anderweitigen später zu bezeichnenden Untersuchungen der Garnisonsmannschaft in den Casernen, — oder *b)* während des Aufenthaltes der syphilitischen Soldaten in den Militärhospitälern von den daselbst dienstthuenden Aerzten versucht werden.

a) Die in den Casernen locirte Garnisonsmannschaft muss wöchentlich einmal untersucht werden, damit die syphilitischen Soldaten alsbald in die Militärspitäler geschafft werden können. Bei besonderen Veranlassungen, z. B. vor den Einquartierungen, bei einem Ausmarsche, vor und nach jedem Garnisonswechsel, beim Beginne und Ablauf der Beurlaubungen, vor und nach beendeter Dienstzeit u. s. w. müssen alle Soldaten ärztlich untersucht werden, damit man die syphilitisch Erkrankten in ein Militärspital transportiren kann. Alle, bei diesen Untersuchungen als syphilitisch befundenen Soldaten, müssen von den Aerzten über die Quellen der Ansteckungen befragt, die erhaltenen Mittheilungen in ein Register eingetragen, eine Abschrift desselben den Vorständen der Militärhospitäler vorgelegt und von diesen täglich an das Civil-Sanitätsbureau eingeschickt werden. Ausser den Soldaten müssen auch alle permanent oder nur zeitweilig sich in den Casernen aufhaltenden Soldatenmädchen von zweifelhafter Conduite und auf den Märschen die, die Truppen begleitenden weiblichen Individuen, wie z. B. die

Marketenderinnen, Wäscherinnen, mitziehenden Liebhaberinnen u. s. w. untersucht und im Falle einer syphilitischen Erkrankung über die Quellen ihrer Ansteckung befragt werden.

b) Alle, mit Syphilis in die Militärspitäler aufgenommenen Soldaten, müssen um die Bekanntgebung der Quellen ihrer Krankheit von den Aerzten angegangen, die erzielten Auskünfte in ein Register eingeschrieben und eine Copie desselben von dem Vorsteher der Militärspitäler täglich an das Civil-Sanitätsbureau abgesendet werden.

Die Militärbehörden müssen auf die Namhaftmachung der Frauenspersonen, welche die Soldaten mit der Syphilis regaliren, schon desshalb dringen, weil sie der unterstandslosen Hefe der Prostituirten oder dem Dienstbotenstande angehören, die als Uneinregistrirte aller Controle durch das Sanitätsbureau ferne stehen und somit das Meiste zur Verbreitung der Syphilis beitragen. Jede Verweigerung oder Entstellung der Auskünfte über die Quellen der Ansteckungen muss von den Militärbehörden mit Strafen belegt werden, weil es sich nach den bisherigen Erfahrungen herausgestellt hat, dass sich besonders die Soldaten solche zu Schulden kommen lassen.

Welche Ursachen veranlassen aber die Soldaten zu dieser zwecklosen Geheimnissthuerei? Einerseits ist es die Scham, die sie von dem Geständniss zurückhält, weil sie sich scheuen, dass jene ekelhaften und scheusslichen Gestalten, welche sie so übel zugerichtet haben, so wie die schmutzigen Schlupfwinkel, welche sie besuchten, zur Kenntniss ihrer Vorgesetzten gelangen; — andererseits ist es die Furcht, die Personen, deren Gunstbezeigungen sie genossen und die sie in der Folge ohnerachtet ihrer syphilitischen Erkrankungen doch nicht zu verlassen gedenken, durch ihre Aussagen zu compromittiren, oder etwa gar einer Verhaftung auszusetzen. Da sich die syphilitischen Ansteckungen der Soldaten, die wegen des schlechten Standes ihrer Casse meist nur auf die Ausnützung der geheimen Prostitution angewiesen sind, verglichen mit jener einer gleichen Anzahl unverheirateter Civilpersonen, die sich weit häufiger der öffentlichen Lustmädchen bedienen, stets höher beziffern, so wird durch diese Thatsache allein die Behauptung: „dass die geheime Prostitution auf die Ausbreitung der Syphilis einen grösseren Einfluss nimmt als die privilegirte" zur Genüge verificirt.

Am übelsten aber ist das Gesundheitswohl jener Soldaten berathen, die sich in die Netze der lichtscheuen uneinregistrirten Strassenprostitution verstricken.

VIII.

Ueber die Ueberwachung der Schiffsmannschaften.

Wenn man bedenkt, wie ausserordentlich die Zahl der Schiffsmannschaften der Handels- sowohl als der Kriegsmarine, welche die europäischen Häfen abwechselnd bevölkern, seit einigen Decennien zugenommen hat, ist es augenfällig, dass durch eine so grosse Menge von Menschen, die grösstentheils auf den ausserehelichen Beischlaf angewiesen sind, eine erhebliche Verschleppung der Syphilis stattfinden müsse, wenn man sie nicht einer strengen ärztlichen Controle unterzieht.

In dieser Beziehung ist die Anwendung folgender Massregeln anzuempfehlen:

1. Die Schiffsmannschaften der nationalen sowohl als der ausländischen Handelsmarine müssen sich bei den Hafenbehörden noch vor ihrer Ausschiffung durch ärztliche Certificate ausweisen, dass sie von keiner syphilitischen Affection ergriffen sind.

Befinden sich unter den Matrosen, oder den sonstigen zur Schiffsequipage gehörigen Individuen solche, die syphilitisch sind, so müssen sie sofort unter Assistenz in die den Landungsplätzen zunächst gelegenen Spitäler transferirt werden.

2. Die Marinesoldaten der Militär-Flotten, obgleich sie eben so wie die Landtruppen periodischen ärztlichen Untersuchungen unterworfen werden, müssen ausserdem noch vor jeder Abfahrt und bei jeder Landung in einem Hafen, von den Hafen-Sanitätsbeamten ärztlich untersucht werden. In Frankreich werden nach einer Instruction vom 10. Juli 1789 alle Personen eines ankommenden Schiffes noch vor ihrer Ausschiffung ärztlich untersucht.

Mit der Syphilis behaftete Soldaten müssen sofort in ein Spital gebracht werden. Wie wichtig eine Reform in diesem Sanitätszweige ist, beweisen die statistischen Ausweise Frankreichs*) und Englands**), nach denen noch immer alljährlich der siebente Theil der gesammten Marine-Mannschaft an der Syphilis erkrankt. Da es namentlich in den englischen Häfen sich ereignet, dass die öffentlichen Mädchen noch vor der Ausschiffung der Schiffsmannschaft sich in die Schiffe begeben, so ist es unter so bewandten Verhältnissen dringend geboten, dass vor dem Zusammentreffen der öffentlichen Mädchen mit den Matrosen, beide früher ärztlich untersucht und die mit der Syphilis Behafteten auf das sorgfältigte separirt werden.

Als sehr zweckmässig würde sich die Errichtung kleiner Lazarethe zur Aufnahme der syphilitischen Schiffsmannschaften in unmittelbarer Nähe der Landungsplätze erweisen.

IX.

Ueber die Ursachen der Prostitution.

Die Regierungen sind gegenüber der Prostitution verpflichtet, nicht nur ihre Regelung, sondern auch ihre Verminderung anzustreben. Durch die Regelung der Prostitution werden wohl die schädlichen Folgen der Preisgebung möglichst hintangehalten, aber ihre Verminderung nicht bezweckt. Die Verminderung der Prostitution kann nur durch die Beseitigung ihrer Ursachen bewerkstelligt werden. Die Beseitigung der Ursachen der Preisgebung muss aber auch noch desshalb in Angriff genommen werden, damit die Prostituirten für ihre unsittlichen Excesse verantwortlich gemacht und mit vollem Rechte bestraft werden können. Hätten sich die Regierungen schon vorlängst mit der Beseitigung der Ursachen der Prostitution ausreichender beschäftiget, so dürften sie zur Stunde deren massloses Ausschreiten nicht beklagen.

*) *De la Prostitution a Brest par Dr. J. Rochard.*
**) *Prostitution in relation te public health. London, 1851.*

Unter die vorzüglichsten Ursachen der Prostitution gehören:

1. Die schlechte Erziehung der Mädchen überhaupt, besonders aber jener aus den unteren Volksclassen. —

Die Mädchen der unteren Volksclassen, von der frühesten Jugend an häufig Zeugen unmoralischer Gespräche und Handlungen ihrer Eltern, deren Afterparteien oder Bettgeherleute, werden bei dem lebendigen Nachahmungstriebe der Kinder bald ein Opfer der ihnen gegebenen schlechten Beispiele. — Der in diesen Kreisen besonders bei den Mädchen stattfindende unregelmässige oder gänzlich unterlassene Schulbesuch und die mit ihm verbundene Vernachlässigung der religiösen Ausbildung, wirken weiters auf ihre Moralität und ihre Erwerbsfähigkeit gleich nachtheilig ein. — Das Sichselbstüberlassen der Mädchen jener Eltern, die ihres Broderwerbes wegen das Haus verlassen müssen, entäussert sie aller patriarchalischen Disciplin und fester moralischer Grundsätze, so dass sie inmitten einer von sinnlichen Leidenschaften und Verführungskünsten aller Art durchwühlten Welt bald vom Pfade der Tugend abirren und dem Dämon „Prostitution" verfallen. Aber auch so manche Frauen und Mädchen, die nicht dem Proletariate angehören, liefern, wegen ihrer nicht minder einseitigen Erziehung, der Prostitution ein nicht zu unterschätzendes Material. Diese Elite der Prostitution macht eine besonders gefährliche Propaganda, denn sie vermehrt die Zahl der Prostituirten aus den unteren Volksclassen durch den glänzenden Luxus mit dem sie unangefochten vor aller Welt erscheint, und den nachzumachen diese sich ganz besonders angeeifert fühlen. So unbestritten der moralisirende Einfluss der Frauen auf die Gesellschaft ist, eben so verderblich wird er, wenn sie einem reinen und zurückgezogenen Leben das Laster vorziehen, und, anstatt auf die Herzen der Massen reinigend einzuwirken, das moralische Gefühl in denselben ertödten. Das Beispiel derer die da in Seide und reichem Schmuck einherstolziren, prächtige Gebäude und Villen bewohnen, in glänzenden Equipagen sich dehnen, in Theatern und Concerten in den Logen ihre Reize ausstellen, auf der schwellenden Ottomane hingegossen fürstlich tafeln und im perlenden Champagner die periodisch aufschnellende Stimme ihres Gewissens niedertrinken, hat schon zahlreiche Opfer in den schauerlichen Krater der Prostitution hinabgeschleudert. Das ärgerliche Beispiel dieser sogenannten „eleganten Prostituirten" wirkt jedenfalls verderblicher auf die Sitten ein, als jenes der Strassendirnen, deren elendes Leben kaum andere Mädchen zur Nacheiferung anreizen dürfte!

Die Regierungen können auf die Verbesserung der Sitten durch ein gutes Erziehungssystem und eine stetige Invigilation alles dessen, was den öffentlichen Anstand verletzt, — die Familienväter durch eine sorgfältige Pflege der häuslichen Sitten, Einprägung religiöser Grundsätze und Hebung des Ehrgefühles einwirken. Seien wir auf unserer Hut, auf dass nicht der materielle Pauperismus der Gesellschaft sich mit dem Pauperismus der Seele amalgamire!

2. Die Verführung. — Das weibliche Geschlecht bedarf wahrhaftig eines gewissen Heroismus, um allen den Künsten der Verführung, allen den teuflischen Fallstricken zu widerstehen, welche ihm in grossen Städten gelegt werden. — Die schmachvollste Verführung bleibt immer die, welche die Eltern an ihren eigenen Kindern verüben. Nicht selten verkaufen die Mütter ihre eigenen Töchter an reiche Wollüstlinge, häufig geben sie sich sammt ihren Töchtern unter einem Dache der Prostitution hin; — Väter und Töchter leben miteinander im Concubinate; — die Väter nähren sich durch das Schandgewerbe ihrer Töchter und die öffentliche Meinung bezeichnet sogar Söhne, welche als erklärte Liebhaber ihrer eigenen prostituirten Mütter gelten. — Das schlechte Beispiel in den Familien verleiht der Prostitution oft den Charakter der Contagiosität. So fand Parent-Duchatelet unter 5183 Prostituirten 252 Schwestern und 436 durch Blutsverwandtschaft verbundene Individuen. — Die Verführung der Mädchen durch ihre Liebhaber, welche sie später verlassen, stürzt viele in den Abgrund der Prostitution. Es gilt dann von ihnen der Ausspruch Göthe's:

> „Du fingst mit Einem heimlich an,
> Bald kamen ihrer Mehre dran,
> Und wenn dich erst ein Dutzend hat,
> So hat dich auch die ganze Stadt!"

Die Verführung der Mädchen durch reiche Wollüstlinge oder Kupplerinnen überantwortet Massen unschuldiger Mädchen aus dem Proletariate der gewerbsmässigen Unzucht.

3. Die materielle Noth. — Unter allen Ursachen, welche die Mädchen der Preisgebung in die Arme wirft, nimmt die Noth einen der ersten Plätze ein. Die Noth ist die verhängnissvolle Klippe, an der die Tugend der Mädchen aus den unteren Volksclassen so häufig scheitert. Diese Noth anerkennt aber wieder verschiedene Veranlassungen, als:

α) Die Arbeitslosigkeit. — Die urtheilslose Masse, die einseitige Intelligenz und die maulheldigen Moralisten von eben nicht zu reinstem Wasser, kanzeln das Prostitutions-Proletariat unablässig mit dem Motto: „Arbeitet, so braucht ihr keine Lustmädchen zu machen!" herab. Wir aber entgegnen diesem klaffenden Tross: „Arbeitet nur, wenn ihr keine Arbeit bekommt!" — Wer kann es läugnen, dass es zeitweilig selbst den fleissigsten Proletariern an Arbeit fehlt, wie bei grossen Handels- und Industriekrisen? Womit sollen bei dem Eintritte solcher Eventualitäten die arbeitslosen Arbeiterinnen ihre bedrohte Existenz fortfristen? Sollen sie vor Hunger sterben? Die grösste Noth ist aber die Hungersnoth; um sich ihr zu entreissen, bleibt diesen Unglücklichen häufig kein anderer Ausweg, als entweder der Prostitution zu huldigen oder ein Verbrechen zu begehen. Es ist wahrlich keine Kunst, von üppiger Tafel aus recht auferbaulich zu moralisiren und die Opfer der Preisgebung, nach denen so mancher heuchlerische Tugendheld oft gerade das sehnsüchtigste Verlangen trägt, mit Anathemen zu begeifern. Wie viele der sogenannten Tugendheldinnen würden wohl den hundertsten Theil der herzzerreissenden Leiden jener Mädchen, die sich aus Hunger der Prostitution ergeben müssen, erdulden und überdauern, und nicht auch den Pfad der Tugend verlassen? — Viele Mädchen werfen sich erwiesenermassen, um den Hunger ihrer Eltern und Geschwister zu stillen, ob sie gleich vor ihrer Schande zurückschaudern, um das Blutgeld der Prostitution weg. Parent-Duchatelet zählte unter 5183 Prostituirten 89 solche Unglückliche. Diese Armen vernichten sich moralisch, um ihre Angehörigen physisch erhalten zu können, und „sie haben bei ihrem traurigen Gewerbe keinen anderen Zeugen als Gott, der sie einst richten wird; wir aber, die wir gleichfalls Sünder sind, können nicht hoffen auf die Barmherzigkeit Gottes, wollten wir sie verdammen und mit den gewöhnlichen Lustmädchen in eine Linie stellen, sie, die nicht selten sterben vor Gram und an gebrochenem Herzen! Sie scheinen lasterhaft, aber sind es nicht!" *).

Man prahlt zur Stunde mit den Fortschritten unserer Civilisation, der Künste und der Wissenschaften, aber man vernachlässigt es mit einer unglaublichen Consequenz, ausreichenden Rath für die materielle Noth der Mitmenschen zu schaffen, auf dass auch die Moralität sich eines ebenmässigen Fortschrittes erfreuen möge. Man vergesse es aber nicht, dass die Fortschritte der Civilisation ohne gleichzeitiger Hebung der Moralität das Reich der Corruption immer nur noch mehr ausweiten!

β) Die ungenügenden Löhne für die weiblichen Arbeiten. — Darüber, dass die Löhne für weibliche Arbeiten zur Bestreitung der wichtigsten Lebensbedürfnisse nicht ausreichen, herrscht nur Eine Stimme. Eine grosse Anzahl von Arbeiterinnen, die im Sinne derer, die da ausrufen: „arbeitet, so braucht ihr keine Lustmädchen zu machen," arbeiten thatsächlich vom frühen Morgen bis in die späte Nacht hinein mit Aufopferung ihrer Gesundheit, aber sie sind dennoch nicht im Stande, sich so viel zu erarbeiten, um ihre wichtigsten Lebensbedürfnisse befriedigen zu können. Was sollen diese beginnen, um das herbeizuschaffen, was nöthig ist, um den ihre Existenz bedrohenden Abgang an ihrem Verdienste zu ersetzen? Wir sind nicht in der Lage für eine solche verzweifelte Situation Rath bieten zu können. Wollten diese Armen tugendhaft bleiben, so müssten sie einen so hohen Grad von moralischer Kraft besitzen, der es ermöglichte, der langsamen Aufzehrung ihrer Lebenskräfte ganz apathisch zusehen zu können. Da aber die Liebe zum Leben selbst des Bettlers Brust so mächtig beseelt, dass er eher die Moral als seine Existenz hinopfert, so kann es nicht überraschen, wenn auch diese so hart bedrängten Mädchen ihre so zu sagen unfreiwillige Preisgebung einer sicheren materiellen Vernichtung vorziehen. Anfangs machen diese obgleich

---

*) Die gefährlichen Classen Wiens. Wien, 1851.

schwer bedrückten, aber noch immer arbeitslustigen Mädchen nur
so viel in Prostitution, als sie zur Deckung ihrer nothwendigen
Lebensbedürfnisse benöthigen. Unter dieser Kategorie von Mädchen findet man mitunter Näherinnen, Fabriksarbeiterinnen, Mo-
distinnen u. s. w.; sie benützen die Prostitution zu einem Nebenverdienst. Nachdem aber durch eine längere Betreibung der
Prostitution das Sittlichkeitsgefühl dieser Mädchen sich immer
mehr abstumpft und der Hang zum Wohlleben sie allmälig immer
heftiger erfasst, geben sie endlich ihre traurige Arbeit
gänzlich auf und werfen sich leider für immer der Prostitution
in die Arme! So weit gekommen, betrachten sie dann die Prostitution nicht mehr als einen Nebenverdienst, sondern als ihr
Gewerbe. Was ist, fragen wir, mehr zu beklagen: jene socialen
Einrichtungen, durch die es so weit gekommen, dass die Löhne
der weiblichen Arbeiterinnen ihre Bedürfnisse nicht mehr decken,
— oder die Charakterschwäche der Mädchen, die es nicht zulässt, in ihren Marterkammern langsam dahinzusiechen, um als
Tugendheldinnen zu verenden?

γ) Die schwächliche Körperconstitution bei gleich-
zeitigem Mangel an technischen Fertigkeiten so mancher Mädchen
aus den unteren Volksclassen, welche ihnen einerseits schwere
Dienstleistungen unmöglich machen und andererseits ihre Ver-
wendung zu leichteren nicht zulassen, drängen viele derselben
nahezu unfreiwillig in das Lager der Prostitution.

4. Die Coquetterie der Frauen. — Viele Frauen beginnen einfach mit einer buhlerischen Galanterie, die, obgleich an-
fänglich einer bestimmten Tendenz entbehrend, durch die darge-
brachten Huldigungen der Männerwelt zur ehelichen Untreue
führt. Haben sie aber einmal aufgehört zu erröthen und damit
begonnen über den Fall ihrer Tugend zu triumphiren, dann ist
ihnen nichts mehr heilig, weder ihre Würde, ihre Sittsamkeit,
noch die heiligsten natürlichen Gefühle. In dem Taumel ihrer
Leidenschaft neigt sich ihr Geschmack zusehends mehr der Ver-
änderlichkeit zu, so dass man nach dem Ausspruche La Roche-
foucauld's eher eine Frau finden kann, die gar keine Leidenschaft
gehabt hat, als eine, die sich nur einmal von ihr hätte überwälti-
gen lassen. Unter der Herrschaft dieser Sitten wird die eheliche
Liebe verlacht, verspottet, zum Zerrbilde, das Laster zernagt

immer mehr das Heiligthum der Ehe, das Verderbniss der Sitten vollendet sich, und sinken solche Frauen auch nicht in die Kategorie der feilen Prostitution, so vermehren sie doch die Zahl der Opfer der geheimen Preisgebung.

5. Die Unzuchtswerber und Correspondenten der Kupplerinnen. — Ausser den Kupplerinnen gibt es Individuen, durch deren Egoismus, Hinterlist und Verderbtheit Mädchen, oder solche, die im Fache der Preisgebung nur als Diletanttinnen debutirt haben, dem Heerlager der Prostitution zugeführt werden. Diese Personen machen nämlich aus der Verführung zur Unzucht ein förmliches Gewerbe, indem sie für die Kupplerinnen gegen festgesetzte Preise, welche sie „Prämien" zu benennen belieben, das beanspruchte weibliche Materiale unter Anwendung der verschiedensten Kunstgriffe rekrutiren. Diese Verworfenen, welche dem weiblichen, so gut als dem männlichen Geschlechte angehören, und sich die Namen von: „Verschickfrauen, — Emissären, — Correspondenten, — Agenten" u. s. w. beilegen, machen zu dem Ende eigens Reisen in die Provinzen oder die Nachbarländer, wo sie sich in die Familienkreise des Proletariates einschmuggeln, um sich daselbst die für ihre Zwecke passenden Opfer auszuwählen. Sie geben bei den Eltern vor, ihren Töchtern in der Residenz besonders gute Dienstplätze verschaffen zu können und machen den Eltern und den anzuwerbenden Mädchen kleine Geschenke, um sie für ihre verderbenbringenden Pläne desto leichter zu gewinnen. Kommen sie dann mit ihrer Beute in der Residenz an, so fällt es ihnen nicht schwer, die aller Existenzmittel beraubten, aller Platzkenntniss und alles moralischen Schutzes baaren unglücklichen Geschöpfe den Kupplerinnen zu überantworten. Einige dieses Gelichters stehen im Einverständnisse mit den Leuten, welche Dienstboten-Unterbringungsanstalten vorstehen. Diese senden ihnen ebenfalls gegen ein bestimmtes Honorar die hübschesten und jüngsten der sich um Dienstplätze bewerbenden Mädchen zu. Einmal eingetreten in das Haus solcher Schändlichen, gelingt es oft schon nach wenigen Tagen diese Unerfahrenen, durch den Köder reicher Kleidungsstücke und aller Bequemlichkeiten des Luxus zu Opfern ihrer abscheulichen Absichten zu machen. — Andere rekrutiren sich die Freudenmädchen aus den aus Spitälern oder Gefängnissen entlassenen und von allen Hilfs-

mitteln entblösst dastehenden Individuen, indem sie denselben unter dem Scheine einer gleisnerischen Philanthropie eine kostenfreie Unterkunft und Verpflegung anhoffen lassen. Hat sich ihr kränkliches Aussehen nach einiger Zeit verloren, so wird es diesen weiblichen Danaern, nachdem sie in der Zwischenzeit ihre Elevinnen gehörig entmoralisirt haben, nicht schwer ihr Gewissen einzululen und sie der Unzucht zu überantworten. — Andere endlich lauern an den Bahnhöfen der Eisenbahnen den aus den Provinzen oder von den nächsten Umgebungen allein ankommenden Mädchen aus dem Dienstboten- oder Fabriksstande auf, bieten sich ihnen als Führer an, spähen ihre pecuniären und moralischen Zustände aus, dringen sich ihnen als ihre Beschützer auf, und wenden nebenher alle Künste der Verführung an, um sie nach und nach für ihre abscheulichen Zwecke gewinnen und ausbeuten zu können. Um diesen Kunstgriffen bei der Anwerbung von öffentlichen Mädchen begegnen zu können, sollen die strengsten Massregeln ergriffen werden, weil dadurch eine grosse Anzahl weiblicher Individuen auf eine nahezu unfreiwillige Weise der moralischen Verderbniss oft für immer verfällt.

6. Die Betreibung mancher Gewerbe, sowie die Leistungen gewisser Dienste durch Frauenspersonen setzt selbe zuerst allen Gefahren der Verführung aus und überantwortet sie nach ihrem Falle der Prostitution, wie dies namentlich bei den Hausirerinnen, Ausspielerinnen, Losverkäuferinnen und Kellnerinnen in den verschiedenen Schanklocalen u. s. w. der Fall ist.

7. Die Vermischung der Kinder mit den Erwachsenen in den Werkstätten und Fabrikslocalen. — Durch diese Vermischung kommen noch ganz junge Mädchen in die Lage, unsittliche Erzählungen und obscöne Lieder zu hören, unanständige Geberden, wollüstige Betastungen, erotische Bilder, u. s. w. zu sehen, wodurch ihre Sitten verderbt und derlei Locale zu wahrhaften Pflanzschulen für die Prostitution gemacht werden.

8. Die Schwierigkeit der Eingehung von Ehebündnissen. Die stetig fortschreitende Civilisation, die verschiedenen Abstufungen der Vermögens- und Erwerbsverhältnisse, die mit immer grösseren Schwierigkeiten verknüpfte Gründung einer gesicherten Existenz, der Luxus und die Verweichlichung, sowie

die mit allen diesen verbundenen verschiedenen Reserven unseres socialen Zusammenlebens müssen*) als eben so viele Ursachen der in unserer Zeit so sehr überhandnehmenden Ehelosigkeit angesehen werden.

Jede massenhafte Anhäufung eheloser Individuen erzeugt erfahrungsgemäss einen grossen Begehr nach Individuen zur Befriedigung des unausrottbaren Geschlechtstriebes, wodurch die Prostitution unvermeidlich an Umfang gewinnen muss.

9. Die politischen Eheconsense. — Die politischen Eheconsense vermehren, insoferne durch sie die Eingehung zahlreicher Ehen hinterstellig gemacht wird, nicht nur die Concubinate, sondern auch die Zahl der Prostituirten. Der politische Eheconsens, ein noch aus der Zeit der Hörigkeit und des Feudalismus datirendes, mit den Menschenrechten im Widerspruche stehendes antiquirtes bureaukratisches Instrument, hat sich schon längst überlebt, wesshalb wir auch die von dem Hause der Abgeordneten in Wien am 24. September 1863 mit grosser Majorität beschlossene Aufhebung desselben freudigst begrüssen. Wir können nicht glauben, dass das Herrenhaus dem Inslebentreten des bezüglichen Gesetzes entgegentreten werde, um so mehr, als nach dem Ausspruche des Abgeordneten Dr. v. Mühlfeld durch dasselbe nur die Freiheit des Individuums, sich eine Familie gründen zu können, gegen die mögliche Engherzigkeit mancher Gemeinden in Schutz genommen wird**). Die Aufhebung der politischen Eheconsense erscheint um so wichtiger, als es constatirt ist, dass in den Staaten, wo die Ehen gedeihen, der grösste materielle und moralische Wohlstand und die wenigste Prostitution herrscht***). Unter diesem Hinblicke ist es eine der vornehmsten Aufgaben der Gesellschaft, in ihr selbst einen Zustand zu erhalten, oder wenn er nicht vorhanden sein sollte, einen solchen herbeizuführen, durch welchen sich die Ehen vermehren und die Prostitution vermindert.

---

*) Medicinische Wochenschrift. Wien, wie oben.

**) Journal „Die Presse" in Wien, 16. Jahrgang, Nr. 263.

***) Dr. Röhrman: Der sittliche Zustand von Berlin nach Aufhebung der Bordelle. Leipzig, 1847.

Einen Beweis für die Nothwendigkeit der Aufhebung der politischen Eheconsense liefert die Bemerkung des Reichstags-Abgeordneten Dr. v. Mühlfeld: „dass in Oesterreich in einem Jahre 260 Recurse von den Gemeinden gegen ertheilte Ehebewilligungen ergriffen worden sind.“

10. Die geschlechtlichen Ausschweifungen der vermöglichen Classen spielen bei den verschiedenen unsittlichen Attentaten, welche die Gesellschaft mit Schmerz und Verachtung erfüllen, eine bedeutende Rolle. Durch die Debauche der vermöglichen Classen werden Massen von Mädchen aus den unteren Volksclassen verführt und die Zahl der Prostituirten vermehrt. Es ist allerdings wahr, dass, mit Ausnahme des Ehebruches und der Nothzucht, kein positives Recht verletzt wird; da aber durch die Ausschweifungen der Reichen so manche schöne weibliche Anlage zerstört und über Tausende so namenloses Elend heraufbeschworen wird, so wäre eine von den Regierungen angestrengte, hierauf bezügliche Veröffentlichung von Gesetzen nicht nur gerechtfertigt, sondern sogar dringend geboten.

11. Die Vergnügungssucht, die Arbeitsscheu, der Hang zum Luxus und zur Ostentation, die Putzsucht, die Trunksucht, die Geldgierde, die Liederlichkeit u. s. w. spielen unter den in der weiblichen Natur selbst fussenden Ursachen der Prostitution eine hervorragende Rolle. Viele von einem falschen Ehrgeize beherrschte Mädchen trachten nach der Befriedigung eines ihren Stand weit überbietenden Luxus, um dadurch mit den besseren, ja selbst mit den vornehmsten Classen der Gesellschaft in nähere Berührung kommen zu können.

12. Das schlechte Beispiel der Prostituirten. — Sobald die unverdorbenen Mädchen es gewahr werden, dass ihre Standesgenossinnen auf einmal in Putzkleidern erscheinen, elegante Gemächer bewohnen, in Carossen fahren, Theater und Concerte besuchen, sich Dienerinnen halten u. s. w., während sie mit aller ihrer Tugend am Hungertuche zu nagen verurtheilt sind, werfen sie sich, um ein gleiches Wohlleben führen zu können, gleichfalls der Prostitution in die Arme.

13. Die Kuppelei. — Die Kupplerinnen rekrutiren

sich aus alt gewordenen Freudenmädchen, — aus verheirateten Frauen, deren Männer pecuniär herabgekommen sind, — aus Witwen, welche von ihren Männern im Elende zurückgelassen wurden, — aus ehemaligen Maitressen u. s. w. — Sie betreiben ihr Gewerbe auf verschiedene Weise: bald halten sie bereits prostituirte Mädchen bei sich und zwar p e r m a n e n t auf; — bald locken sie unverdorbene Mädchen oder verheiratete Frauen aus den verschiedensten Ständen an sich, um bei ihnen z e i t w e i l i g zu Prostitutionszwecken benützt zu werden; — bald führen sie prostituirte oder unverdorbene Mädchen, je nach der gemachten Bestellung, in die Quartiere reicher Wollüstlinge, — bald arrangiren sie in den Hôtels oder auf nahegelegenen Landhäusern erotische Zusammenkünfte u. s. w. — Die Anlockung und Verführung unschuldiger Mädchen oder verheirateter Frauen wird von den Kupplerinnen entweder in eigener Person oder durch die in ihren Diensten stehenden Unterhändlerinnen bewerkstelligt. Es bedarf der Tugend einer Heiligen und eines dreifach umpanzerten Herzens, um all den schlauen Einflüsterungen und abgefeimtesten Künsten einer Kupplerin zu widerstehen. Die Habsucht der Kupplerinnen ist nachgerade eine unersättliche, sie nehmen den zeitweilig bei ihnen Einsprechenden die Hälfte, den constant bei ihnen Wohnenden den ganzen Verdienst ab. So lange hausgesessene Opfer noch in der Mode sind, werden sie von diesen Vampyren reichlich beköstigt und bekleidet; verwelken aber ihre Reize oder erkranken sie, so werden s i e, die früher alle Vortheile eines künstlichen Reichthumes genossen, an die man Rücksichten, Zuvorkommenheiten und verbindliche Betheuerungen verschwendete, von eben denselben Kupplerinnen weggeschickt oder in ein Hospital gebracht. Die Zahl der in Wien hausenden Kupplerinnen wird von Einigen auf 500—600 angegeben. In S e v e r i n v o n S c h m i t z's, — und G r o s s h o f i nger's „Wiens Schandsäulen" (Wien 1848), findet man das Treiben von einigen Dutzend solcher Kupplerinnen beschrieben.

14. Die Ehescheidungen. — Da viele geschiedene Frauen von ihren Männern keine oder nur höchst unbedeutende Unterhaltsbeiträge erhalten, so ergeben sich viele von ihnen, besonders wenn sie noch mehrere Kinder erhalten sollen, aus Noth der Prostitution. Diese Unglücklichen sind nicht selten gezwungen,

das Leben ihrer Kinder mit der Aufopferung ihrer Ehre zu erkaufen.

15. Die uneheliche Abstammung. — Nach den Angaben des Dr. Lippert *) finden sich unter den Prostituirten über 30 Procent von unehelicher Abstammung.

16. Die Maitressenwirthschaft und das Concubinat. Werden unterhaltene oder im Concubinate lebende Mädchen plötzlich von ihren Freunden verlassen, so fehlt es ihnen, bei ihrer bekannten Sorglosigkeit um die Zukunft, bald an den nöthigen Subsistenzmitteln. Findet sich dann nicht sofort ein neuer Gönner, der ihren Hang zum Wohlleben befriedigen kann, so sinken sie rasch in die Kategorie gewöhnlicher Freudenmädchen herab.

17. Der längere Aufenthalt von Frauenspersonen in den Gefängnissen oder Spitälern. — Da die verurtheilten Frauenspersonen in den Gefängnissen nicht nach der Qualität ihrer Verbrechen abgesondert verwahrt werden, sondern häufig mit Freudenmädchen in Berührung kommen, so ereignet es sich häufig, dass sie nach ihrem Austritte aus diesen Anstalten die Reihen der Prostitution vermehren. Dasselbe gilt auch von den Spitälern.

18. Die auf den Wohlstand folgende Verarmung. — Diese trachtet sich so lange als es möglich ist der Umgebung zu verbergen und versucht alle Auskunftsmittel, um dem androhenden Geschicke nicht zu erliegen und der angewohnten Lebensweise noch ferner fortfröhnen zu können. Eine junge Frau, eine hübsche Tochter werden entweder genöthigt, ihre Reize geltend zu machen, wenn sie dies nicht schon selbst freiwillig thun, damit der äussere Glanz der Familie nicht erlischt. Auf diese Weise geht die eheliche Treue und die Keuschheit unter, und der allseitige Mangel jedwedes moralischen Anhaltspunctes stürzt Alle in's Verderben.

19. Die Heiratslust. — Es gibt Mädchen, welche sich der Prostitution hingeben, um sich dadurch ein kleines Capital zu ersparen, mit dessen Hilfe sie sich einen Mann zu erobern gedenken.

---

*) Dr. Lippert: „Die Prostitution in Hamburg." Hamburg, 1848.

20. Der heftige Geschlechtstrieb allzu sinnlicher Naturen. Es ist bekannt, dass Frauen und Mädchen von einem so heftigen krankhaften Geschlechtstriebe (*nymphomania*) befallen werden, dass sie alle weibliche Scham verläugnen und sich jedem ihnen nahe kommenden Manne zur Preisgebung anbieten.

X.

Ueber die Anstalten zur Rehabilitation gefallener und zum Schutze unschuldiger Mädchen.

Unter diese Anstalten gehören:

A) Die Besserungsanstalten, durch welche die sittliche Rehabilitation gefallener aber reumüthiger Frauenspersonen ermöglicht wird.

B) Die Zufluchts- oder Rettungsanstalten, durch welche der bedrohten Unschuld gegen die Verführung Asyle gewährt werden.

A) Besserungsanstalten besassen oder besitzen noch folgende Staaten:

1. Oesterreich. —

Wien hatte schon vor 500 Jahren „ein Haus der Büsserinnen," in welches man reumüthige Prostituirte aufnahm. Hormayr*) berichtet darüber Folgendes: „Am 24. Februar 1384 ertheilte Herzog Albrecht dem in der Singerstrasse durch mehrere reiche und fromme Rathsglieder neu entstandenen Kloster der Büsserinnen einen Brief, dass dieses Haus und Stift für die armen freien Frauen, die aus diesen Frauenhäusern, oder sonst vom sündigen Unleben zur Busse und zu Gott wenden, ewige und gänzliche Freiung habe vor aller Steuer, Mauth, Zoll, Lehn. Er setzte sich selbst, und darauf den Bürgermeister von Wien und einen Officialen zu Vögte, befahl, sie mit einem frommen Manne, oder so man diesen nicht haben möchte mit einer frommen Frau als Verweserin zu versehen, erlaubte ihnen in der Clause

---

*) Geschichte Wiens. IX. Heft, St. 33.

jede Beschäftigung ausser Gastgeben, Weinschank, oder Kaufmannschaft. Welche von diesen Frauen ein Mann zum Weibe nehmen wollte, der soll es thun, unbeschadet seiner Ehre, seines Ansehens, seiner Rechte in der Zeche oder Zunft, ausser die Frau hätte ihn noch in freiem Leben zur Heirat genommen. Wer diese Frauen schmäht oder betrübt, kann darob an Leib und Gut gestraft werden. Fiel eine aus ihnen wieder in's alte Leben zurück, so ward sie in der Donau ertränkt. Nach der Reformation stand dieses Kloster beinahe leer. Die letzte Priorin kam (trotz der Drohung des Ertränkens) ihres eigenen Wandels und der Stiftsgüter wegen in strenge Untersuchung und das Klostergebäude wurde den P. P. Franziskanern eingeräumt *).

2. Deutschland.

In Deutschland gab es vordem zahlreiche „Klöster der Büsserinnen" (Reuerinnen der heiligen Magdalena), sie folgten meistens der Regel des heiligen Augustinus, trugen weisse Kleider und wurden desshalb auch „Mitglieder der weissen Frauen" genannt.

In Schlesien gab es solche Klöster in Sprottau, Naumburg am Quais, in Neissen, Franzborg, Grossenhain, Mühlhausen, Goslar, Hildesheim, Magdeburg, Erfurt, Lauban und Altenburg. Die Grossenhainer-Büsserinnen, entrüstet über die Aufhebung ihres Klosters steckten am 6. Juni 1540 dasselbe in Brand, wodurch leider auch noch der dritte Theil der Stadt eingeäschert wurde.

In Cöln stiftete der Erzbischof Theodorich im Jahre 1446 ein „Magdalenen-Priorat" zur Aufnahme von Frauen, die nur aus rein menschlicher Schwäche ihrer Unschuld verlustig wurden.

In Speier gründete im Jahre 1302 ein Kaufmann eine Anstalt zur Besserung gefallener Frauen.

In Berlin besteht seit 1841 das sogenannte „Magdalenenstift", in welchem sich im Jahre 1860 an 86 Büsserinnen befanden.

In Boppard am Rhein, Kaiserswerth, Dresden, und in Hamburg (1821 als Sainte-Madelaine) bestehen ähnliche Institute. — Nach der Reformation wurden viele Magdalenen-Häuser aufgehoben. In den katholischen Städten wurden sie zu Ursuliner-Klöstern, in den protestantischen Städten zu Schulen umgestaltet.

---

*) Hormayr IX, 131. X, 214. XII, 16.

3. Frankreich.

In Frankreich gab es schon in den frühesten Zeiten Besserungshäuser. Unter die vorzüglicheren gehörten folgende:

Maison des Filles-Dieu (Haus der Töchter Gottes), eine Anstalt, welche der Erzbischof Guillaume von Paris im Jahre 1226 gründete und König Ludwig der Heilige so reich dotirte, dass sie über 200 reumüthige Prostituirte aufnehmen konnte.

Maison des filles-pénitentes (Haus der Büsserinnen). Jean Tisserand, ein Religiöser, gründete dieses Haus im Jahre 1492; Carl VIII. bestätigte es im Jahre 1496 und Papst Alexander III. genehmigte im Jahre 1497 dessen Statuten.

Maison Sainte-Pélagie. Mad: Miramion gründete dieses Haus im Jahre 1665.

Robert de Montry, ein Kaufmann, gründete im Jahre 1618 ein ähnliches Haus wie Mad. Miramion.

Madame Lacombe gründete im Jahre 1656 ein Besserungshaus zur Aufnahme von 120 Prostituirten, welchem Ludwig XIV. eine bedeutende Subvention zufliessen liess. Dieses Institut verwandelte sich später in das allgemein unter dem Namen *„du bon pasteur"* bekannte Besserungshaus.

Die Besserungshäuser *Saint-Théodore, Saint-Valère du Sauveur* und *St. Michel* erstanden zwischen dem Jahre 1698 und 1708. Während der Revolution wurden diese Häuser geschlossen, aber nach ihrem Abschlusse die Häuser *Saint-Michel* und das Haus *„du bon pasteur"* (1821) sofort wieder eröffnet.

Später eröffneten die Damen *„de l'oeuvre de prisons"* in der Strasse Vaugirard ein Besserungshaus, und die Schwestern von *„Saint-Lazare"* in einer Abtheilung des gleichnamigen Gefängnisses eine Werkstätte für reuige Prostituirte unter dem Namen *„l'ouvrier bleu."*

Die Protestanten haben gleichfalls für reuige Prostituirte in Paris ein Besserungshaus, das unter der Leitung einer Diakonissin steht, eingerichtet.

Das Verhältniss der gebesserten zu den rückfälligen Prostituirten stellte sich in allen Besserungshäusern Frankreichs im Durchschnitte wie 1:6.

4. England.

In England hat fast jede grössere Stadt eine oder mehrere.

Anstalten zur Aufnahme reuiger Prostituirten, die man „*Asylums*“ — oder „*Magdalen-institutions*“ nennt. Alle diese Anstalten werden durch die Privatwohlthätigkeit erhalten. Ausserdem zählt man in England zahlreiche „philanthropische Vereine,“ welche sich auf verschiedene Weise mit der sittlichen Rehabilitation der Prostituirten befassen.

London besitzt folgende Anstalten:

Magdalen-Hospital (Magdalenen-Hospital). — Diese Anstalt wurde im Jahre 1758 von dem unglücklichen königl. Hofprediger Dr. Wilh. Dodd gegründet. Sie beherbergt gegenwärtig 93 Individuen.

Lock-Asylums. Diese Anstalt wurde im Jahre 1787 für reuige Prostituirte, die das gleichnamige Spital verlassen, errichtet. Sie beherbergt 18 Individuen.

London female Penitentiary. Diese Anstalt wurde im Jahre 1807 zur Aufnahme von 93 Individuen gegründet.

Quardian Society. Diese Anstalt wurde im Jahre 1812 zur Aufnahme von 31 reuigen Prostituirten errichtet. Aehnliche Zwecke verfolgen noch die folgenden Anstalten, als: *Maritime penitent refuge,* — *British penitent female refuge,* — *female mission South-London penitentiary* u. s. w.

Zur Unterdrückung der Prostitution und zur sittlichen Rehabilitation der Prostituirten besitzt London ausserdem noch folgende „Gesellschaften,“ als: „*The Society for the suppression of vice*“ (1828): — *The London Society for the prostection of young females and prevention of juvenil prostitution*“ (1832). Die letztere Gesellschaft bekömmt von der hohen Geistlichkeit bedeutende Subventionen.

Distressed needlewomen Society (1844). Diese Gesellschaft unterstützt jugendliche Arbeiterinnen, um sie gegen die Prostitution zu bewahren.

Edimbourg besitzt ein schon im Jahre 1797 errichtetes Besserungshaus, das 25 reuige Prostituirte aufnehmen kann.

5. Spanien.

Madrid besitzt 2 Kategorien von Anstalten behufs der sittlichen Rehabilitation der Prostituirten; in der ersteren müssen die einmal eingetretenen Reuigen für immer verbleiben; — in der zweiten dürfen sie wieder austreten. Beide führen den Namen:

„*Recogidas*,“ die erste Anstalt der ersten Kategorie wurde im Jahre 1771; die erste Anstalt der zweiten Kategorie im Jahre 1587 auf Befehl Philipp IV. errichtet.

6. Italien.

Rom besitzt folgende Besserungs-Anstalten als:

a) Die „*Pia casa di carità par le fanciulle pericolanti*,“ welche junge Mädchen mit lasterhaften Neigungen zur Besserung übernimmt.

b) „*Mal maritate*,“ ein von Papst Leo X. errichtetes Institut, welches Witwen aufnimmt, um sie gegen die Preisgebung in Schutz zu nehmen.

c), „*Refuge de Saint-Marie au Trastévère*,“ eine Anstalt, in welche die aus den Correctionshäusern entlassenen Prostituirten aufgenommen werden.

d) „*De Saint-Croix*“ (1520 errichtet) und „*de Lorette*,“ Anstalten, welche die aus den Spitälern entlassenen Prostituirten aufnehmen.

e) „*Bon Pasteur*“ (*de Scallette*), eine zur Rehabilitation der Prostituirten im Jahre 1615 errichtete Anstalt.

In Florenz wurde ein Besserungshaus für Prostituirte im Jahre 1331 errichtet.

Turin *) besitzt in seinem „*Ospizio celtico*,“ das im J. 1836 in dem Gebäude *dell' Ergastolo presso Torino*, welches nach den Penitentiärsystem eingerichtet wurde, die grösste Besserungs-Anstalt für Prostituirte in Europa.

7. Russland.

In Petersburg besteht ein „Magdalenen-Institut,“ das jährlich 14—20 reuige Prostituirte aufnimmt.

8. Holland besitzt in seinem „Steenbeck Asyl“ eine Besserungsanstalt für die Prostituirten im Haag, — und in Amsterdam eine „Gesellschaft zur Rehabilitation gefallener Mädchen.“

9. Belgien besitzt in Brüssel ein Kloster zur Aufnahme reuiger Prostituirter. Diese Anstalt wird von Religiosen erhalten.

---

*) *Cenni intorno al correzione delle Prostitute ed all' Ospizio Celtico, eretti con R. patenti del 28 Maggio 1836, nell' edifizio del Ergastolo presso Turino. Estratto del Calendario Generale 1838.* (Zu finden in der k. k. Wiener Hofbiblioth.)

Dieses Institut erreicht den beabsichtigten Zweck nur in den seltensten Fällen, weil es nur die Prostituirten der schlechtesten Sorte aufnimmt, die es in der Regel nicht mehr über sich gewinnen können, die momentan verlassene Bahn des Lasters für immer zu fliehen. Würde diese Anstalt nur Mädchen aufnehmen, welche aus Noth der Prostitution verfallen sind und dieses Gewerbe nur durch kurze Zeit getrieben haben, so würden sich erfreulichere Resultate herausgestellt haben.

B. Zufluchtsanstalten, durch welche man es verhindern könnte, dass unschuldige Mädchen bei dem Eintritte gewisser Eventualitäten, z. B. einer eintretenden Arbeitslosigkeit, Dienstlosigkeit, oder des Verlustes des patriarchalischen Schutzes u. s. w. nicht der Prostitution anheimfallen, besitzt Europa nur in England und in Rom. — Es ist sehr zu bedauern, dass man sich mit der Einrichtung dieser Anstalten, durch welche man diesem Laster vorbeugen könnte, weit weniger befasst hat als mit jenen, welche es rehabilitiren sollen, da doch das Vorbeugen viel leichter wäre als das Rehabilitiren, und man überhaupt auch viel weniger zu rehabilitiren brauchte, wenn man rechtzeitig bedacht sein möchte, der Entwicklung dieses Lasters vorzubeugen. — Arbeits-Anstalten für dienst- und arbeitslose Mädchen, — Ausstattungsvereine für arme Mädchen, wie jener der Gesellschaft vom heil. François-Regis in Paris, durch den in 5 Jahren an 8000 Ehen geschlossen und mehrere tausend Kinder legitimirt wurden, — Tugendvereine, — Vereine zum Schutze unschuldiger Mädchen gegen die Prostitution, — Unterstützungsvereine für Mädchen, deren Arbeitslöhne zur Erhaltung des Lebens nicht ausreichen, — Arbeiterinnen-Sparvereine, — Arbeits-Asylsäle für junge Mädchen, die aus den Spitälern kommen, und sich nicht sogleich Arbeit verschaffen können, wie jene in der Vorstadt St. Marceau in Paris, — Arbeitsbestellungs-Vereine, — Dienst- und Arbeit-Zubringungs-Vereine, — Unterstützungs-Vereine für brodlose Arbeiterinnen oder Dienstboten u. s. w. würden, wenn allgemein eingeführt, der Prostitution gewiss zahllose Opfer entreissen!

XI.

Ueber die Pflege der Prostitutions-Statistik.

Es gibt kaum einen Zweig der Statistik, den man bis zur Stunde mehr vernachlässigt hätte, als jenen der Prostitution. Wenn etwa an der bisherigen Vernachlässigung der Prostitutions-Statistik das Bedenken einiger Statistiker: „es möchte durch die Bearbeitung eines ihnen als zu heiklich geschienenen Themas der Nimbus ihrer Wissenschaft einige Verkümmerung erleiden,“ Schuld tragen sollte, so geben wir ihnen zu bedenken, dass gerade die Männer der Wissenschaft dazu berufen sind, unbekümmert um die Nachbeter eingerotteter Vorurtheile und die planlosen Einstreuungen gewisser ultramontaner Coterien Arbeiten in Angriff zu nehmen, deren Realisirung auf die Moralität und das Gesundheitswohl einer Unzahl von Menschen den heilsamsten Einfluss auszuüben vermag. Hat man sich nicht gescheut sich mit der Bearbeitung der Criminal-Statistik bis in die kleinsten Details zu beschäftigen, warum sollte man vor der Pflege der Statistik der geschlechtlichen Ausschreitungen zurückschrecken?

Das gesammte vorliegende Materiale über Prostitutions-Statistik ist mit Ausnahme jenes von Frankreich für praktische Folgerungen ganz unbrauchbar, weil die meisten Zifferansätze theils auf willkürlichen Wahrscheinlichkeitsberechnungen beruhen, theils nur einzelne Verhältnisse der Prostitution ohne allen Zusammenhang beleuchten.

Ein praktisch verwerthbares Materiale für die Prostitutions-Statistik kann nur durch die Errichtung der von uns bevorworteten Sanitätsbureaus geschaffen werden.

Bei der Bearbeitung der Prostitutions-Statistik hätte man vorzugsweise:

a) die verschiedenen Verhältnisse der Prostituirten,

b) jene der Bordelle, und

c) die Zahl und den Grad der syphilitischen Erkrankungen beim Civile und dem Militär zu berücksichtigen.

Ad *a)* Die Statistik der Prostituirten wird sich mit der Ermittlung der Zahl der öffentlichen Mädchen und jener, welche der geheimen Prostitution huldigen, befassen müssen. Wird man gleichwohl niemals in der Lage sein, die Total-summe aller in Prostitution machender Frauenspersonen einer bestimmten Stadt wegen der Ermittlung der Schwierigkeit der geheimen Prostitution, genau festzustellen, so wird man doch über die Zahl der inscribirten öffentlichen Mädchen und jener, welche durch die Agenten des Sanitätsbureaus bei Betreibung der geheimen Prostitution überrascht worden sind, ver-lässliche Aufschlüsse geben können. Würde ausserdem noch unser Vorschlag bezüglich der Ausforschung der Quellen der Ansteckungen beim Civile sowohl als beim Militär praktisch durchgeführt werden, so würde man die approximativ verläss-lichste Totalziffer der Prostituirten der verschiedenen Städte erhalten.

Zu einer vollkommenen Statistik der Prostituirten bedarf es aber auch noch anderweitiger ziffermässiger Angaben, als: α) des Geburtsortes der Prostituirten, — β) ihrer Confession, — γ) ihres Standes (ob ledig, verheiratet oder Witwe), — δ) ihrer früheren Beschäftigung, — ε) der Ursachen der Wahl ihres neuen Gewerbes, — ζ) des Grades ihrer Bildung, — η) der Dauer ihres Geschäfts-betriebes, — ϑ) der Zahl ihrer Erkrankungen, Todesfälle, Selbst-morde und Verhaftungen (wegen unterbliebener Inscription, Rückfälligkeit, Kuppelei, Diebstähle, Gewaltthätigkeiten u. s. w.), — ι) der Zahl der aus den Prostitutionsregistern Gestrichenen, — κ) der Zahl der in Zufluchts- oder Rettungsanstalten Unter-gebrachten, — λ) der Zahl ihres Wohnungswechsels, — μ) der Zahl der Geschwängerten u. s. w.

Ad *b*) Die Statistik der Bordelle wird die Anzahl der Bordelle nach Classen geordnet, — die Zahl der in den einzelnen Bordellen wohnhaften öffentlichen Mädchen, — die Zahl der syphilitischen Erkrankungen und Schwängerungen unter den Bor-dellmädchen, — die Zahl und Gattung der von ihnen begange-nen Verbrechen, — die Zahl der Fluchtversuche, — und die Zahl der aus einem Bordelle in ein anderes Bordell, in das Privat-leben oder in Rettungshäuser Uebergetretenen anzugeben haben.

Ad *c*) Die Statistik der Syphilis wird die numerische Zu-sammenstellung aller Individuen, welche wegen syphilitischer Erkrankungen in die Civil- und Militärspitäler aufgenommen werden, sammt der Anzahl der Gattungen der Erkrankungen und der Verpflegstage, sowie jener Personen, welche von Privatärzten den Behörden in eigenen Ausweisen mitgetheilt werden, veröffentlichen müssen.

Diese statistischen Angaben werden:

a) über die Zu- oder Abnahme des syphilitischen Contagiums;

b) über die Zu- oder Abnahme der geheimen Prostitution; und

c) über den Fort- oder Rückschritt der Thätigkeit der Sanitätsbureaus und ihrer Dispensaires praktische Schlüsse ermöglichen.

Diese Abzweigung der Prostitutions-Statistik wird aber insolange unverlässliche Ziffern über die wahren Verhältnisse der Syphilis liefern, als die Staatsverwaltungen die Aerzte zur Vorlegung ziffermässiger Tableaux über die von ihnen in der Privatpraxis behandelten Syphilitischen aller Stände nicht verhalten.

Die statistischen Angaben der Militärspitäler bieten über den wahren Sachverhalt der sub *a, b* und *c* angeführten Puncte weit verlässlichere Anhaltspuncte als jene der Civilspitäler.

Die Ziffer der in den Civilspitälern aufgenommenen syphilitischen Kranken gestattet desshalb minder verlässliche Schlüsse, weil sie zumeist durch andere Ursachen als eine reelle Vermehrung oder Verminderung der Kranken construirt wird, als: durch die Bildung oder Auflösung grossartiger industrieller Ateliers, — durch die Zu- oder Abnahme der Noth und Faulheit unter den Arbeiterclassen, — durch das Stillstehen einzelner Handwerke, — die Veränderungen der Saisons, — das Schwanken der Bevölkerungsmengen überhaupt und namentlich jenes, welches durch den Zu- und Abfluss der Fremden erzeugt wird u. s. w.

Die Ziffer der in den Militärhospitälern aufgenommenen syphilitischen Kranken gestattet wegen der Gleichförmigkeit der Prämissen positivere Folgerungen, weil namentlich die Durchschnittszahl der Garnisonen, die Zahl und die Verpflegstage der syphilitischen Soldaten bekannt sind, weil die Truppen unter denselben Bedingungen leben, derselben Beaufsichtigung unterliegen, kein Soldat sich der Zählung entziehen kann und weil fast Alle nur mit einer Kategorie von Frauenspersonen in geschlechtliche Berührung treten. Jede numerische Zunahme der Syphilis unter den Soldaten bedeutet immer nicht nur eine numerische Zunahme des syphilitischen Contagiums und der geheimen Prostitution, sondern auch eine leichtfertigere Praxis in der behördlichen Ueberwachung der Prostitution, — und ebenso lässt jede numerische Vermehrung der Verpflegstage der syphilitischen Soldaten auf eine Zunahme der Bösartigkeit des syphilitischen Contagiums schliessen. Die Richtigkeit der letzteren Behauptung ergibt sich aus den seit mehreren Jahren in Frankreich und Belgien veröffentlichten ämtlichen Tabellen, welche die Höhe der Garnisonsmannschaften, die Zahl der in den Militärhospitälern aufgenommenen syphilitischen Soldaten und die Dauer ihrer Verpflegung angeben, und die Zahlen dieser Angaben mit der Wirksamkeit der einzelnen Sanitätsbureaus und ihrer Dispensaires vergleichen. Diese Vergleiche zeigten, dass in allen Städten, wo sich die Ziffern der Tabellen niederer stellten, die Thätigkeit der Sanitätsbureaus und ihrer Dispensaires eine vorzüglichere, wo sie sich aber höher gestalteten, eine minder gute gewesen war. Zum Beweise, dass derlei Tabellen die zuverlässigste Controle über die Thätigkeit der Sanitätsbureaus bilden, wollen wir nur einen Fall mittheilen.

Nachdem unter der Garnisonsmannschaft in Bordeaux die Syphilis durch mehrere Jahre nur mässig grassirte, zeigte dieselbe in der ersten dreimonatlichen Periode des Jahres 1863 eine plötzliche und auffallende Verbreitung dieser Krankheit. Die hierüber gepflogenen Erhebungen zeigten, dass diese Zunahme nur einigen unpassenden Abänderungen in dem Prostitutionsreglement, welche das Sanitätsbureau dieser Stadt vorgenommen hatte, zugeschrieben werden musste.

Die gemachten Abänderungen waren folgende:

α) man beschränkte die Abendpromenaden der inscribirten öffentlichen Mädchen, wodurch die weit gefährlichere geheime Prostitution mehr in den Vordergrund trat;

β) man drängte die Prostitution über die Bannmeile hinaus, wodurch ihre Beaufsichtigung durch die Agenten des Sanitätsbureaus unvollständiger wurde, und

γ) man beschränkte die Zahl der die Prostitution überwachenden Inspectoren, wodurch deren Beaufsichtigung auch noch innerhalb der Bannmeile beeinträchtigt wurde.

Nachdem das Sanitätsbureau, betroffen von den Nachtheilen seiner Reformen, diese sogleich beseitigte, zeigten die statistischen Ausweise über die dritte dreimonatliche Periode desselben Jahres schon wieder eine auffallende Verminderung der Syphilis beim Militär. Aus den Tabellen, welche Dr. J. Jeannel,*) Chefarzt des Dispensaires von Bordeaux, über die in den Garnisonen Frankreichs vom Jahre 1860 behandelten syphilitischen Soldaten entworfen hat, ergibt es sich, dass in den Städten: Bordeaux Calais, Rennes, Lille, Cambrai, Bayonne, Strassburg, Toulouse Metz, Paris u. a. m., in denen die Sanitätsbureaus mit grosser Umsicht vorgingen, sich die syphilitischen Erkrankungen bei den respectiven Garnisonsmannschaften alljährlich verminderten, — während in den Städten: Nancy, Perpignan, Lyon, Montpellier, Marseille u. a. m., in denen die Sanitätsbureaus eine laxere Praxis adoptirten, dieselben sich jährlich vermehrt hatten.

Kennt das Sanitätsbureau die Zahl der inscribirten und der in geheimer Prostitution machenden Frauenspersonen, so kann es:

a) alle Versuche derselben, sich den vorschriftsmässigen Untersuchungen zu entziehen, vereiteln und

b) die Zahl der Prostituirten der Bevölkerungsmenge anpassen.

Finden es die Behörden im Interesse des allgemeinen Gesundheitswohles für nothwendig, die Geschirre der Apotheker, der Traiteure, Wirthe, Kaffeesieder u. s. w. wegen möglicher Vergiftungen periodisch untersuchen zu lassen, so dürfen sie auch die Controlirung des Gesundheitszustandes der Prostituirten gleichfalls nicht unbeachtet lassen, weil die Syphilis ein sehr gefährliches und durch seine Ansteckungskraft leicht verbreitbares Gift erzeugt.

---

*) *Dr. J. Jeannel: De la Prostitution publique. Deuxième Edition. Paris, 1863.*

Finden es die Behörden im Interesse des allgemeinen Wohles für nöthig die Zahl der Gewerbtreibenden Wiens zu kennen, warum sollten sie nicht auch trachten die Zahl derer kennen zu lernen, welche mit ihrem Körper ein unzüchtiges Gewerbe betreiben, ein Gewerbe, dessen ungeregelte und unbeaufsichtigte Ausübung die Moralität und das öffentliche Gesundheitswohl nicht nur in der Gegenwart sondern auch in der Zukunft so fürchterlich bedroht.

Es ist auch noch desshalb wichtig die Zahl der Prostituirten kennen zu lernen, damit sie wie andere Geschäftstreibende dem Bedürfnisse des Publicums angepasst werden kann. Eine zu grosse Concurrenz versetzt die Prostituirten einerseits häufig in die grösste Noth, und bietet andererseits dem genusssüchtigen Theile der Bevölkerung, zum Nachtheile seines Gesundheitszustandes und seines finanziellen Wohlstandes, eine zu grosse und desshalb auch sehr gefährliche Auswahl.

Man hatte lange die irrige Ansicht gehegt: man könne aus der Zu- oder Abnahme der Syphilitischen auf die Zu- oder Abnahme der Prostituirten zurückschliessen. Eine grosse Anzahl Prostituirter kann aber in einer bestimmten Stadt wenige, — und eine geringe Anzahl Prostituirter kann viele syphilitische Erkrankungen erzeugen; denn die grössere oder geringere Ausbreitung der Syphilis in einer Stadt hängt nicht allein von der Zahl ihrer Prostituirten ab, sondern von jener der höheren oder niederen Classe, der sie angehören; — von ihrer häufigeren oder selteneren geschlechtlichen Benützung, — von dem ziffermässigen Verhältnisse zwischen den Prostituirten und der Bevölkerung, — von dem Bildungsgrade, den Vermögensverhältnissen und dem Grade der Anhäufung der verschiedenen Stände; — von der Verschiedenheit der Erwerbsquellen und der socialen Stellung der Einwohner; — von den climatischen Verhältnissen; — von dem Zustande der Sanitäts- und Sittenpolizei; — ganz vorzüglich aber von der Art der Regelung ihrer Prostitution.

Es werden daher Städte, welche der Mehrzahl nach Prostituirte aus den untersten Volksclassen (Strassen-, Soldaten-, Matrosendirnen) beherbergen, wie Hamburg, Amsterdam, Triest, Marseille u. s. w., — Städte, in denen die Zahl der Prostituirten weitaus das Bedürfniss der Bevölkerung überragt; — Städte mit vielen unverehelichten Männern, Proletariern und Soldaten; — Städte, welche in heissen Climaten sich befinden; — Städte, die unter die Kategorie der See- oder Fabriksstädte gehören; — und endlich Städte, in denen eine Regelung der Prostitution noch nicht beliebiget wurde, wie: Wien, London, Constantinopel u. s. w. zahlreichere syphilitische Erkrankungen aufweisen, als solche, bei denen diese Verhältnisse nicht stattfinden.

Die Zu- oder Abnahme der Prostitution kann daher nicht aus der Zu- oder Abnahme der Syphilis, sondern einzig und allein nur aus der Zu- oder Abnahme der Prostituirten entnommen werden.

Inhalts-Verzeichniss.